우리는 교육과정을 통해 교육을 개선할 수 있을까?

교사를
세우는
교육과정

우리는 교육과정을 통해 교육을 개선할 수 있을까?

교사를 세우는 교육과정

초판 1쇄 발행 2016년 8월 8일
초판 3쇄 발행 2021년 3월 13일

지은이 박승열
펴낸이 김승희
펴낸곳 도서출판 살림터

기획 정광일
편집 조현주
북디자인 꼬리별

인쇄·제본 (주)신화프린팅
종이 (주)명동지류

주소 서울시 영등포구 양평로21가길 19 선유도 우림라이온스밸리 1차 B동 512호
전화 02-3141-6553
팩스 02-3141-6555
출판등록 2008년 3월 18일 제313-1990-12호
이메일 gwang80@hanmail.net
블로그 http://blog.naver.com/dkffk1020

ISBN 979-11-5930-021-9 93370

우리는 교육과정을 통해 교육을 개선할 수 있을까?

교사를
세우는
교육과정

박승열 지음

살림터

교육과정은 왜 교사를 세우는가?

이 책에서 '교육과정이 교사를 세운다'는 표현을 사용한 까닭은 교육과정을 교육의 중심에 놓고 교사의 역할을 부각시키기 위해서이다. 어찌 보면 최근 교사 중심, 가르치기 중심에서 학습자 중심, 학습 중심으로 변화하고 있는 교육의 패러다임 전환과는 역행하는 주장이 될 수도 있다. 심지어 일부 미래 학자들은 교사라는 직업이 향후 30년 안에 가장 먼저 없어지거나 최소한 현재와는 매우 다른 모습으로 변할 것으로 예상하는 데 주저하지 않는다. 첨단 과학의 시대에 교사가 공학 기기의 효율성을 쫓아갈 수 없는 것도 주지의 사실이다. 또한 인터넷과 모바일 학습 환경에서 제공되는 교육 콘텐츠의 질과 양은 학교나 교사가 보유하고 있는 수준을 훨씬 넘어서고 있다. 이 시점에서 필자가 다시 교사와 교육과정을 강조하려는 까닭이 있다.

첫째, 세계 교육개혁의 흐름 한가운데에 여전히 교사와 교육과정의 역할이 남아 있다.

대한민국을 비롯한 전 세계의 모든 국가들이 이 시대의 교육을 염려하고 있으며 미래 사회 변화에 적극적으로 대응하기 위해 교육개혁을 시도하고 있다. 국가 또는 지역 수준, 학교 수준, 교사 수준 등을 막론하고 다양한 형태와 관점이 수용될 수 있는, 질 높은 교육과정을 개발하고 지원하기 위해 안간힘을 쓰고 있다. 교사는 현대 자본주의 사회에서 전문적 자본으로 통한다. 많은 사람들이 교사가 교육개혁 과정에서 혁신적인 교육과정을 개발하고 실천할 수 있는 전문가로서 역할을 수행하기를 기대하는 것이다.

둘째, 현대 사회가 다양하고 복잡해질수록 교사의 교육과정 개발과 조정 역할이 강조된다.

일반적으로 교사와 교육과정은 학교와 교육의 또 다른 표현으로 인식된다. 우리의 의식 속에 교사는 곧 학교이고 교육과정은 곧 교육이라는 이미지가 형성되어 있다. 즉 교사는 학교라는 공교육 기관을 대변하는 존재이며, 교육은 교육과정을 통해 실현된다는 의미일 것이다. 학교에는 학생이 있고, 학생은 내용이든 경험이든 교육과정이 필요하며, 교사는 학생의 성장을 위해 교육과정을 조정하고 관리하면서 교육을 하고 있다. 교사, 학생, 교육과정, 학교 등은 본질적으로 매우 성격이 다른 요인들임에도 불구하고 교육이라는 하나의 테두리 안에서 서로 연결되어 있고 맞물려 돌아가지 않으면 안 되는 숙명을 안고 있다. 그리고 현대 사회가 다양하고 복잡해질수록 교육 현상도 그만큼 다양하고 복잡해지고 있다. 이런 맥락에서 교사가 교육과정을 개발하고 조정하는 것은 곧 학교, 지역, 국가 차원에서 교육의 질을 확보하기 위한 용이한 통로를 확보했다는 것을 의미한다고 볼 수 있다.

셋째, 교사의 교육적 대화는 결국 교육과정 대화이다.

우리가 교육을 주제로 대화할 때 실제로는 교육과정에 관한 대화를 하고 있을 경우가 많다. 몇 가지 이유를 생각해 볼 수 있다. 우선 교육과정은 학교교육 계획, 교실 수업, 학생 평가 등 학생과 관련하여 교육의 가장 본질적인 부분을 다룬다. 그리고 그 대화에 참여한 사람들은 교육과정 그 자체보다는 오히려 교육과정에 영향을 미치는 교육의 내적·외적 요인들을 더 자주 언급한다. 또한 교육과정이 교육을 구성하는 중요한 요인이지만 오히려 교육정책이나 정치·사회적 권력이 교사나 학생, 교육과정에 더 많은 영향을 미치고 있음을 체감하고 있다.

결국 우리는 교육을 주제로 대화하면서, 특히 교육과정이 관심을 두고 있는 문제를 중심으로 대화하고 있는 것이다. 교사는 가장 미시적인 교육 세계의 문제에서부터 가장 거시적인 교육 세계의 문제까지 모두를 해결하기 위해 노력하지 않으면 안 되는 상황에 처해 있다.

일찍이 아오키는 교사가 교실에서 만나는 두 개의 교육과정 세계를 '계획으로서의 교육과정'과 '생생한 경험으로서의 교육과정'이라고 언급한 바 있다. 전자는 국가의 법적·제도적 책임을 져야 하는 교사로서 이해하고 있는 교육과정이고, 후자는 교육적 존재 양식을 갖는 교사로서 학생과 함께할 때만 드러날 수 있는 교육과정이다. 그리고 교사의 교육적 상황을 두 개의 교육과정 세계 사이에서 거주하는 일로 규정했다. 이처럼 교사는 성격이 다른 두 개의 교육과정 수평선 사이에 살고 있으나, 양쪽 세상에서 들려오는 모든 것을 귀 기울여 들어야 하는 처지에 있다.

교사가 어느 쪽 교육과정 세계에 더 오랫동안 거주하고 있는지, 어느 쪽 교육과정 세계의 논리와 가치를 선호하는지는 개인마다 다를 것이다. 자신의 교육 철학이나 가치관에 따라, 그리고 자신이 받아들이는 교육적 맥락에 따라 달라질 수밖에 없기 때문이다. 이 상황에서 교사의 교육과정 경험은 교사의 존재 양식을 반영하기 마련이다. 그 존재 양식은 교육과정을 편성하고 운영하면서 고스란히 드러나는 환희와 절망, 뿌듯함과 어색함, 긴장과 안도, 익숙함과 낯섦 등과 뒤섞여 자신의 교육 행위를 규정한다.

그래서 교사는 교육과정이라는 안경을 통해 교육을 바라보고, 교육과정의 세계에서 학생의 성장과 삶을 경험하며, 교육과정이라는 교육 행위를 통해 자신을 돌이켜 본다. 교육 활동을 계획하고 수업에서 실천하며 평가하는 행위는 교육과정의 가장 핵심적인 탐구 영역이자 실천 영역이다. 모든 교사는 이러한 탐구와 실천 영역에서 때로는 개별적으로 때로는 일련의 연속된 활동으로 연결 지어 사고하고 행동하고 있다. 그 과정에서 교사는 비로소 가르침의 생명을 얻고 존재 가치를 인정받는다.

필자가 이 책을 쓰게 된 동기는 이 시대에 교사는 실천적 이론가로서의 사명을 안고 살 수밖에 없다는 점을 깨달았기 때문이다. 많은 교사들이 교육 현장에서 더 나은 교육 활동을 위해 교육과정을 탐구하고 실천하고 있다. 교사에게 교육과정은 학문적 탐구의 대상이 되기도 하고 실천적 대상이 되기도 한다. 굳이 전자를 교육과정 학자의 영역, 후자를 교사의 영역으로 분리할 필요는 없을 것 같다. 이론과 실제가 어느 누구의 전유물이 될 수 없음은 물론이고 현대의 지식 사회에서 이론과 실제의 조응이 없이는 복잡한 사회 현상을 해결하기가 힘들다. 교육 분야에서는 이론과 실천의 조합이 다른 어떤 분야보다 더욱 절실하며, 특히 교육과정 영역에서도 양자 간의 통섭적 교류 없이는 질 높은 논의와 실천이 불가능함은 명백한 사실이다. 이러한 사실을 어느 누구보다도 먼저 깨닫고 교육과정의 본질을 내실화하여 실제 교육으로 연결시켜야 할 임무가 교사에게 있다.

이 책의 본문은 총 6장으로 구성되어 있다. 1장은 '교육과 교육과정'이다. 교육과 관련한 우리의 대화가 사실은 교육과정에 관한 대화이며, 교육과정은 교육의 본질을 다루는 탐구와 실천 영역이라는 것을 논의하였다. 2장은 '교육과정을 보는 방법'이다. 교육과정 정의의 다양성 문제와 교육과정의 의미를 논의하면서 교사가 교육과정에 대한 안목을 높여야 하는 까닭을 말하였다. 3장은 '교육과정은 어떻게 여기까지 도달했나'이다. 주된 교육과정 이론을 제시하면서 학문적인 관점에서 교육 현상의 변화와 흐름을 파악할 수 있도록 하였다. 4장은 '교육과정을 하는 방법'이다. 교육과정 설계와 개발, 실행 이론을 다루면서 이론이 이론으로서만 그치는 것이 아니라 실천적 가능성으로 발전할 수 있는 방안을 모색하였다. 5장은 '교육과정과 학교, 그리고 교사'이다. 교육과정과 상호작용하고 있는 다양한 요인 중 가장 핵심적인 요인인 학교와 교사를 다루었다. 교육과정 중심의 학교, 그리고 우리가 만날 수 있는 교사의 다양한 이미지를 논의하였다. 6장은 '학교교육과정 개발 이야기'이다. 약 1년간 진행된 학습공동체를 중심으로 학교교육과정이 개발되는 사례를 제시하였다. 학교교육과정 개발 과정에 참여한 8명의 교사의 대화 속에서 교육과정 개발과 관련한 교사의 사고

과정을 드러내고 분석하였다.

　아무쪼록 이 책이 교육과정을 고민하는 교사들과 대학과 대학원에서 교육학을 공부하는 학생들에게 교육과 교육과정에 관한 문제의식을 일으키는 역할을 할 수 있다면 필자는 집필의 목적을 달성한 셈이다. 이 책은 그들이 궁금해하는 것에 대해 답을 주고 오히려 다시 질문을 하고 있다. 교육과정 문제는 실제 교육의 맥락에서 기운을 얻고 실체를 볼 수 있을 뿐이다. 필자는 교육과정 문제에 대해 고정된 답을 찾으려고 시도하는 것은 그리 현명하지 못한 생각이라고 본다. 교육이나 교육과정 현상은 경제 현상과는 달리 예측하기가 매우 힘들다. 단지 현상에 대해 함께 고민하고 최적의 대안을 선택한 후 맥락에 맞게 해석할 수 있을 뿐이다. 이 어려움에 이 책이 도움이 된다면 더할 나위가 없이 기쁠 것이다.

2016년 7월

박승열

| 차례 |

1장
교육과 교육과정

현재 우리 사회를 이끌어 가는 시대정신은 무엇인가? 우리 시대 교육은 무엇을 지향하고 있을까? 한국의 교육이 전개되고 있는 현재의 모습과 앞으로도 지속되어야 할 이상을 함께 담을 수 있는 비전이 필요하다. 교육의 위기 시대에 한국의 교육은 과연 무엇을 지향해야 하는가? 그리고 학교와 교사, 교육과정은 어떤 모습이어야 하는가?

교육은

인생의 목적이 무엇이건 간에

그 목적을 위해서 유용한 것이어야 한다.

교육이 유용하다는 것은

이해하는 것 자체가 유용하기 때문이다.

_A. N. 화이트헤드

1. 우리 시대와 교육

우리 시대의 교육

이 시대에 교육을 받고 있는 한국의 학생들은 행복할까? 한국의 학생들은 PISA나 TIMSS 등 각종 국제 학업성취도 평가에서 우수한 성적을 나타내며 전 세계의 주목을 받고 있지만, 그들의 행복도나 자신감 수치는 하위에 머물러 있다. 그 이유를 편협한 지식 중심 교육, 입시를 위한 경쟁 교육, 정답 맞히기 교육 그리고 교과서 중심의 진도 나가기 수업 때문이라고 보는 견해가 일반적이다. '교사는 가르치고 있으나 학생은 배우고 있지 못하다'는 비판은 여전히 힘을 잃지 않고 있다.

많은 교사들이 학교와 교실에서 최선을 다해 학생들을 가르친다. 그러나 한국의 대학입시 경쟁 교육이 초·중등 교육을 비정상적으로 규정한 지는 이미 오래다. 학생, 학부모, 교사, 그리고 사회가 입시 경쟁 교육의 고통을 받고 있다. 일부 교사들은 이러한 현상을 교육 문제로 인식하고 학교와 교실 수업을 개선하기 위해 노력한다. 또한 일부 교사들은 국가가 강력한 혁신 정책을 통해 이러한 교육 현실을 적극적으로 해결해 주도록 다양한 방식으로 요구한다.

사실 경쟁 교육은 비단 한국만의 문제는 아니다. 세계에서 교육열이 높다고 알려진 동아시아의 중국, 일본, 대만, 홍콩, 싱가포르 등에서도 비슷한 현상이 관찰되고 있다. 현대 사회에서 제한된 물질과 기회를 차지하기 위한 경쟁은 필연적이라고 할 수 있다. 하지만 그것을 교육의 상황에서 볼 때는 교육의 본질과는 거리가 먼 것이라는 사실도 부정하기 어렵다. 학교가 학생들의 경쟁을 조장하는 근원지가 되어서는 안 될 일이다.

현대 교육의 개혁 과정에서 학교의 역할을 살펴보면 교육이 당시에 광범위하게 진행되었던 사회 변화와 맞닿아 있었으며 조금씩 진보해 왔음을 알 수 있다. 그리고 개혁 내용이 매우 흡사하다고 느낄 만큼 반복되어 왔다. 예를 들어 20세기 초 교과 중심 교육을 강조하여 학생들의 지적 훈련을 옹호하였던 흐름은 1950년대와 1980년대 중반 본질주의자들과 보수주의자들의 인문학 중심의 지적 교육을 다시 강화해야 한다는 주장과 동일하다. 또한 1900년대 초기 진보주의 교육자들은 학교교육의 목적을 포괄적으로 설정하여 모든 학생들을 위한 것이라는 견해를 밝혔다. 이러한 관점으로 인해 순수 인문학을 공부하지 않거나 직업교육을 받는 학생들도 학교교육의 대상으로 포함되게 되었다. 또한 신체적으로 불리한 조건에 있는 학생, 학습에 어려움을 겪는 학생, 가정 형편이 넉넉하지 않은 학생, 학교에 적응하지 못하는 학생들과 같은 소수 학생들도 모두 학교교육이 보살펴야 할 대상이 되었다.

이것은 학교의 역할이 사회의 기능과 중첩되고 광범위해지고 있음을 보여 주는 것이다. 학교와 교사의 역할은 어느 영역까지이고 국가와 사회, 지방자치단체의 역할은 어느 영역까지인지는 불분명하다. 전통적인 관점에서 학교라는 공간에서만 기능하고 규정되었던 학교와 교사의 역할이 현대에는 훨씬 광범위해지고 있음은 분명한 사실이다.

이 시대에 지금 한국의 교사에게 필요한 것은 무엇일까? 현대 사회에서 교육의 도구적 성격이 강해지면서부터 '교육적'이라는 표현이 교사, 학생, 학부모에게 큰 공감을 주지 못하고 있다. 교육의 비전과 사명의 부재가 우리나라 교육에 위기를 몰고 온 것은 분명하다. 교육이 사회적으로 용인된 공적 가치를 개인이 수용하고 경험하도록 돕는 과정이라고 할 때, 구성원이 공감할 만한 비전과 사명이 없다면 교육은 치명적인 결함을 안게 된다. 그리고 그 결함은 개인의 삶에 그대로 투영된다. 이 상황에서 개인은 사회를 돌보기보다는 자신만을 돌보게 된다. 학생을 가르쳐야 하는 교사는 누구보다도 영감을 주는 비전과 사명이 필요하지 않을까?

학교와 교육개혁

현재 세계 각국은 국가적 차원의 거시적 관점에서의 교육개혁과 학교와 교실을 기본 단위로 하는 단위 학교 중심의 교육혁신의 방향을 함께 모색하고 있다.[1] 기본적으로 교육개혁은 단위 학교의 조직 구조와 프로그램을 개선하여 학교가 좀 더 효과적으로 교육의 목적 달성을 이룰 수 있도록 돕는 일이다. 교육개혁의 흐름은 전 세계적인 현상이다.

1980년대 후반 이후 세계의 교육은 각국 정부의 중앙집권화와 교육목표 표준화로 뒤덮이는 흐름을 보였다. 교육의 상호 연계성·일관성 부족, 불균질성으로 인해 커져 가는 사회적 공포감, 한정된 공공 지출, 전 영역의 재정 긴축을 요하는 경제 상황, 정치계와 학부모들이 권위적 전통과 확실성에 대해 지닌 향수 등이 세계 각국을 시장주의와 표준화의 길로 이끌었다.[2]

한국도 이 흐름으로부터 예외일 수는 없었다. 1995년 정부는 5·31 교육개혁 정책을 추진하였다. 교육 경쟁력 강화가 곧 국가 경쟁력 강화라는 관점에서 교육의 세계화와 개방화를 추진한 것이다. 핵심은 공교육 시장화와 학교 민영화였다. 5·31 교육개혁안을 계기로 교육 분야에도 경쟁을 선호하는 신자유주의 패러다임이 본격적으로 등장하게 된 것이다.

이 과정에서 학교와 교사는 개혁의 주체가 아니라 개혁의 대상이 되었다. 학교와 교사는 국가의 정책 실행과 혁신 요구에 지속적으로 직면하였으며 이러한 요구의 대부분은 교육의 질을 개선하기 위한 것이라 정당화되었다. 국가가 제시하는 각종 교육정책에는 책무성과 수행해야 할 혁신 정책의 기준이 포함되었다. 교육정책들은 교사의 삶과 업무에 영향을 미치고 학교를 통제하기 시작하였다.

전 세계에서 진행되고 있는 교육개혁을 비판적으로 바라보았던 풀란은 독특한 해석을 내놓았다. 풀란[3]은 세계 각국에서 지금까지 진행된 교육개혁이 모두 실패했다고 주장하였다. 실패한 까닭은 국가마다 사회적·정치적·경제적 압력이 학교교육 변화를 방해하는 요인으로 작용하여 정작 교육 시스템 내에서는 실제로 개혁이 일어난 적이 없기 때문이라는 것이다.

과연 교육개혁은 무엇을 위한 것이며, 누구를 위한 것일까? 개혁을 위한 개혁은 도움이 되지 않는다. 차별성 없는 개혁 정책이나 프로그램은 시대, 사회, 학교, 교사를 개선하지 못한다. 심지어는 더욱 악화시킬 수도 있다. 교육과 사회 변화는 분명 관련성이 있다. 또한 교육이 개인의 삶을 변화시킬 수 있다는 사실도 분명 한계가 있다. 그러나 교육을 개혁하면 사회도 개혁되는가?

한국의 교육과정 개혁

한국의 교육과정 개혁은 주로 국가교육과정 개정과 그에 따른 교과서 개편을 통해 진행되어 왔다. 중앙 집중적 교육과정 결정 체제를 보완하기 위해서 6차 교육과정 시기 이후부터 본격적으로 교육과정 지역화, 학교교육과정 논의가 확대되었다. 그러나 총론 수준에서 언급되었을 뿐 실제적인 의미에서 지역화와 학교교육과정 중심 노력은 매우 제한적이었다. 5차 교육과정 시기까지 강력한 영향력을 발휘한 국가교육과정이 6차 교육과정 시기에도 그 힘을 잃지 않고 있었다.

7차 교육과정은 수준별 교육과정 체제가 도입되면서 이전 교육과정과 다른 패러다임 아래에서 진행되었다. 한국 교육과정 시기에서 가장 오랫동안 유지된 교육과정이었지만, 교육 내용을 수준별로 접근하기보다는 학생을 수준별로 접근하는 현상이 부각되면서 비판을 받았다.

이후 2007 개정 교육과정은 한국의 교육과정 개정 시스템을 큰 틀에서 전면적으로 개혁하는 모습을 보였다. 일시·전면 개정 체제에서 수시·부분 개정 체제로 전환한 것이다. 이에 따라 총론뿐만 아니라 교과 교육과정도 융통성 있는 개정 시스템을 확보하면서 교육과정이 변화하는 학문과 시대적 요청에 보다 적극적으로 대응할 수 있게 되었다.

이후 곧바로 전개된 2009 개정 교육과정에는 학년군과 집중이수제가 등장하였다. 사실 학년군과 집중이수제는 중등학교에서의 폐쇄적이고 형식적인 교육과정 운영을 개혁하는 것에 초점을 맞추었다. 공통 교육과정과 선택 교육과정으로 양분화하면서 초·중등학교에서의 교육과정 편성·운영의 자율성을 유도하였다. 이와 더불어 학교 자율화에 따른 교육과정 자율화 정책이 함께 추진되면서 2009 개정 교육과정의 철학이 훨씬 탄력을 받게 되었다.

특히, 2009년 정부의 교육과정 자율화 정책은 이전 교육정책에 비추어 교사가 학교교육과정에 적극적인 관심을 기울이도록 하는 계기가 되었다. 국가의 교육정책 흐름을 이해시키기 위한 교사 교육이 정부, 교육청, 단위 학교 수준까지 활발히 이루어졌다. 정부와 시·도 교육청의 교육과정 담당자들은 이러한 노력들이 단위 학교에 스며들어 학교교육과정에 대한 교사의 관심과 이해가 증폭되고, 그 결과 특성화되고 차별화된 학교교육과정 개발과 운영으로 발전되기를 기대했다.

그러나 여러 연구 결과들[4]에 의하면 학교는 이러한 기대를 만족스럽게 충족시키지 못하였다. 교육과정 자율화 정책이 '강요된 자율성'에 가깝다 보니 학교교육과정에 다양성과 특색을 담기보다 시수 편성과 같은 기술적 차원에 머문다는 비판[5]도 제기되었다. 7차 교육과정 시기에 수행된 학교교육과정 개발 및 운영 실태 분석 연구[6]에서 제기되었던 교사의 교육과정에 대한 이해 부족, 국가교육과정의 경직성, 단위 학교의 교육과정 수립 역량 미흡 등의 문제점을 지금도 여전히 논의하고 있다.

이러한 현상이 반복되는 근본적인 원인은 무엇일까? 교육정책의 문제인가, 교육과정의 문제인가, 학교의 문제인가, 교사의 문제인가, 사회의 구조적 문제인가? 분명 한두 가지의 요인 때문만은 아니다. 다양한 요인들이 서로 영향을 주면서 교육 현실을 복잡하게 만들고 있다. 사회, 정책, 제도 등 학교교육에 영향을 미치는 주요 요인 사이에는 갈등을 조장하기도 하고 발전적 기능을 수행하기도 하는 다수의 매개 요인들이 있다. 학교 외적으로는 교육정책의 비일관성, 교육 당국과 교육청의 관료주의적 지시와 통제 문화가 여전히 잔존하고 있다. 학교 내적으로는 학교교육과정 관련 의사결정 체제의 비민주성, 교육 문제 해결을 위한 학교 조직의 자생적 역량 미흡, 교사 개개인의 학교교육과정에 대한 이해와 인식 차이, 학교장의 관료적 리더십 등이 있다. 그리고 그것을 둘러싼 한국의 독특한 교육제도와 사회구조가 있다.

이 요인들을 살펴보면 앞에서 풀란이 지적한 것처럼, 우리나라도 꾸준히 교육과정 개정을 통한 교육개혁을 시도하고 있으나 정작 학교와 교실 수업의 개혁으로까지 원활하게 연결되고 있지 않음을 알 수 있다.

학교교육, 우리는 어느 길로 가고 있을까

국가교육의 정책 결정권을 가진 정치인들과 관료들은 학교의 교육적 요구에 그다지 관심이 없다는 말이 있다. '학생과 학부모의 요구를 수렴하여 ~을 해야 한다'는 식의 선언은 교육과정 관련 문서에서 쉽게 볼 수 있지만, 국가교육 정책이 실제로 그렇게 된 적을 별로 본 적이 없다. 교육의 당사자인 학생, 학부모, 교사의 요구가 국가의 교육정책에 반영되기까지는 복잡한 절차를 거쳐야 하고 실제로 반영되기까지 긴 시간이 걸린다. 그러나 반대로 '저 위 누군가'가 설정한 교육정책은 학생과 학부모를 위한 공교육 정책이라고 홍보되며 즉각 시행하도록 교사와 학교를 압박한다. 이 과정에 학생, 학부모, 교사의 목소리는 거의 반영되지 않는다. 또한 정치권력이 바뀌면 교육정책도 바뀐다. 교육정책의 속성은 그 사회의 지배적 권력을 가진 집단의 정치적 이데올로기의 영향으로부터 자유로울 수 없는 것이다. 그 결과 교육정책의 일관성과 지속성은 기대하기 어려운 것이 현실이다.

우리는 그 어느 때보다도 정치적 이해관계가 교육정책과 학교교육에 깊숙이 영향을 미치고 있음을 확인할 수 있는 시점에 살고 있다. 정치인들은 선거 때마다 인기를 끌 만한 공약을 내걸고, 교육의 성과라고 하기에는 미흡한 단편적 결과만을 내세우며 자신을 홍보하기 바쁘다. 불완전한 교육정책의 빈틈에서 자라난 상처와 아픔은 학교와 교육자들이 떠맡는 상황이 반복되고 있다. 결국 학교교육을 책임지는 사람은 교육을 하고 있는 사람들일 수밖에 없다. 그래서 혹자는 교육하는 사람들이 현실을 비탄하며 스스로 자괴감에 빠지는 것을 멈추고 교육개혁을 이끄는 일에 앞장서야 할 시점이라고 강조한다.

일찍이 풀란[7]은 교육개혁에 참여하고 있는 사람들에게 경고한 바 있다. 그는 교육개혁의 선봉에 선 사람들은 실제로 개혁이 실행되는 과정이 얼마나 복잡한 과정인지를 과소평가하고 있다고 지적한다. 정책 수행자들은 많은 교육개혁 프로젝트들이 교육을 개선하기보다는 더욱 악화시킬 수도 있다는 사실을 인정하지 못하여 빈번하게 실패의 운명을 맞이하게끔 하고 있다. 특히, 교육개혁 실행의 한가운데에 있는 사람들, 즉 교사, 학생, 학부모에게 교육개혁이 끔찍할 정도로 복잡한 작업이고 혼돈과 당황스러움 그 자체라면 결국에는 불신과 냉소, 저항과 관행만이 남을 것이다. 이는 교육하는 사람들이 개혁의 대상이 될 때 나타나는 현상이다. 또한 풀란은 교육개혁이 사회개혁의 대체물이 될 수 없다는 점을 분명히 하고 있다. 교육개혁의 필요성을 강조하면서도 그것의 성공을 위해서는 상상하기 힘들 정도로 많은 준비가 필요하다는 역설이다.

그러나 하그리브스와 셜리[8]는 교육개혁이 희망이나 가능성의 문제가 아니라 자연의 이치라고 말한다. 그들은 사회 변화의 씨를 뿌릴 토양으로 학교만큼 좋은 곳이 없다고 주장한다. 현대 사회의 병리로 인해 우리는 사회 개혁과 학교 개혁이라는 과제로부터 벗어날 수가 없다. 다시 사회 개혁의 출발점을 학교 개혁에서 찾는다. 그리고 교육하는 사람들이 많은 몫을 담당하기를 바란다. 그들은 건강한 사회에 도달할 수 있도록 안내해 주는 최적의 길을 '학교교육 제4의 길'로 제안한다. 제4의 길은 교육하는 사람들에게 '국가적 비전 및 정부의 방향 제시와 지원', '대중의 참여', 그리고 '교사의 전문성과 참여' 간 균형점

을 찾기를 바란다.[9]

그렇다면 대한민국 교육은 현재 몇 번째 길로 가고 있을까? 시장주의 경쟁이 강하게 도입되고 국가가 교육의 표준화를 추구하면서 교사의 자율성이 상실된 제2의 길을 밟고 있는 것은 아닐까?

탈출구는 있을까

건강한 사회는 건강한 교육을 낳고, 건강하지 못한 사회는 허약한 교육을 낳는다. 학교는 사회적 맥락에서 존재하며 학교교육은 사회적 맥락에서 기능한다. 한 사회의 시대적 가치는 학교의 교육 목적에 영향을 준다. 학교는 그 교육 목적을 교육과정에 반영하고 또 교육과정을 통해 학생에게 영향을 준다. 그렇다면 현재 한국의 학교교육에 영향을 주는 시대 가치는 무엇인가?

이혁규[10]는 여러 학자의 한국 사회 담론을 소비 사회, 위험 사회, 팔꿈치 사회, 네트워크 사회로 열거한 후 이들이 다시 민주주의로 귀결된다고 밝힌다. 지역과 국가와 세계적 차원에서 공적 영역을 구축하지 않고는 사회 담론들이 제시하는 암울한 묵시록을 넘어서기 어렵다고 주장한다. 공적 영역의 재구축은 협력하는 품성을 지닌 사람들의 존재를 필요로 한다. 교육 없이 그런 사람들이 생겨나는 것은 불가능에 가깝다는 진단이다. 이혁규가 필요하다고 진단한 우리 사회 가치를 간단하게 요약해 보면 민주주의, 공공성, 협력 등이다.

그렇다면 민주주의, 공공성, 협력 등과 같은 가치들은 현재 한국의 교육에 포함되어 있지 않은가? 물론 국가교육과정은 목적이나 인간상에 이러한 가치들을 모두 포함하여 진술하고 있다. 학교교육 목표에 포함되어 있지 않은 것일까? 학교 급에 따라 차이는 있겠지만 궁극적으로 민주시민을 길러 내고자 하는 목표는 모두 동일한 것이다. 그러면 학교교육과정에 포함되어 있지 않은가? 확언하건대 한국의 초·중등학교 교육과정에는 분명 포함되어 있을 것이다. 교사가 가르치지 않은 것일까? 역시 확언하건대 한국의 초·중등학교 교사들은 직접 또는 간접적으로 가르쳤을 것이다. 과연 무엇이 문제인가?

2. 교육과 교육과정

교육의 이상과 목적

인류가 자신의 아들과 딸에게 생존 기술을 가르쳐야 하는 상황을 상상해 보자. 현대적 의미에서 그 생존 기술을 가르치는 상황은 교육이라고 할 수 있다. 인류의 역사에서 보면 누군가가 어느 시점에 체계적인 교육의 필요성을 느꼈음을 어렵지 않게 짐작할 수 있다. 그것은 인류의 생존과 직결되었기 때문이다. 이와 더불어 인류는 자신의 존재와 삼라만상에 관심을 갖게 되면서 질문하기 시작했다. 그 질문은 인간과 인간을 둘러싼 세계를 설명하고 통제하고 싶은 욕구가 담긴 것이었다. 인간은 호기심이 가득한 질문 덕분에 지혜, 기능, 행동 방식과 절차 등을 비교적 안정된 형태의 답변이라고 할 수 있는 지식의 체계로 발전시킬 수 있었다. 일단 이러한 지식을 획득하면 다음 세대로 이것을 전달하면서 처음부터 다시 질문하고 답하며 그것을 지식으로 만드는 과정을 생략할 수 있었다. 이 지식을 전달하는 것도 교육이라고 부를 수 있다. 인류에게 교육의 필요는 보편적인 당위였던 셈이다.

그런데 교육은 가르치고 배우는 대상과 상황이 존재한다. 즉, 가르치는 교사와 배우는 학생, 그리고 인간 행위 관계의 복합적인 체계이다. 학습은 공식적으로 일어나기도 하고 비공식적으로 일어나기도 한다. 수업의 역사적 탄생을 활 제작자의 이야기에 비유한 징켈[11]은 교육의 상황을 다음과 같이 훨씬 구체적으로 해석한다.

> 그가 동료들과 함께 살고 있는 동굴 속의 일상에서는 일에 집중할 만한 고요와 평안을 찾을 수 없었다. 젊어서 그는 종족 모든 이들에게 최고의 활을 만들어 주었으며, 사람들은 필요한 활을 그에게 주문하고, 그가 삶에 필요로 하는 모든 것을 공급해 주곤 했기에 그는 어느덧 유일한 활 제작자가 되어 있었다. 그는 수많은 기술적 개선을 이루어 이제 그 기술을 거의 예술 단계에까지 승화시켰다. (중략) 활 제작자는 매일 한두 시간씩 작업을 중단하고 아이를 가르친다. 그는 아이에게 재료를 어떻게 얻을 수 있는지에 대한 지식을 조금씩 전달한다. 그리고 도구들을 설명하면서 도구들을 만드는 법도 가르쳐 준다.

그리고 징켈은 수업 개념을 지나치게 좁게 해석하여 오직 학교에서의 교수·학습 형태에만 국한시키는 것은 합목적적이지 못하다고 지적한다. 학습은 학교에서와 비슷하게 다른 기관에서도 일어난다. 뿐만 아니라 사회제도 이외의 곳에서도 계획적인 학습이 일어난다. 그는 교육의 본질은 성인成人의 '물건을 다듬는 자'에서 '영혼을 다듬는 자'로의 전향이라고 말한 쉬프랑어의 구절을 자신의 활 제작자의 비유를 정당화하는 데 사용하였다. 정켈은 교육의 목적에 대한 자신의 인식이 쉬프랑어의 교육 인식의 토대에 있음을 숨기지 않고 있다. 활 제작자가 교육자가 되어 교육을 할 수 있는 경지에 이르기 위해서는 단순한 기능공이 아니라 자신의 영혼을 다듬을 수 있어야 한다. 활 제작자에게 수업을 받은 '아이'는 스승의 영혼의 울림을 전수받는 자이며 교육을 경험한 것이다.

한편, 교육은 교육자뿐만 아니라 위대한 철학자들에게도 관심의 대상이었다. 플라톤은 교육을 정의로운 국가를 만드는 일로 보았고, 루소는 교육을 자유를 획득하는 일로 보았으며, 듀이는 교육을 개인의 성장과 민주주의 사회의 진보를 위한 공헌으로 보았다.[12] 이들이 제시한 교육의 목적은 교육을 통해 도달하고 싶은 이상ideal임을 알 수 있다. 그러나 교육의 현실을 접하고 있는 사람은 누구나 이 세 가지 이상적인 상태에 대해 쉽게 동의하려 들지 않을 것이다. 실제 삶에서 교육은 이들이 말하는 정의, 자유, 민주주의와 동떨어져 있는 경우가 더 많기 때문이다.

아마 플라톤, 루소, 듀이도 교육이 지향하는 이상적인 상태와 실제의 삶이 가깝기보다는 멀다는 점을 알고 있었을 것이다. 그래서 그들은 교육이 지향해야 하는 목적을 정의, 자유, 민주주의와 같이 높은 수준의 가치로 설정한 것은 아닐까? 교육이 실제로 이루어지는 과정에서 이러한 가치가 항상 다루어지고 최소한 일부분이라도 달성될 수 있도록 의도하였던 것은 아닐까? 그들은 공통적으로 선善을 이상적인 가치로 하고 '좋은 삶the Good Life'을 추구하도록 하는 것이 교육의 임무라고 강조하였다.

그렇다면 교육자들은 이상적인 교육 목적을 가져야 하는가? 곰곰이 생각해 보면 실제 교육 상황에서 플라톤, 루소, 듀이가 말한 높은 수준의 교육 목적은 필요하지도 않으며 그런 목적이 없어도 가르칠 수 있는 경우가 많다. 도달할 수 없는 교육적 이상은 교육의 목적이 아니다. 정의, 자유, 완벽한 민주주의 사회와 같은 교육 목적은 도달할 수 없는, 손에 닿지 않는 먼 곳에 있기 때문이다. 교사의 일상적인 매일 매일의 교육 활동 상황에서 실생활과 동떨어진 이상적인 목적이 과연 어떤 도움을 줄 수 있을까? 교육의 진정한 가치는 정해진 결과를 달성하는 데에 있는 것이 아니라 그 목적을 달성하기 위해 참여하는 과정에서 오히려 가치 있는 목적을 발견하는 경우도 많다.

그래서 교육의 목적을 명확하게 인식하려면 이상적인 교육과 일상의 교육 간의 괴리를 좁히는 일이 선행되어야 할 것 같다. 교육의 목적에 대해 논의하는 일은 매우 복잡한 일이다. 교육의 이상과 목적을 구분하기도 쉽지 않다. 종종 교육의 목적을 학교의 목표와 혼동하게 된다. '무엇을, 왜 가르치는가?' 이 질문은 학교에 다니는 어린이나 청소년을 위해서 추구하는 고상한 이상을 가리킨다. 이런 목적을 다른 현상과 혼동하지 말아야 한다. 학교의 목표는 학교를 통해서 달성하고자 하는 구체적 성과를 가리킨다. 또 학교교육의 실제적 결과라고 말할 수도 있다. 이는 일반적으로 추구하는 목적과 일치할 수도 있고 그렇지 않을 수도 있다. 이 두 가지로부터 이상적 목적은 구분될 필요가 있다.[13]

교육은 무엇을 지향해야 하는가

그렇다면 교육은 무엇을 지향해야 할까? 교육은 인간의 발달과 직접적으로 관련된 유목적적인 활동이며, 필연적으로 가치를 고려하지 않을 수 없다. 이러한 가치를 어디에서 얻을 것인가, 무엇을 내용으로 정할 것인가, 그 가치와 내용을 어떻게 정당화할 수 있을 것인가?[14]

펜스터마허와 솔티스[15]는 교육의 목적과 학교의 목표를 명확하게 구분하고자 한다. 교육의 목적은 아이들의 교육을 위해 우리가 지니고 있는 숭고한 이상을 가리킨다. 학교의 목표는 학교에 다닌 결과 학생들이 성취하기를 바라는 구체적 성과를 가리킨다. 학교의 실제적 결과는 학교에 다닌 경험을 통해 얻게 되는 실질적 결과를 가리킨다. 일반적으로 우리는 비판적 사고의 함양, 올바른 도덕성, 모범적 시민성과 같은 목적을 가질 수 있다. 또 읽기, 쓰기, 문제 해결, 여러 영역의 지식 습득은 학교의 목표가 될 수 있다. 또한 학교에 다닌 결과 학생들이 실제로 얻게 되는 것들이 더 있을 것이며, 이는 교육의 목적이나 학교의 목표와 상당히 다를 수 있다.[16]

정범모는 교육을 '인간 행동의 계획적 변화'라고 정의한 바 있다. 이것은 교육이 근본적으로 인간의 생성에 관심을 갖는 역동적인 작업이라는 가정에 따른다. 이러한 인식은 교육하는 사람들이 교육을 통해 인간을 변화시킬 수 있다는 신념을 가지고 있고, 인간이 무한한 잠재 가능성을 가지고 있음을 인정할 때 가능하다. 우리나라 현대 교육에서 가장 원론적인 입장을 밝힌 정범모의 인식은 다음과 같다.

교육은 없던 지식을 갖게 하고, 미숙했던 사고력을 숙달케 하며, 몰랐던 기술을 몸에 붙여 주고, 이러했던 '관觀'을 저러했던 '관觀'으로 바꾸어 놓으며, 저런 '정신'을 이런 '정신'으로 변화시키는 데 관심이 있다. 교육은 근본적으로 인간의 생성에 관심을 갖는 역동적인 작업인 것이다. 뜻하는 바가 사고력이면 사고력, 창의력이면 창의력을 길러 내느냐 못 길러 내느냐 하는 아주 현실적인 문제에 기반을 두고 있는 것이다. 한때 인간 개조라는 말이 있었다. 교육은 인간 조성과 인간 개조에 관심을 둔다. 따라서 교육과 교육학에서 변화는 그 중핵적 개념이 된다.[17]

정범모는 교육의 목적을 인간의 기술과 정신의 변화 또는 그것을 통한 인간 자체의 성장에 둔다. 정범모의 교육에 대한 인식은 펜스터마허와 솔티스의 견해에 비추어 보면 매우 현실적인 입장을 취한다. 이상적인 교육 목적이라기보다는 현실적인 학교의 목표에 가깝다.

반면, 여러 학자들의 교육의 목적을 살펴보면 철학적·사회학적으로 다양한 견해를 가지고 있음을 알 수 있다.

철학적인 측면에서 피터스[18]는 교육을 인류가 다듬어 온 사고의 형식에 입문하도록 하는 과정이요 합리적인 마음의 계발이 가능하게 하는 것으로 본다. 또한 화이트[19]에 의하면 교육은 인간이 자율적이거나 계속 자율적이게 되는 데에 필요한 다양한 능력, 성향, 지식 및 이해 등을 획득하게 해 주는 것이다. 교육이 인간의 좋은 삶을 가능하도록 한다는 것이다.

교육의 사회적 측면에서 뒤르켐[20]은 교육은 개인의 사회화 과정이라고 말한다. 듀이[21]는 '사회적 효율성'을 교육 목적으로 제시한다. 그의 사회적 효율성은 좁은 의미로는 사회적으로 의미 있는 일에 개인의 타고난 능력을 적극적으로 활용하는 것이며, 넓은 의미로는 경험을 나누어 가질 수 있도록 사람들의 마음을 적극적으로 사회화하는 것이다. 그리고 사람들로 하여금 다른 사람들의 이익과 관심에 둔감하게 하는 사회 계층의 장벽을 허물어뜨리는 것이라고 제시한다.

또 다른 관점에서 이홍우[22]는 교육을 받았다는 것은 해답을 알게 되었다는 뜻이 아니라, 질문을 가지게 되었다는 뜻이라고 말한다. 다시 말해 교육은 아는 사람을 길러 내는 일이 아니라 모르는 사람을 길러 내는 일이요, 더 정확히 말하자면 모르는 것을 아는 사람을 길러 내는 일이라고 표현한다.

교육의 목적을 논의하는 여러 학자들의 견해를 이상적인 교육 목적에 가까운가 아니면 현실적인 학교 목표에 가까운가로 분류하는 일은 그리 생산적인 일이 아니다. 그러나 교육이 그 본래의 지향점을 상실하고 망망대해에서 표류하는 모습을 바라보는 일은 교사에게 아픔이다. 현실적인 학교 목표가 이상적인 교육 목적에게 자꾸 길을 묻는 것은 그만큼 학교교육이 본질에서 벗어났기 때문이다.

학교교육은 교과만으로 목적을 달성할 수 있는가

우리나라에서 교육은 곧 학교교육이라는 인식이 아직 지배적이다. 교사가 교실에서 교과를 규정된 시간에 가르치고 학생은 배우는, 이른바 공식적인 교육을 교육다운 교육이라고 생각한다. 세계 어느 나라보다 높은 교사의 질, 체계적이고 강력한 국가교육 시스템, 국가교육과정, 학교교육에 대한 사회적 요구와 열망, 학교교육이 지금까지 보여준 긍정적 성과 등이 모여 학교교육에 대한 국민들의 신뢰를 형성하고있다.

앞에서 언급했듯이 인간은 자신의 존재와 삼라만상에 대해 묻고답을 찾으며 그 결과와 과정을 지식으로 발전시켰다. 더군다나 인간이살아 온 역사가 길면 길수록 축적된 지식의 양은 많아진다. 그런데 이지식을 현대의 학교에서는 다수의 학생들에게 가르쳐야 한다. 학교에서 지식을 가르쳐야 할 교육 내용으로 삼게 되면 이를 효율적으로 배치하거나 유목화하는 일이 필요했을 것이다. 비슷한 지식의 특성끼리묶고 범주화하는 과정에서 교과가 탄생하고 이것을 교육과정으로 여기게 되었음을 어렵지 않게 짐작할 수 있다. 학교는 그 지식을 체계화하여 소위 교육과정이라는 이름으로 다음 세대에게 전달하였다. 학교는 교육과정으로 교육을 하는 곳이며 그 교육과정은 교과를 중심으로 만들어진다는 가정이 성립하게 된다. 현재 우리나라 초·중등학교의 교육과정은 교과를 중심으로 만들어지고 있다고 해도 틀린 말은아닐 것이다.

그렇다면 학교교육은 과연 교육 목적을 제대로 달성하고 있을까?이렇게 교과를 중심으로 만들어지는 교육과정에 아무런 문제가 없을까? 두 가지 의문이 있다.

먼저 우리나라 교육과정에 편제되어 있는 교과의 문제이다. 좁은 의미로 교육과정은 곧 교과이다. 교과는 과연 교육의 이상 추구, 인간의 변화와 성장, 공적 세계로의 입문, 좋은 삶의 실현에 도움을 주고 있을까? 아마 교사가 학교에서 교과를 잘 가르치고 학생은 학교에서 교과를 잘 배우면 일부분 도움이 될 수도 있을 것이다. 그러나 앞의 목적을 달성하기 위해 교과가 할 수 있는 일은 매우 제한적이다. 앞의 교육 목적을 달성하려면 전통적인 교과를 배우는 일뿐만 아니라 다른 수단도 있을 것인데 굳이 몇 개의 교과, 특히 주지 교과라 불리는 국어, 수학, 사회, 과학에 학교 급별, 학년별로 대부분의 교육과정 시수를 편성하는 이유를 국가는 친절하게 설명해 주지 않는다.

또한 국가교육과정이 의도하는 교육의 목적이 과연 교과에 잘 반영되고 있을까? 국가교육과정 개발에 참여한 교과 교육학자들은 교육의 목적이 교과에 대체로 잘 반영되어 진술되어 있을 것이라고 주장할 것이다. 그러나 과연 그럴까? 이 문제에 대해서도 국가는 명확하게 설명해 주지 않는다. 교과의 목표는 이상적인 교육 목적에 가까운 국가교육과정의 목적을 실현하려고 하기보다는 교과 자체의 내적인 논리를 실현하기 위해 진술되는 경우가 더 많다. 학생의 인성 발달, 인격적 가치 존중, 삶의 가치 추구 등에 도움이 될 만한 명확한 방안을 언급하지 않고 있다. 최근 교육의 본질 회복, 학생의 배움을 강조하는 수업, 학생의 성장을 돕는 평가, 민주적인 학교문화 조성, 보편적인 학습 기회 제공 등을 강조하는 학교 개혁 또는 혁신 정책들과는 대조적이다.

이쯤에서 '왜 교과인가?' 그리고 '왜 그런 교과들인가?'라는 질문을 제기할 수 있다. 우리나라 초·중등학교의 교과는 과연 교육의 목적을 잘 달성하고 있는가? 교과를 통해 교육을 잘 실천하고 있는가?

무엇을 가르칠 것인가

'무엇을 가르칠 것인가'와 같은 질문은 비단 교육과정에만 국한되는 것이 아니라 교육에서도 동일하게 중요한 문제이다. 교육 행위에는 '왜 가르쳐야 하는가'에 대한 고민과 함께 반드시 '무엇을 가르칠 것인가'에 대한 고민이 동반된다. 교육 상황에서 가르치고 배우는 내용은 쓸모 있고 유익하며 가치 있어야 한다는 것은 두말할 나위가 없다.

이와 관련하여 화이트헤드는 교육의 요체로 두 가지를 들고 있다. 첫째는 '지나치게 많은 것을 가르치지 말라'는 것이며, 둘째는 '가르쳐야 할 것은 철저히 가르치라'는 것이다. 그렇다면 무엇을 반드시 가르쳐야 하는가? 그것은 사색이나 생활에 가장 기초적인 것으로서 널리 활용될 기본 관념과 그 응용이다.[23] 기본 관념은 말 그대로 이론적 지식을 의미하며, 그 응용은 이론적 지식을 실제 삶에 적용함으로써 얻어지는 지식이다. 화이트헤드의 표현대로 사색은 인간의 본능적인 욕구이다. 인간이 사색하지 않았다면 현재와 같은 문명의 진보는 불가능했을 것이다. 문명은 인간의 삶 자체를 관통한다.

그런데 현대 사회의 지식 폭증은 화이트헤드가 간결하게 지적한 교육의 요체가 의미하는 바를 더욱 진지하게 고민하도록 요청한다. 현대 사회가 복잡해질수록 학교는 학생들에게 무엇을 가르쳐야 할 것인지를 판단하는 일에 더 많은 힘을 쏟아야 하기 때문이다. 선사 인류가 아들과 딸에게 생존 기술을 가르치면서 교육의 임무를 수행하던 때와 비교해 보면 모든 것이 달라졌다.[24]

사회가 변할수록 지식의 양과 내용도 변하며, 지식이 증가할수록 그에 따라 사회도 변한다. 학교는 사회가 설정한 교육의 목적을 학생들의 수준에 맞게 걸러 내고, 중요한 지식이 어떤 것인지 가려내야 하며, 무엇을 가르쳐야 하고 가르칠 수 있는지를 결정해야 한다. 특히 과학 기술과 관련한 지식은 그것의 양뿐만 아니라 분야도 전문화되고 세분화되고 있다. 이러한 현상은 자연스럽게 교육과정 전문가나 교사에게 중요한 역할을 요구하게 되었다. 그것은 바로 학교교육에 적합한 지식, 다시 말해 가르칠 내용을 어떻게 선정하고, 조직할 것인가에 관한 것이다.

무엇을 가르칠 것인지 어떻게 정할 수 있단 말인가

일부 교육학자나 교육과정 학자들은 교육이 가치중립적이므로 교육과정도 가치중립적이어야 한다고 주장한다. 그러나 교육이야말로 사회가 용인한 가치를 개인이 수용하고 경험하도록 하는, 가치에 기반을 둔 활동이다. 교육, 학교라는 말 자체가 사회에서 탄생했고, 사회적 맥락에서 본래의 의미를 찾을 수 있기 때문이다. 교육의 핵심적인 역할이 인류 문화의 전수라는 점에 대해 이의를 제기할 사람은 없을 것이다. 가치, 신념, 사회적 규준을 유지하고 다음 세대에 전달하는 일이 가르침을 통해서뿐만 아니라 사회에서 작동하는 교육 시스템을 통해서도 체득되도록 해야 한다. 학교와 교실을 세우고 학생과 교사를 조직하여 구조화하는 일에는 그 사회의 문화적 관점과 가치가 반영된다. 따라서 교육과 교육과정은 가치와 무관하기보다는 오히려 사회가 만들어 내고 유지시키고자 하는 가치와 더욱 긴밀하게 연결되어 있다.

교육과정의 사회학적 접근들은 교육과정이란 사회적으로 생산되고 역사적으로 위치 지어진다는 인식에서 출발한다. 이런 사실은 다음과 같은 핵심 질문들을 제기한다. 무엇이 교육과정에 포함되는가? 교육과정은 어떻게 조직되고 전달되는가? 누구에게 그리고 누구에 의해서 그러한가? 성공은 어떻게 평가되는가? 그리고 어떻게, 누구에 의해 이러한 질문들의 대답이 결정되는가? '누구'인가의 문제가 나머지 것들을 규정하기 때문에 일부에서는 이 마지막 질문을 가장 근본적인 것으로 다룬다.[25]

교육과정에 어떤 지식을 교육 내용으로 반영해야 하는가라는 질문에 답하기 위해서는 교육 또는 교육과정 정책이 그 사회 지배 집단의 헤게모니에 영향을 받고 있으며 상황에 따라서는 부적절하게 선택될수도 있다는 사실을 인식할 필요가 있다. 교육과정에 포함되는 지식은 이익 집단의 배후 조종, 정책 결정자의 선호, 정책의 순위 등에 의해서 우선적으로 결정될 수 있다. 그래서 때때로 교육 내용으로서 가치 있는 진리가 배제되기도 한다. 교육과정에 선정된 지식과 가치는 현재와 다른 상황에서는 포함될 수 있었지만 학교 지식 선정의 부적절성, 또는 외부에 드러나지 않는 사회구조의 내적 속성 때문에 교육 내용으로서의 일관성을 잃는다.

구체적인 예로 우리나라 국가교육과정 개정 때마다 일어나는 심각한 갈등 문제를 보면 알 수 있다. 교과목 존폐, 교과 통합과 독립, 내용 신설, 교과서 개발 방식, 내용 선정, 시수 확보, 새로운 지침 반영 등과 관련하여 각각의 집단들이 교육과정에 자신들의 입장을 담고 싶어 한다. 심지어는 국가의 이데올로기가 조직적으로 반영되어 갈등을 만들기도 한다. 여기에서 중요한 것은 교육 내용으로서 '무엇'이 아니라 교육 내용으로 선정하고 싶다고 말한 사람이 '누구'인가가 된다. 따라서 대부분 최종적인 결과물로서 만들어진 교육과정은 이익 집단이나 지배 권력의 정치적 이해관계가 깊숙이 반영된 산물이 될 가능성이 높다.

3. 맺는말:
교육이 위기가 아닌 적은 한 번도 없었다

교육하는 사람들은 교육이 위기라고 느낄 때 본능적으로 교육의 목적과 본질을 떠올린다. 교육학자는 교육의 내재적 가치를 강조하고, 사회학자는 사회개혁 운동을 내세우며, 행정 관료들은 개혁적인 교육 정책을 만들어 실행한다. 학교와 교사들도 실천적인 교육 운동으로 위기를 극복해 왔다. 많은 사람들이 끊임없이 교육개혁을 시도하는 것은 그만큼 교육하는 일이 복잡하고 어렵기 때문일 것이다.

그리고 교육의 위기를 감지하고 극복하고자 할 때 주로 학교를 개혁하기 위해 다양한 시도를 해 왔다. 그만큼 교육이 학교는 물론 현대 사회와 밀접한 관련이 있기 때문이다. 이런 이유로 사회는 학교가 많은 역할을 수행하기를 바란다. 그러나 학교는 사회가 요구하는 모든 기대를 충족시킬 수 없다. 오히려 지금의 학교는 다양한 사회적 기능을 수행해야 한다는 책무성 때문에 고유한 역할을 수행하지 못할 정도로 위축되어 있다.

또한 사회가 역동적으로 변할수록, 그리고 다양한 문화적·사회적 집단의 요구가 복잡해질수록 교육의 목적과 본질이 무엇인지에 대한 논란이 거세어진다. 이러한 현상을 사회학자들은 사회가 정체되어 있는 것이 아니라 생생하게 기능을 하고 있는 것이라고 해석할 것이다. 철학자들은 갈등 상황에서 우리가 판단한 결정이 과연 교육의 본질에 적합한 것인지, 최선의 대안이었는지 그 의미를 묻는 것으로 해석할 것이다.

학교의 역할을 요약한다면 학생들에게 인지적 기능과 지식을 가르치고, 개인적·사회적 성장과 발달을 하도록 돕는 것이라고 할 수 있다.[26] 그러나 학교의 역할에 대한 이 주장은 지속적인 검토와 검증이 필요하다. 전통적인 관점이라고 할 수 있는 이 규정은 언제든지 수정될 상황에 놓여 있다. 현재 다수의 학자들이 학교의 역할을 철학적·사회적·문화적 측면에서 다양하게 담론화하고 있다. 사회적·정치적 조건이 바뀜에 따라 교육의 목적과 본질이 새롭게 조명되고 도전을 받기 때문에 학교의 역할에 대한 논란은 끊임없이 지속될 것이다. 따라서 학교의 역할을 묻는 새로운 담론에 교사는 귀를 기울이고 이 과정에 적극적으로 참여할 필요가 있다. 이제 교사는 이 도전을 교육의 최전선에서 맨몸으로 받아들여야 할 상황이 되었다.

교육이 위기가 아닌 적이 한 번이라도 있었을까? 현대 교육 100여 년 동안 국내외 수많은 교육자와 학자들이 정치적·사회적 압력으로부터 교육을 염려하고 교육의 위기를 지적해 왔다. 교사들도 매일매일의 교실 수업에서 교육의 위기를 피부로 체감해 왔다. 차이가 있다면 학자들은 거시적인 관점에서, 교사들은 미시적인 관점에서 바라보았다는 것일 뿐 이 위기의식의 본질은 동일하다.

이제 교사가 해야 할 일은 무엇일까? 교사는 복잡한 현대 사회에서 교육과 교육과정에 대한 자신의 철학을 현재보다 더욱 굳건하게 세워야 한다. 그리고 질 높은 교육과정을 통해 좀 더 체계적인 교육 활동을 계획하고 교육의 본질을 실현할 수 있는 능력을 갖춰야 한다. 이것이 가능하기 위해서는 우선 교육과정을 보는 안목을 높여야 한다. 교육과정 학자들은 교사가 교육과정의 절충 지점을 찾을 수 있는 안목을 키워야 한다고 주장한다. 그 지점은 정치·사회적 압력과 불합리성의 영향력이 미치지 않는 곳이다. 교육과정이 극단적인 교과 중심 또는 학생 중심적 관점, 극단적인 인지 발달 또는 사회화 추구, 극단적인 탁월성 또는 기회 균등성 선호 등 한 가지 관점, 한 가지 철학에 의해 규정될 때 그로 인한 폐해와 갈등은 매우 심각한 문제가 될 것이다.

1. 강충렬 외 7인(2013), 『학교혁신의 이론과 실제』, 서울: 지학사, 13쪽에서 인용하였다.
2. Hargreaves, A. & Shirley, D.(2009), The fourth way. 이찬승·김은영 옮김(2015), 『학교교육 제4의 길』, 서울: 21세기교육연구소, 42~43쪽에서 인용하였다.
3. Fullan, M. G.(1991), The new meaning of educational change(2nd ed.), New York: Teachers college press, 15쪽에서 인용하였다.
4. 이와 관련한 연구는 많다. 정영근·이근호(2011), 「교육과정 자율화 정책 수용에 대한 교사의 인식 고찰」, 『교육과정연구』, 29(3), 93-119, 그리고 백경선(2010), 「학교교육과정 자율화에 대한 초등 교원의 인식조사 연구」, 『초등교육연구』, 23(2), 47-73. 또한 최석민(2010), 「현행 초등학교교육과정 자율화 정책에 대한 비판적 고찰」, 『초등교육연구』, 23(2), 153-174. 마지막으로 한국교육과정평가원(2010), 『학교교육과정 자율화 정착을 위한 교육과정 편성, 운영 컨설팅 체제 구축 방안』, 연구자료 ORM 2010-37, 서울: 한국교육과정평가원 등이 있다. 교육과정 자율화 정책은 학교 자율화와 함께 당시 정부의 교육 분야 개혁의 핵심 정책이었다. 언급한 연구 결과 대부분 교육과정 자율화 정책이 교사와 학교의 교육과정 전문성 신장에 큰 영향을 미치지 못하고 있다는 견해를 일관되게 보여 주고 있다.
5. 홍원표(2011), 「우상과 실상: 교육과정 자율화 정책의 모순된 결과와 해결방안 탐색」, 『교육과정연구』, 29(2), 23-43.
6. 참고한 연구 결과는 다음과 같다. 강충렬(2001), 「초등 학교교육과정 개발의 실태와 체제에 대한 인식 조사 연구」, 『교육과정연구』, 19(1), 175-196.; 박순경 외(2002), 『제7차 초·중등학교교육과정평가 연구(Ⅱ): 초등학교교육과정 편성·운영·평가를 중심으로』, 연구보고 RRC 2002-1, 서울: 한국교육과정평가원.
7. Fullan, M, G.(1991), The new meaning of educational change(2nd ed.), New York: Teachers College Press.
8. Hargreaves, A. & Shirley, D. 위의 책 21~22쪽을 참고하였다.
9. 하그리브스와 셜리는 현대 학교교육이 걸어온 길을 세 가지 형태로 제시하고 미래 교육을 제4의 길로 제시하였다. 그들은 제1의 길이 1945년부터 1970년대 중반까지 지속되었으며 이를 '혁신성과 비일관성의 길'로 표현하였다. 학교에 따라 교육의 모습, 수준, 방법이 들쭉날쭉했고, 교육 이외의 분야도 불안전성이 존재했다고 진단했다. 제2의 길은 1980년대 후반부터 등장하였고, 전 지구적으로 세계의 교육이 각국 정부의 중앙집권화와 교육 목표 표준화로 뒤덮였다고 진단했다. 제3의 길은 1990년대 중반 이후 국가 지원과 경쟁, 양쪽 모두를 기반으로 하면서 시장주의의 장점을 결합시키면서 등장한 새로운 개혁노선으로 진단했다. 제3의 길은 중앙집권, 기술주의, 형식적 열정 등으로 실패했다고 진단했다. 제4의 길은 미래 공교육이 나아가야 할 방향으로서 '국가적 비전, 정부의 방향 제시와 지원', '대중의 참여', '교사의 전문성과 참여'가 서로 소통할 때 가능하다고 진단했다.
10. 이혁규(2015), 『한국의 교육 생태계』, 서울: 교육공동체 벗, 40쪽을 참고하였다.
11. Sünkel, W.(1996), Phänomenologie des Unterrichts, Junenta Verlag GmbH. 권민철 옮김(2005), 『수업현상학』, 서울: 학지사, 51~53쪽을 참고하였다.
12. Walker, D. F. & Soltis, J. F.(1986), Curriculum and aims, New York: Teachers

College Press, 4쪽에서 인용하였다.

13. Fenstermacher, G. D. Soltis, J. F.(Sanger, M. N.)(2009), Approaches to teaching(5th ed.). 이지헌 옮김(2011), 『가르침이란 무엇인가』, 서울: 교육과학사, 29쪽에서 인용하였다.

14. Hirst, P. H.(1974), Liberal education and the nature of knowledge, In P. H. Hirst(Ed.), Knowledge and the curriculum, London: Routledge and Kegan Paul, pp. 30-53, 32쪽에서 인용하였다.

15. 위의 책 30쪽에서 인용하였다.

16. 아이즈너는 규범적 교육 이론 측면에서 교육, 학교교육, 학습을 구분하는 일이 매우 중요하다고 말한다. 모든 학습이 교육적이라고 볼 수 없다는 입장이며, 최소한 학교교육은 규범적이어야 한다는 입장이다. 교육의 규범적 측면은 피터스, 허스트, 솔티스 등 많은 학자들이 공통으로 언급하고 있다. Eisner, E. W.(1985), The educational imagination: On the design and evaluation of school programs(2nd ed.), New York: Macmillan Publishing company, 49~52쪽을 참고하였다.

17. 정범모(1997), 『교육과 교육학』, 서울: 배영사, 20쪽에서 인용하였다.

18. Peters, R. S.(1966), Ethics and education, London: George Allen & Unwin, LTD. 이홍우 옮김(1997), 『윤리학과 교육』, 서울: 교육과학사.

19. White, J.(1990), Education and the good life, Kogan Page, Ltd. 이지헌 옮김(2004), 『교육 목적론』, 서울: 학지사, 55쪽을 참고하였다.

20. 이종각 옮김(1978), 『교육과 사회학』, 서울: 배영사.

21. Dewey, J.(1916), Democracy and Education, New York: Macmillan. 이홍우 옮김(1996), 『민주주의와 교육』, 서울: 교육과학사, 186쪽, 189쪽에서 인용하였다.

22. 이홍우(1995), 『교육의 목적과 난점』, 서울: 교육과학사, 32쪽에서 참고하였다.

23. Whitehead, A. N.(1967), The aims of education and other essays, New York: The Free Press. 오영환 옮김(2006), 『교육의 목적』, 서울: 궁리, 8~9쪽에서 참고하였다.

24. 1950년대 이후 대다수 교육자들은 인류에게 중요한 지식들이 15년마다 두 배로 증가하고 있다는 사실에 주목하였다. 현재는 당시의 추측보다 훨씬 빠른 속도로 증가하고 있다. 이러한 경향으로 인해 교육과정을 끊임없이 개정해야 하는 필요성이 강조되는 것이 당연한 결과라고 할 수 있다.

25. Moore, R.(2004), Education and society: Issues and explanations in the sociology of education, Polity Press, Ltd. 손준종 옮김(2010), 『교육과 사회: 교육사회학의 쟁점』, 서울: 학지사, 280쪽을 참고하였다.

26. Fullan, M, G. 위의 책 14쪽에서 참고하였다.

2장
교육과정을
'보는' 방법

교육과정을 본다는 것은 교육과정에 대한 안목을
가지고 있다는 뜻이다. 이것은 교육을 보는 자신만
의 관점이 있을 때 가능한 일이다. 그 까닭은 철학
적, 심리학적, 사회학적, 그리고 역사적 배경에 의
해 만들어진 자신의 교육적 세계관을 노출시키는
일과 관련이 있기 때문이다. 교육과정 안목에는 교
육을 하는 사람의 삶의 통찰과 혜안이 숨어 있다.
그래서 교육과정을 언급하는 일은 항상 조심스럽
다. 학교교육을 하는 사람에게 교육과정은 매우 중
요하지만, 어느 누구도 자신 있게 그 실체를 드러
내어 말하기가 곤란하다. 심지어 교육과정 학자들
도 공통된 정의를 내리고 있지 않다. 그 곤란함의
원인은 틀림없이 사람마다 교육과정을 바라보는
독특한 관점을 가지고 있고 그에 따라 정의를 내리
기 때문일 것이다.

경험을 활용하는 사람과

절차를 착실하게 밟는 사람 간의 균형점은 어디일까?

전문지식과 경험을 활용하는 직관은 시스템 1이다.

경이롭지만 결함이 있다.

시스템 2는 모든 것을 관리하는 방식이다.

시스템 2는 우리 직관과 경험을 대신하는 것이 아니라

우리가 곤경에 빠지지 않게 하기 위한 확실한 방법이다.

우리에게는 둘 모두가 필요하다.

_게리 클라인

#시나리오

문○○ 학사 일정은 내가 할 일이지만 교육과정은 이 부장이 해
      야지.

이○○ 그 말씀이 아니라…… 제가 드리고 싶은 말씀은…….

문○○ 교육과정부장이 체험학습이랑 평가랑 통지표까지 하는 것
      이 맞지.

이○○ 아니 잠깐만요. 제가 드리는 말씀은 일은 제가 하는데요, 학
      교교육과정 만드는 것은 그런 것이 아니라 좀 크게 접근해
      야 됩니다.

김○○ 제가 보니까 이○○ 부장이 말하는 교육과정이랑 교무부장
      님이 말하는 개념이 조금 다른 것 같아요.

최○○ 맞아, 나도 그런 생각을 했는데……. 작년에 만들었던 교육과
      정은 어떻게 되는 건가요? 내용은 별 차이 없고. 선생님들
      이 보지도 않을 텐데.

송○○ 보니까 이 부장님은 계속 목표를 좀 새롭게 세우고 교과서가
      아니라 교사가 뭔가 재구성을 해서 수업을 해야 그것이 아

이들한테 도움이 되는 교육 내용이 된다고 말씀하시는 것 같아요.

이○○ 그렇습니다. 연간 시간표 작성했다고 해서 교육과정 다 했다고 봐서는 안 된다는 거죠. 그리고 교과서 내용으로 수업하는 것이 잘못된 것은 아니지만 교과서만 가지고 수업하기에는 애들도 선생님들도 수업하기가 힘드시잖아요.

장○○ 아마 4, 5, 6학년에서는 교과들을 서로 연계시켜서 관련 있는 내용들을 중심으로, 주제로 만들어서 프로젝트 재구성을 많이 시도해야 할 거예요.

이○○ 한 학교의 교육 계획과 관계된 일 아닌가요? 그런 일은 교장 선생님이나 교육과정부장님이 해야죠. 저에게는 어렵기도 하고 애들 지도하기도 바쁜데.

고○○ 그러니까 구체적으로 우리가 해야 할 일이 무엇인지 먼저 정해야 하지 않겠어요? 그래야 진척이 있지 계속 자기 생각만 말해서는 오늘 퇴근도 못하겠네요.

1. 교육과정의 관점

교육과정 정의는 개인의 세계관의 문제다

교육과정 정의에 대한 논란은 어제오늘의 일이 아니며, 그만큼 논란의 대상과 그 원인도 다양하다. 현재 교육과정 분야에서는 '바로 이것이 교육과정이다'라고 주장할 만큼 뚜렷한 개념이 정립되어 있지 않다. 교육과정 학자들마다 교육과정을 다르게 정의할 정도로 문제성을 띠고 있으며, 한 사람의 교육과정 학자조차도 경우에 따라 그 의미를 달리하고 있다. 예컨대 지식과 문화에 대해 논의할 때는 교육과정을 '교과'로, 광범위한 활동을 다룰 때는 '경험'으로, 교육과정 개발을 다룰 때는 '계획'으로, 교육과정 평가에서는 '결과'로, 어디까지나 연구자의 편의에 따라 그 의미를 사용하고 있다. 그 외에도 교육과정의 개념은 학습 프로그램, 코스의 내용, 계획된 학습 경험, 학교의 지도하에 학생들이 갖는 경험, 의도된 학습 결과, 행동 계획에 이르기까지 매우 다양하다.[1]

이처럼 교육과정 정의definition의 다양성 문제는 교육과정에 대한 접근 방식의 차이이며 그 접근 방식에 영향을 미치는 개인의 세계관의 문제라고 할 수 있다. 그 세계관에는 실재를 어떻게 인식하는가, 가치 있는 것은 무엇인가, 그리고 얼마나 많은 양의 지식을 습득하고 있는가와 같은 물음들이 내재되어 있다. 즉 교육과정에 대한 관점은 교육과정을 형성하는 기초(개인의 철학, 역사관, 심리와 학습이론에 대한 입장, 사회 문제에 대한 시각 등), 교육과정 영역(보편적이고 가치 있는 지식이 포함된 영역), 그리고 교육과정에 대한 이론적·실제적 원리 등을 모두 포함하는 총체적인 것이라고 할 수 있다. 따라서 교육과정에 대한 정의를 내린다는 것은 교육과정 개발과 설계, 교육과정 계획과 관련한 학습자, 교사, 교육과정 전문가들의 역할, 목적과 목표, 가치 있는 교육내용, 그리고 사회 현상 등에 대한 자신의 관점을 드러내는 것과 동일하다고 말할 수 있다.

교육과정 정의와 관점은 안성맞춤이 아니다

한편 교육과정을 정의하는 방식이 대체로 교육과정에 대한 개인의 관점과 밀접한 관련성을 맺고 있는 것이 사실이지만 이러한 관점과 정의의 관련성은 안성맞춤이라기보다는 상호 배타적인 측면이 강하다. 이러한 입장에서 교육과정의 다양한 정의가 바로 교육과정 분야를 혼동시키고 있다는 지적을 피할 수 없다. 즉, 교육과정의 정의에 관한 논쟁은 교육과정의 본질적인 문제와 쟁점 그리고 이론적·실제적 접근에 대한 연구에 투자할 에너지를 빼앗아 버린다. 그리고 교육과정 학자들은 무엇이 교육과정인지에 대해 의견 일치를 보지 못했기 때문에 공통된 용어를 갖지 못하고 서로 의사소통함에 있어서 장애를 겪고 있다.

가장 일반적인 교육과정에 대한 정의, 즉 '문서화된 계획'으로서의 교육과정과 '경험'으로서의 교육과정을 살펴보면 이러한 문제점을 쉽게 파악할 수 있다. 교육과정이 '문서화된 계획'으로 정의될 경우 교수와 학습과 관련된 중요한 요인들은 생략되거나 무시되기 쉽다. 왜냐하면 교수와 학습 활동이 일어나기 전에 계획된 문서 속에는 계획할 수 없거나 비공식적이고 잠재되어 있는 형태의 교육 활동을 담기 어렵기 때문이다. 교사와 학생, 학생과 학생 간에 이루어지는 사회-심리학적 상호작용 특히 감정, 태도, 신념과 같은 요인들은 배제되기 쉽다. 계획으로서의 교육과정은 교육과정을 지나치게 처방적인 관점으로 바라보고 있다. 교육 상황의 도처에는 교육의 힘이 미치지 못하는 사각지대와 수많은 인간 발달의 변인들이 존재하므로 이들을 모두 통제하기가 힘들다.

교육과정이 '경험'(학교에서 제공한 경험이든지 개인적인 경험이든지)으로 정의될 경우 이러한 정의는 너무나 광범위하다는 문제점이 있다. '경험'으로서의 정의는 교육과정이 '교육'과 동일한 의미로 사용되는 경우이다. 그렇다면 학교에서 일어나는 모든 일이 교육과정과 관련 있다면 교육과정이 아닌 것을 구별해 내는 일은 쓸모없는 일이 되는 것이다. 교육과정에 포함되어야 할 내용이 경험이라면 이는 너무나 불명확하고 모호하기 때문에 어떤 누구도 교사로서 충분한 지식을 소유했다고 말하기가 어려워진다.

또한 교육과정이 '교과' 또는 '내용'으로 정의될 경우 학년 수준에 따른 교과목이나 내용을 의미한다. 이 관점이 강조하는 것은 특정한 교과에 포함되어 있는 사실, 개념, 일반적 원리들로 교육과정 분야 전체에 통용되는 일반적인 개념이나 원리와 거리가 멀다는 문제점이 있다.

교육과정이 시스템으로 정의될 경우 그것에 관여하는 사람, 과정 또는 교육과정이 실행될 때의 사람과 과정 전체를 조직화하는 것을 의미한다. 교육과정을 관리경영 및 시스템적 관점에서 바라보는 사람들은 이러한 정의를 선호한다. 이것은 교육과정이 목적을 달성하기 위한 과정이나 도구가 되는 문제점이 있다.

교육과정에서 다루고자 하는 문제가 무엇인지 알아야 한다

교육과정 정의에 대한 동의가 없는 한 누군가와 교육과정을 주제로 대화하기가 쉽지 않다. 교육과정을 주제로 열띤 토론을 하였지만 종국에는 각자 다른 곳을 바라보며 자신이 만들어 놓은 교육과정 이미지에 따라 따로 대화하고 있었다는 사실을 깨닫게 되는 경우가 많다. 교육과정 정의는 세 가지 물음, 즉 그 개념이 특별히 학교교육에 한하고 있는가? 그것이 수업instruction과 교수teaching를 포함하는가? 어느 정도 학생의 학습이 교육과정에 포함되어 있는가에 해답을 줄 수 있는 것이어야 한다.[2] 교육과정의 개념 규정에 있어서 어떤 것을 포함하고, 또 어떤 것을 포함하고 있지 않느냐 하는 문제가 정의 규정에 대한 어려움의 원천이 된다고 볼 수 있다. 따라서 교육과정을 언급할 때는 다루어야 할 가장 기본적인 문제가 무엇인지부터 분명히 할 필요가 있다.

'교육과정'과 '교육과정학 연구'가 다를 수 있다

선사 인류에게 교육이 종족의 생존을 위해 필연적으로 등장할 수밖에 없는 것이었다고 한다면 교육과정 역시 교육과 함께 거의 동시에 등장했다고 추측할 수 있다. 생존하기 위해 가르쳐야 하는 상황에서 무엇을 가르쳤어야 하는지를 상상해 보면 쉽게 알 수 있다. 구체적인 사냥법, 맹수를 피하는 지혜, 자연재해나 위험으로부터 가족을 지키는 방법 등이었을 것이다. 그리고 활 제작자의 이야기에 나오는 대화 내용도 여기에 포함된다. 이것은 모두 교육 내용이라고 할 수 있다. 어떤 목적을 위해 누군가를 가르쳐야 할 때 그 교육 내용을 교육과정이라고 한다면 교육과정은 참 오래되었다고 할 수 있다.

우리나라 교육과정 학자 중 교육과정학의 학문적 정체성에 관심을 가지고 오랫동안 연구해 온 윤병희[3]는 '교육과정'과 '교육과정학 연구'는 다른 것이라고 보고 있다. 그의 견해에 의하면 어느 시대에도 '교육과정'은 존재하였으나, 그것에 대한 개념화나 이론화는 교육과정학의 연구 과제에 해당한다고 밝히고 있다. 하나의 학문 영역으로서 물리학이 출현하기 이전에도 물리 현상은 존재해 왔던 것과 동일한 맥락이다.

교육과정教育課程은 학교교육을 염두에 두고 전문 개발자나 교사가 참여하여 만들어 낸 것이고, 교육과정학教育課程學은 교육과정 학자의 학문적 탐구 영역이라고 할 수 있다. 따라서 교육과정은 주로 학교교육 그리고 그것을 담당하는 교사에게 실제적이고 실천적인 성격이 강한 반면, 교육과정학은 학자에게 이론적이고 학문적인 성격이 강할 수밖에 없다. 그렇다고 해서 교육과정과 교육과정학이 서로 배타적일 필요는 없다. 기본적으로 이론적 지식과 실제적 지식이 모두 필요한 경우가 많기 때문이다. 교육과정학의 이론적 탐구를 통해 가장 새롭고 타당한 지식을 얻어 학교교육과정의 다양한 실제 상황에 일반화하여 적용할 수 있다.

교육과정에 대한 교사의 관심이 교육과정 연구를 다양하게 했다

교육과정의 실제적 측면(예를 들면, 학교교육과정 개발, 수업, 학생 평가 등)에 대한 관심 증대와 개발된 교육과정을 실제로 실행하는 교사의 교육과정 지식과 관련한 논의의 활성화로 인해 교육과정학 연구는 다른 양상으로 접어들게 된다. 이러한 논의를 1980년대 즈음에 처음으로 이끌었던 대표적인 학자들로 쇼오트[4], 풀란[5], 코넬리와 엘바즈[6], 아이즈너[7] 등이 있다. 이들은 기존의 교육과정 연구에서 교육과정의 실천가라고 할 수 있는 교사들이 철저하게 배제되었다는 점을 문제점으로 지적하며, 교실 수업 상황 속 교사들의 지적 수행 과정에 더 많은 연구를 할애해야 한다고 강조하였다. 교사들이 어떤 교육과정 지식을 갖고 있느냐에 따라 교육과정이 학교에서 전개되는 양상이 다를 수 있음을 고민한 학자들이다.

이들 중 특히 쇼오트는 교육과정 분야에는 그에 관한 탐구들을 일관성 있게 수합할 만한 공통적으로 인정된 구조가 눈에 띄게 보이지 않는다고 주장하였다. 또한 교육과정을 연구하는 학자와 전문가 집단들의 가장 우선적인 과제는 현존하는 교육과정 지식을 검토하여 통합적인 결론에 도달해야 하는 것임을 밝혔다. 이 과정에서 학문적 진리 검증 방법을 적용하여 교육과정 지식을 조직하는 일이 어떤 일보다 앞서서 진행되기를 바라고 있다. 그는 교육과정 지식의 여러 영역을 교육과정 활동과 탐구에 의거해서 논의하고 있다.

쇼오트가 말하는 교육과정 활동은 교사가 교육과정을 계획하고 실행하는 과정 모두를 의미한다. 또한 수시로 자신의 교육 활동을 개선하기 위해 교육과정에 대한 학습을 병행하여 끊임없이 교육과정을 탐구하는 연구자로서의 교사 모습도 기대하고 있다.

2. 교육과정의 의미

교육과정의 어원을 다시 보기

앞에서 언급한 것처럼 누군가가 교육과정의 정의definition를 내린다는 것은 교육과정에 대한 관점은 물론이요 교육에 대한 자신의 안목을 드러내는 일이다. '교육과정은 무엇이다'라고 정의를 내릴 수 있다면 그만큼 교육과 교육과정 현상에 많은 관심이 있다고 보아야 할 것이다.[8]

교육과정을 뜻하는 '커리큘럼curriculum'의 어원은 라틴어로 '달린다'라는 뜻의 동사인 '쿠레레currere'이다. 명사로서 쿠레레는 '주로走路', 즉 '달리는 코스'를 의미한다. 이것은 일정한 순서로 배열된 학습의 과정 또는 학생이 이수해야 할 학습 코스의 의미로 쓰인다. 일반적으로 쿠레레가 명사적 의미인 커리큘럼으로 사용될 때는 의미가 확대되어 현재에는 '교육을 통하여 전수되는 교육 내용' 또는 '프로그램'을 뜻하는 경우가 많다. 그 의미에는 '계획적'이라는 의미가 내포되어 있다.

이렇게 계획적으로 만들어진 교육 내용이 효과적으로 전수되도록 만든 공간은 어디일까? 바로 학교다. 인류의 위대한 정신문화가 전수되는 곳은 현대적 의미에서의 학교다. 학교는 장차 미래를 살아갈 후손들에게 앞선 세대 또는 현재 세대가 만들고 가꾸어 온 정신문화를 정련하여 가르친다. 교육과정 연구자들은 학교에서의 교육 내용을 바로 '교과教科'로 체계화시켰다. 이런 의미에서 커리큘럼은 교사가 학생에게 가르칠 내용을 체계화한 것, 그리고 학생들은 배워야 할 대상으로 오랫동안 이해되어 왔다.

그런데 파이나[9]는 쿠레레의 어원에서 동사적 의미가 잘못 이해되고 있으며 심지어 명사적 의미만 강조되고 있다고 비판하였다. 오늘날 교육과정과 관련한 논의가 계획된 문서나 그 문서의 결과적 산물 또는 교육 내용으로 체계화한 교과에만 관심을 보이는 것을 문제점으로 지적한 것이다. 그는 쿠레레의 어원에서 동사적 의미인 '달린다'라는 의미를 강조하게 되면 교육과정이 관심을 갖게 되는 영역은 물론 접근 방법도 바뀐다고 주장한다. 다시 말해 '학생이 얼마나 목표에 도달하였는가 또는 최종 목표의 충족 요건은 무엇인가'에 관심을 쏟기보다는 '학생이 달리는 코스에서 어떠한 의미를 찾고 경험을 하였는가'에 더 관심을 갖게 된다는 것이다. 그는 학생이 학교의 교육과정 현상 속에 노출되면서 자신이 갖는 구체적인 경험이 무엇인지를 깨닫게 되면 자신이 누구인지를 깊게 성찰할 수 있는 기회가 될 수 있다고 하였다. 파이나의 해석은 듀이의 교육과정에 대한 관점과 매우 닮아 있음을 짐작할 수 있다.

이처럼 쿠레레의 개념 해석이 다른 것이 교육과정 정의를 내리는 일이 어렵게 된 근본 이유라고 할 수 있다. 쿠레레의 명사적 의미와 동사적 의미를 좀 더 구체적으로 살펴보면 교육과정의 의미를 좀 더 명확하게 정의할 수 있을 것이다.

쿠레레의 명사적 의미

먼저 쿠레레의 명사적 의미를 살펴보면 다음과 같다.

어떤 목적을 위해 누군가에게 가르치는 교육 내용을 교육과정이라고 한다면 교육과정은 인류의 역사와 함께 매우 오래되었음을 앞에서 밝혔다.[10] 교육과정의 의미를 교육 내용으로 한정하여 말한다면 학교 교육에서 교육 내용은 곧 교과라고 할 수 있다. 쿠레레의 명사적 의미는 교과와 거의 동일시된다. 이것은 교과가 교육의 내용으로서 교육을 담당하는 많은 사람들에 의해 오랜 시간 동안 체계화되고 세련되어지는 과정에서 교육과정으로 발전되어 왔음을 의미한다.

피터스는 『윤리학과 교육』에서 교육을 '성년식initiation'에 비유한다. 인류가 다듬어 온 사고의 형식에 입문되는 과정이 곧 '교육敎育의 과정過程'이라고 설명한다. 여기에서 짚고 넘어가야 할 것은 피터스가 말한 사고의 형식이다. '사고의 형식modes of thought'은 각각 독특한 내용(즉, '지식'과 같은 것)과 그 내용을 축적하고 비판하고 수정하는 방법으로 '공적 절차'를 가지고 있다.[11] 분화된 사고의 형식에서는 내용과 방법이 모두 '간주관적intersubjective'이다.[12]

이 내용과 방법은 모두 공적인 성격을 가지고 있으므로 그러한 사고의 형식 안에 들어가서 그것을 자기 자신의 것으로 내면화하는 사람들의 눈에는 공적인 세계의 윤곽이, 그 내면화의 수준에 상응하는 만큼 변형된다. 특히 지식은 오랫동안 공적인 검토와 논의에 의하여 확립·축적되어 온 유산이며, 또한 그 지식 안에 포함된 개념 구조는 수많은 사람들의 안목을 일정한 방향으로 변화시켜 왔다. 확립된 지식을 조정하고 새로 발견된 지식에 비추어 그것을 수정 내지 조정하는 비판적 방법이 있다는 것은 곧 지식을 가르치는 사람이나 배우는 사람이나 다 같이 따라야 할 간주관적인 기준으로서의 공적 원리가 있다는 뜻이다.

또한 피터스는 앞의 책에서 교육의 세 가지 개념적 기준을 규범적 기준, 인지적 기준, 과정적 기준으로 제시하였다. 이 중 두 번째 인지적 기준을 '지식과 이해', '안목'으로 표현한다. 이것은 교육의 내재적 가치의 구체적 내용을 명시하는 것으로, 교육의 내용에 관계되는 것이다. 이후 피터스는 허스트와 함께 교육 개념의 인지적 기준을 '지식과 개념의 제 양식modes of knowledge and experience'으로 상세화하였다.[13] 이 '제 양식諸樣式'을 허스트는 지식의 형식으로 부른 바 있다.

지식의 형식은 인간의 경험을 일반적으로 인정되는 방식으로 분류한 것이다. '지식의 형식(forms of knowledge)'은 피터스와 허스트가 1970년에 쓴 『The logic of education』에서 언급한 것으로, 수학과 논리학, 자연과학, 역사와 인간과학, 예술, 도덕, 철학, 종교 등 7가지이다. 이후 '지식의 형식'과 '교과'가 일치하는가에 대한 학자들 간의 논란이 지속되고 있다.[14]

교육과정의 의미를 영국의 두 교육 철학자의 견해로부터 찾는 까닭은 '가르치고 배우는 내용으로서의 교육과정의 의미'가 이들이 말하는 교육의 목적과 관련이 깊기 때문이다. 허스트도 피터스의 견해와 비슷하게 합리적 마음의 계발을 교육의 목적으로 삼았다. 특히 허스트는 합리적 마음의 계발은 개인을 공적인 삶의 형식 또는 사고의 형식에 들어가도록 함으로써 가능하게 된다고 하였다. 두 사람의 공통점은 교육은 마땅히 도덕적으로 온당한 것이어야 하고 그 과정에서 지식의 형식(또는 사고의 형식)을 추구하는 일은 가치가 있다는 것이다. 지식의 형식을 추구하는 일은 가르치고 배우는 내용으로서 가치가 있는 것이기 때문이다. 이홍우[15]는 지식의 형식을 추구하는 것은 바로 합리적 이해에 도달하는 것이라고 해석한다. 교육의 내용이 합리적인 것이고 내재적으로 정당화됨으로써 교육은 그것 자체로서 가치 있는 상태를 실현한다는 말이 성립될 수 있기 때문이라고 본다.

쿠레레의 명사적 의미는 이러한 맥락에서 교육과정적 의미가 있다. 이처럼 가르치고 배우는 '내용'으로서의 교육과정은 합리적 이해와 그것에 도달하기 위한 방법인 인류의 지적 전통을 의미한다. 교육이 가치 있는 일이 되기 위해서는 가르치고 배우는 내용이 가치 있어야 한다. 이것을 학교교육에서 가르치고 배워야 할 대상 또는 기준으로 삼아 온 것은 어찌 보면 당연한 것이다.

쿠레레의 동사적 의미

쿠레레의 명사적 의미와 달리 동사적 의미는 파이나가 강조한 '학생이 달리는 코스에서 어떠한 의미를 찾고 경험을 하였는가'라는 질문

속에서 찾을 수 있다. 이 질문에 대해 가장 본질적인 논의를 한 사람이 듀이다. 듀이는 『아동과 교육과정』, 『경험과 교육』에서 교육과정의 철학적 근간을 제시하였다.

학습자와 교육과정은 교육 활동을 구성하는 가장 기본적인 요소이다. 그러나 양자는 대립을 낳는다. 듀이는 이 대립을 크게 세 가지로 정리한다. 첫째, 아동의 경험과 교육과정의 범위 차이이다. 둘째, 아동의 생활은 자신의 관심을 중심으로 묶인 세계이며 그 자체가 일정한 통일성을 가지고 있으나, 학교에서의 교육과정은 그러한 통일성 있는 아동의 세계를 세분화하고 분리시켜 놓은 것이다. 셋째, 아동의 삶을 통일성 있게 묶어 주는 것은 실제적이며 감정적인 유대이지만, 학교에서 학습자가 배우게 되는 교육과정은 추상적인 지식들로 구성되어 있으며 추상적인 지식들을 논리적으로 분리하고 재구성해 놓은 것이다.[16] 이러한 근본적인 관점의 차이 때문에 교과를 중시하는 학파와 학습자의 경험을 중시하는 학파가 전혀 다른 방식으로 학생들을 교육시키려고 해 왔고, 대립되는 두 입장은 서로 평행선을 그리면서 팽팽하게 맞서 왔다고 설명한다.

이러한 문제를 해결하는 방안으로 듀이가 제안한 것이 학습자의 경험과 교육과정 양자를 전혀 다른 것, 즉 '종류상'의 차이가 있는 것이 아니라 서로 연속선상에 있는 것, 즉 '정도상'의 차이가 있는 것으로 이해하는 방법이다. 교과가 과거에 있었던 성인 또는 학자의 경험에서 나온 것이며, 이것이 교과로 발전하려면 특정한 태도, 동기, 흥미가 작용해야 한다. 특히 중요한 것은 경험 그 자체 내에 이러한 태도, 동기, 흥미가 어떤 식으로든 포함되어 작용하고 있는 것이다. 이렇게 되면 교과는 학습자의 경험과 무관한 것이 아니라 학습자의 경험 속에서 작용하는 역동적인 힘들이 이룩하게 될 성과물로 보는 것이다.[17]

듀이가 활동했던 당시 전통주의자들은 학습자를 소홀히 하고 교과만을 강조했고, 진보주의자들은 교과를 소홀히 하고 학습자만 중시하면서 모두 똑같은 오류를 범하고 있었다. 듀이는 학습자와 교과 간 연속성의 강조를 통해 교육에 만연된 학습자와 교과 간의 이원론을 극복하고자 했다.[18]

듀이가 학습자의 경험과 교육과정 간의 이원론적 오류를 극복하기 위해 제시한 대안은 경험의 논리적 측면과 심리적 측면을 구분함으로써 가능한 일이었다. 경험의 논리적 측면은 교과 그 자체이고, 경험의 심리적 측면은 학습자와의 관련 속에서의 교과이다. 심리적인 입장에서 경험이란 실제적인 성장의 과정을 순서대로 적어 놓은 것이다. 그것은 효율적이었든 비효율적이었든, 성공적이었든 힘든 고통의 과정이었든 간에 실제로 있었던 경험의 과정과 단계를 그대로 기록한 것이다. 논리적인 입장에서 경험이란 발달이 어느 정도 성취되었다는 것을 전제로 한다. 따라서 경험의 발달에 대해서 발달 과정은 무시되고 최종적인 상태가 중요시된다. 논리적 관점에서는 경험을 통해 이룩한 결과와 그 결과를 낳기까지 밟았던 과정들을 분리한다. 당시 혁신에 대한 듀이의 생각은 교사들의 주의를 교과 자체에서 성장하는 학생에게 돌려야 한다는 것에 기반을 하였다.

학습자가 달리는 코스에서 의미를 찾고 교육적 경험을 하려면 두 가지를 고려할 필요가 있다. 첫째는 경험의 계속성이고, 둘째는 상호작용이다. 경험의 계속성의 원리는 과거에 있었던 그러면서 지금 지니고 있는 경험을 현재보다 더 나은 상태로 이끌어 가는 것이다. 교사는 학교교육을 교실과 텍스트에 가두지 말고 지역사회의 제반 조건들을 교육 상황에 담으면서 적극적인 교류를 수행해야 한다. 또한 인간은 일련의 상황들 속에서 살며 사물이나 타인과 상호작용한다. 따라서 어느 특정한 상황에서 배운 지식이나 기술은 다음에 오는 상황을 이해하고 효과적으로 다루는 데에 중요한 수단이 된다. 삶과 배움이 계속되는 한 이 과정은 계속된다는 것을 인식해야 한다.[19]

교육과정이 학습자의 경험으로 정의될 경우 이것은 매우 넓은 의미로, 학교 내외에서 일어나는 모든 교육적 상황을 고려하는 것이다. 이것은 듀이가 『경험과 교육』에서 그 개념을 밝힌 이후 1930년대부터 교육과정의 의미 중 한 가지는 '교사의 지도하에 학생들이 갖게 되는 모든 경험'이 되었다.

교육과정 연구가 담고 있는 의미

커리큘럼curriculum이라는 용어가 출현한 이래로 그에 대한 개념 정의가 무수히 많았음에도 불구하고 지금까지 교육과정 분야에서 일치된 정의는 없었다. 어떤 학문이든 학문으로서의 특수한 분야를 가지려면 그 학문의 구조가 다른 학문과 상이한 구조를 가짐으로써 가능하며, 이러한 학문의 구조는 그 학문의 연구 분야와 연구 방법을 즉흥적이고 산만하며 우발적인 것으로부터 벗어나게 한다.[20]

교육과정의 영역을 규명하는 작업은 교육과정 분야에서 이러한 구조를 모색하려는 노력의 일환이라 할 수 있다. 지금까지 교육과정을 학문으로 접근하고자 할 때 그 영역에 대한 규명 작업은 그렇게 쉽게 이루어지지 않았음을 학자들이 사용해 온 용어만 보더라도 짐작할 수 있다. 슈버트[21] 그리고 오른슈테인과 헌킨스[22]는 '교육과정 영역'이라는 용어를 쓰는 반면, 그 외 학자들은 교육과정 영역에 해당하는 용어를 다룸에 있어서도 각기 다른 방식을 취해 왔다. 예컨대, 굿래드는 '교육과정에 관한 요구와 필요성', 워커는 '교육과정 연구 대상이 되는 교육과정 현상과 문제', 자이스는 '교육과정 쟁점', 배로우는 '교육과정 연구의 제 측면', 쇼오트는 '교육과정 지식의 제 영역'이라는 용어들을 사용하였다. 이러한 사실은 지금까지 교육과정 영역 그 자체를 대표할 수 있는 공통된 용어를 찾기가 어려웠으며, 각 영역 내에서도 그 영역을 규정짓는 용어의 정확한 의미에 대해 학자들 간에 의견일치가 어려웠음을 의미한다.[23]

파이나[24]는 1143페이지에 달하는 방대한 저서에서 그동안 미국에서 발행된 교육과정 관련 책과 논문들을 모두 분석하고, 그 담론의 유형을 열 가지로 분류하여 제시하였다. 파이나와 같은 재개념주의자들의 탐구 형태는 시간이 흐를수록 점점 다양해지고 여러 측면에로 확대된다. 즉 그것의 탐구 형태는 역사적, 철학적, 문학적 측면뿐만 아니라 정치적, 경제적, 문화적, 성적gender 측면으로까지 확대된다. 재개념주의의 초창기라고 할 수 있는 대략 1973년부터 1976년 동안에는 교육과정 분야의 지배적인 전통에 대한 비판적인 연구가 그 운동을 주도했다. 그러나 그 후 재개념화의 문헌이 증가함에 따라 연구의 관심은 타일러 전통에 대한 비판으로부터 재개념주의 주제 자체로 이동했다는 것이다. 재개념주의 이론은 그 자체가 어느 고유한 이론에 매달리기보다는 다양한 지적, 철학적 전통에 의존하고 있다. 따라서 앞으로 재개념주의 이론은 교육과정 연구자의 관심에 따라 지금보다 더 다양한 형태로 연구되리라고 기대할 수 있다.[25]

이상에서 살펴보았듯이 교육과정 전문가들은 일반적으로 교육과정 기초 영역에 관해서는 의견의 일치를 보이나, 교육과정의 영역 혹은 공통된 지식을 나타내고 있는 것이 무엇인지에 관해서는 의견의 일치를 보이지 않고 있다. 그만큼 자신들의 관점에 따라 교육과정의 의미를 규정하고 학문적 탐구의 영역을 확보하고자 한다.

교육과정학은 다른 교육학 분야와 달리 매우 좁은 학문 영역으로 오해되기 쉽다. 그 까닭은 교육과정학이 교육학의 한 전문 분야이고 그나마 오랫동안 독자적인 학문으로 행세해 오지 않았기 때문이다. 그러나 교육과정학은 교육학의 중심core 을 이루는 분야이고 교육이 인간의 마음과 몸 모두의 성장을 목적으로 삼는다는 점에서 교육과정학의 범위도 그만큼 넓어질 수밖에 없다. 말하자면 교육학이 그렇듯이 교육과정도 인간의 삶, 성장, 발달 모두에 관련되는 종합적인 인간학의 성격을 지니고 있으며 그 탐구 대상과 방법이 모호한 것도 어쩌면 피할 수 없는 일인지도 모른다.

그러나 교육과정학의 대상과 방법이 넓다는 것이 반드시 좋은 것만은 아니다. 그것은 교육과정 연구자들 간의 의사소통성과 공통적인 사고 체계 형성을 어렵게 하여 논의의 구심점이 없이 표류하게 할 수도 있기 때문이다.[26] 교육 문제와 관련하여 무엇이든지 전부 교육과정학 연구라 한다면 과연 어떠한 것이 실제로 교육과정학 연구가 될 수 있는지를 검토해야 할 필요성도 있다.

한편, 교육과정학이 학교교육, 학생과 교사의 삶, 그리고 그들의 성장, 발달을 등한시한다면 교육학의 한 영역으로서 또는 독립된 학문으로서도 역할을 다하고 있다고 단언하기 어렵다. 교육과정이 학문적 정체성을 확립하는 것과는 별개로 교사나 학부모들에게 학교교육은 교육과정 그 자체 또는 교육과정의 운영이라고 인식하는 경향이 보편화되고 있음을 고려해야 한다. 그래서 교사에게 교육과정의 의미는 학자들의 논의와는 매우 다를 수밖에 없다.

3. 교사가 인식하는 교육과정 의미의 다양성

교사에게 교육과정은 천연색 물감이다

교육과정 학자들도 일치된 교육과정 정의를 내리지 못하는 상황임을 감안해 보면 교사가 교육과정 의미를 다양하게 인식하고 있고 혼란스러워하는 것은 놀랄 일이 아니다. 우리나라 교사의 인식 속에는 교육과정이 크게 세 가지 정도로 개념화되어 있다. 첫째는 국가교육과정이고, 둘째는 학교교육과정이며, 셋째는 교사가 교실에서 학생들을 가르칠 때 나타나는 교육과정이다.

첫째, 교사가 인식한 국가교육과정은 교과별로 제시된 성취 기준이다. 물론 국가교육과정 총론에 교육과정의 성격, 교육 목표, 학교 급별 목표, 교수·학습 및 평가 방법, 국가 수준 및 교육청 수준의 지원 사항 등이 포함되어 있지만, 실제로 교사에게 중요한 것은 각론에 제시된 교과별 내용인 성취 기준이다.

둘째, 교사가 인식한 학교교육과정은 국가교육과정에 제시된 성취 기준에 근거하여, 시·도 교육청에서 고시한 교육과정 편성·운영 지침에 따라 만든 학교교육과정이다. 학교교육과정은 학교교육 활동을 위한 계획 또는 설계도의 성격이 강하다.

셋째, 교사가 가르칠 때 나타나는 교육과정은 교과 수업을 통해 실행되는 것으로 수업과 동일시되는 경우가 많다. 이 교육과정은 교사의 교육에 대한 해석과 관점이 투영되어 있으며, 교사의 주체적 행위가 있을 때 생명을 갖는다.

학교교육과정은 '천연색 물감'에 비유되곤 한다.[27] 학교에서의 교육과정은 천연색 물감처럼 여러 가지 의미를 담고 있으며 이를 가리키는 단어도 다양하다는 의미일 것이다. 그런데 교사가 교육과정에 대해 가지고 있는 일반적인 느낌은 '딱딱하고 어렵고, 복잡하다'이다. 교사는 '교육과정'이 그 용어의 무게감으로 인해 교육과정 학자나 전문 연구자 또는 교육과정의 식견이 높은 일부 교사들의 전유물이라고 생각하는 경우가 있다. 교사가 교육과정에 대한 학술적 연구나 학교교육과정 개발에 적극적으로 참여하지 않을 때는 교실 수업에만 의미를 부여하고 그것에만 집중하는 경향을 보이기도 한다.

특히 우리나라의 교사들은 국가교육과정 기준 및 시·도 교육청의 편성·운영 지침을 준수하여 학교교육과정을 개발해야 하는 동시에 교수·학습 상황에서는 자신만의 실천적·전문적 해석 능력을 발휘하여 이를 실행해야 하는 능력까지 요구받고 있다. 이러한 현실에서 교사가 인식하는 교육과정 의미는 천연색 물감처럼 다양할 수밖에 없을 것이다.

교사에게 교육과정이란 중층적 이미지이다

따라서 교사가 학교에서 사용하는 '교육과정'이라는 용어는 명확한 정의definition로 개념화된 것이 아니라 이미지로 형상화되어 있다. 또한 복합적인 의미를 담고 있다. 교사가 인식하는 교육과정의 의미는 중층적인 이미지이다.

예를 들어 정부와 교육청의 담당자가 교육과정이라는 용어를 단위 학교를 대상으로 사용할 때는 주로 '편성'과 '운영'의 대상으로 사용하며 이것은 지침을 의미한다. 단위 학교 교장, 교감에게는 1년간의 '학교 경영 계획 수립'이라는 의미를 갖는다. 학교에서 추진해야 할 교육 사업이 주된 내용으로 포함된 문서다. 교무부장이나 교육과정부장에게는 연간 학사 일정 수립 또는 중점 교육 활동 문서이다. 반면, 일반 교사에게는 '학사 일정에 따른 교과 진도표' 작성의 의미를 갖는다. 연간 수업 일수와 자신이 담당하고 있는 학년의 교과 내용 진도표와 시수표를 작성하는 것이다. 이러한 의미로 교사들은 교육과정을 '짠다', '만든다', '(문서로) 친다' 등으로 표현한다.

이처럼 교육 당국과 교육청의 교육과정 담당자, 학교장, 교무부장이나 교육과정부장, 일반 교사 간의 교육과정 개념이 다른 까닭은 그들이 맡고 있는 역할과 관련이 깊을 때가 많다.

교육과정이 한 학교의 교육 계획과 관계된 것으로서 인식되면 그 교육과정은 학교장이나 교육과정부장이 생산해야 하는 문서가 된다. 그 문서에는 학교교육 목표, 연간 교육 계획, 학년별 교과별 운영 기본 계획, 수업과 평가 기본 계획, 업무 기본 계획, 각종 규정 등이 담긴다.

저경력 교사 또는 학교교육과정 개발 참여 경험이 없는 교사에게 학교교육과정을 만드는 일은 자신이 해야 할 일과 직접 관련 없는 일이 되는 것이 사실이다. 자신의 교과 수업과 학생 생활지도에 전념해야 하는 교사에게 교육과정은 힘겹고 어려운 대상이다.

　한편, 교사 개인의 차원으로 좁혀질 경우 교육과정의 의미는 교과교육과정 재구성의 의미로 받아들여진다. 앞에서 언급한 교육과정을 '짠다'라는 의미는 교사에게는 교과 내용 편성의 개념으로서 교과 교육과정 재구성의 의미와 거의 동일하게 사용된다. 이와 같이 학교에서의 교육과정 의미의 다양성과 범위의 불명확성은 교사의 교육과정 개발 몰입 저해 요인으로 작용하기도 한다. 누가, 무엇을, 어느 범위까지 관여해야 학교에서 교육과정과 관련한 일에 참여하고 있는지 판단하기 어렵다. 학교는 행정 업무로서의 일과 실제 교육 활동이 중복되어 일어나는 경우가 매우 많기 때문이다. 결국 교사에게 교육과정이란 이미지 형태로 각인된다. 학교 조직에서의 일과 교육 활동을 통해 드러나는 다양한 이미지가 중층적으로 쌓여 형성된 것이다.

4. 교육과정을 수업, 평가와 연결해서 보기

교사에게 교육과정 의미는 훨씬 실제적일 필요가 있다

교사가 교육과정을 인식할 수 있을 때는 주로 수업에 참여하고 있을 때이다. 이 순간 교육과정은 한 차시 한 차시 수업 행위가 가능하도록 목표를 설정하고, 내용을 체계화하며, 시수를 정해 주고, 평가의 시점을 알려 주며, 앞의 모든 활동들이 원활하게 진행되도록 조율해 준다. 교육과정은 이러한 교육 활동의 맥락에서 교사에게 훨씬 의미가 있다.

더군다나 학교교육을 하는 사람들 특히 교사는 교육과정, 수업, 평가를 따로 떼어 논의할 수가 없다. 실제 교육 활동에서는 교육과정, 수업, 평가가 하나의 세트 또는 일련의 연속된 활동으로 인식된다. 교사는 이 세 가지를 유기적으로 연계하여 실천하기 위해 노력한다. 교사는 교육과정, 수업, 평가를 왜 하나의 덩어리로 인식하고 실천하는가?

교육과정, 수업, 평가는 이론적으로 이미 각각의 고유한 영역을 확보할 만큼 학문적 성과의 축적이 깊고 넓다. 그래서 각 영역을 전문적으로 연구하는 연구자들이 많다. 이들은 자신의 전공 영역에서만 이론적으로 논의할 뿐 자신이 전공하지 않은 영역에 대해서는 언급하지 않는다. 학문을 업으로 하는 사람들에게 자신의 연구 영역이 타 연구자 또는 타 연구 영역과 차별화될수록 전문성을 인정받을 수 있다는 풍토가 있다. 그래서 교육과정 전공자는 교육과정, 수업 전공자는 수업, 평가 전공자는 평가만 관심을 갖는다.

그러나 교육 현상을 직접 다루는 교사에게 교육과정 의미는 이론적이기보다는 실제적일 때 훨씬 효과적이다. 여기에서 '효과적'이라는 말은 교육과정을 특정한 공간(학교나 교실)에서 특정한 대상(학습자)을 위해 교육 목표 달성에 도움이 되도록 체계적으로 관리하는 '도구tool' 또는 '표준standard'으로 유용하다는 뜻이다. 교사들이 교육과정을 교육 내용의 배열이나 교과 시수의 배당, 특정 프로그램 개발 등과 같은 실제적인 측면에서 인식하고 있는 것은 당연하다. 그래서 학습자들이 학교교육 활동을 통해 차근차근 밟아 가도록 설계해 놓은 '계획'의 의미가 강조되는 경우가 많다. 교육과정을 '계획'의 의미로 이해할 경우 교육과정을 계획하는 목적은 학습자 개개인에게 학습의 기회를 언제, 어떻게 제공할 것인가에 관심을 갖는 것이 된다. 또한 학습자가 정선된 계획에 참여함으로써 최대한의 교육적 혜택을 누리도록 하는 것을 중시하게 된다.

그런데 학습자가 교육적 기회를 얻는다는 것은 엄밀하게 말하면 교사와 학생의 상호작용이 일어나는 매일매일의 교과 수업을 통해서이다. 또한 가르치고 배우는 내용은 학습자의 수준이나 요구에 적절한 것이었는지, 수업은 학습자의 심리적 발달 단계와 준비도에 적합하게 진행되었는지 알아보려면 평가를 해야 한다.

이처럼 교사가 교육과정이 수업, 평가와 연결되고 순환되어야 한다고 생각하는 것은 매우 자연스러운 일이다. 이때 교육과정은 수업, 평가와 더불어 세 가지 요소가 막힘없이 잘 순환되도록 조정하고 통제하는 역할을 하는 것으로 인식된다.

지금까지 언급한 것처럼, 교사가 교육과정을 실제적인 측면에서 인식하고 있는 것은 단순히 학자들의 학문적 이론과 현장 교사의 실제 교육 활동 간의 차이라고만 볼 수 없다. 교육과정, 수업, 평가 간의 관계는 연속적이고 가까워 보이지만 때에 따라서는 분절되고 동떨어져 보이기도 한다.

교육과정과 수업은 어떤 관계인가?

오랫동안 많은 학자들이 교육과정과 수업의 관계를 적절하게 규정하기 위해 고민해 왔다. 사실 교육과정과 수업의 관계를 밝히는 노력은 교육과정 학자들의 주도하에 이루어졌으며, 교육과정의 연구 영역을 학문적으로 정립하기 위한 의도적인 목적과 관련이 깊었다.

교육과정과 수업의 관계에 대한 고민

1930년대 미국의 12인 위원회는 미국교육위원회NSSE의 21세기 교육연감을 편찬하면서 '근본적인 물음들'을 제시한 적이 있다. 그들은 교육과정 연구 분야를 명확하게 설정하기 위해 교육과정 분야 쟁점들을 열여덟 개로 제시하면서 해당 교육과정 연구 분야의 기본적인 개념들과 원리를 설정하는 데 직접적인 도움을 주었다. 이후 50여 년이 지난 1987년에는 열다섯 개를 제시하였다. 여기에서 주목할 것은 열다섯 개의 근본적인 물음 중에서 열다섯 번째의 물음이 '교육과정과 수업, 교육과정과 장학, 교육과정과 평가의 적절한 관계는 어떠한가'이다.[28] 이 마지막 질문은 교육과정의 영역 설정 나아가 교육과정 연구의 정체성 추구와 관련하여 교육과정 학자들 사이에 논쟁을 불러일으켰다. 수업이 교육과정의 연구 영역으로 포함되기도 하고 배제되기도 하였다. 교육과정의 연구 영역 나아가 교육과정의 의미는 교육과정과 수업이 어떠한 관련을 맺고 있느냐를 파악함으로써 더욱 명확하게 드러날 수 있음을 암시하는 것이었다.

역사적으로 볼 때, 로크, 루소로부터 스펜서, 헤르바르트에 이르기까지 18세기와 19세기 교육자들은 교육학적 원리의 개척자들이었다. 그들의 관심은 오늘날 우리가 알고 있거나 사용하는 것과 같은 교육과정이 아니었다. 왜냐하면 교육과정이라는 용어 자체가 1918년 보비트[29]가 『The Curriculum』이라는 책에서 밝히고 난 뒤 20세기에 들어와서야 비로소 등장했기 때문이다. 오히려 그들이 관심을 둔 것은 과학적 원리로서 탐구하려고 했던 교육 내용과 수업 방법이었다. 그러나 그러한 분야가 존재하지는 않았지만 결국 그들이 관심을 가졌던 것은 교육과정과 관련된 것이었다.

특히, 타일러와 타바는 둘 다 그들의 고전적인 저서에서 수업에 관심을 가졌다. 이것은 특히 타일러에게서 두드러지는데, 그는 수업을 교육과정을 가르치기 위해 계획을 수립하고 단원을 선정하며 프로그램들 속에 학습 경험을 조직하기 위한 절차라고 생각했다. 타일러의 네 개의 중요한 질문 중 하나가 '효과적인 수업을 위해 어떻게 학습 경험을 조직할 것인가'라는 문제를 고찰하는 것이다. 1949년에 발간한 그의 책 명칭을 『교육과정과 수업의 기본 원리』[30]라고 했듯이, 두 개의 요소는 동일하게 중요하고, 연속과 순환의 한 부분이며 계속적인 재평가를 포함한다는 입장을 지니고 있다.

그러나 타바[31]는 타일러와 달리 교육과정을 수업보다 광범위한 맥락에서 보았으며, 수업instruction은 교수teaching보다 넓은 뜻을 갖는 것으로 파악하였다. 교육과정은 학습되어야 할 요지와 내용을 나타낸다면, 수업은 학습자에게 교과 내용을 습득시키기 위한 교사의 일반적인 행동과 방법을, 그리고 교수는 교육과정의 여러 단계에서 수업을 하는 동안 나타나는 교사의 특정 행동으로 보았다. 이러한 접근을 취함으로써 타바는 교육과정과 수업을 서로 다른 개념으로, 그리고 수업은 교육과정과는 동일한 비중을 지니지 않는 것으로 파악하였다.

현대 학자들의 세 가지 견해

교육과정과 수업의 관계에 대한 현대 학자들의 견해는 크게 세 가지로 나뉜다.

첫째, 교육과정과 수업의 일원론적 관점이다.

김호권, 이돈희, 이홍우[32] 세 학자는 교육과정에 관련된 여러 갈등적 이론적 입장이나 가설에 대해 중립적 입장을 취하면서 이들을 모두 포괄하는 일반적 개념 체계에 대한 개념 모형을 제시하였다. 알려진 바와 같이 이들은 교육과정을 공약된 목표로서의 교육과정, 수업에 반영된 교육과정, 학습 성과로서의 교육과정의 세 수준으로 설정한다. 이들이 제시하는 교육과정의 개념 체계는 교육과정을 수업 행위와 연결시켜 설명하려는 것으로, 수업이 이루어지는 전 과정이 교육과정과 밀접히 관련되어 있음을 알 수 있다. 즉, 수업을 실시하기 위한 계획과 실제 수업이 이루어지는 것, 그리고 수업의 결과 학습자에게서 나타나는 학습의 성과까지도 교육과정으로 설명하고 있다.

태너와 태너[33]는 극단적인 표현을 사용하면서까지 교육과정과 수업의 이원론의 공허성을 주장하였다. 즉, 교육과정과 수업을 이원화해서 사고하는 것은 복잡한 상호작용 현상을 단순하게 분석하여 개념화함으로써 대학 연구실의 이론과 연구의 촉진에는 공헌할지 모르지만, 학교와 교실이라는 교육의 실제적 현상 측면에서 보면 인위적이고 기계적인 것에 지나지 않는다고 주장한다.

둘째, 교육과정과 수업의 이원론적 관점이다.

자이스[34]는 타바[35]의 견해를 따라 교육과정과 수업을 분리하고 있다. 그는 교육과정을 넓은 개념으로, 수업을 특수한 현상 또는 교육과정의 하위 체제로 보았다. 수업은 교육과정의 연속선상의 어느 지점에 위치하는 것이다. 이 생각은 교사의 편에서 주관적인 판단을 허용하는 융통성이 있다. 즉, 수업은 교사의 성격과 취향, 그리고 학생의 필요와 흥미에 따라서 선택된 것이라는 관점이다.

홍후조[36] 또한 교육과정과 수업의 이원론적 관점을 드러내는 대표적인 국내 학자이다. 그의 주장을 요약하면 다음과 같다.

교실 수업을 연구하는 사람들은 수업이 교육과정이 구현되는 참 모습을 보여 준다고 한다. 현실적으로 교육과정학에는 교육과정학에서 응용해야 할 것들이 적지 않다. 학습자에 대한 탐구나 교수자에 대한 탐구, 교과교육의 심리학 탐구는 특히 그러하다. 만약 더 넓히다 보면, 수업, 교수학습, 교육공학, 교과교육 등과 겹치게 된다. 수업은 유치원이나 초등학교 정도에서는 교육과정과 매우 가깝지만, 교과가 뚜렷이 구분되는 중등 이후에서는 교육과정과 점차 멀어진다. 수업은 보다 구체적으로 진행되거나 일어나는 현상인 데 반해, 교육과정학의 대상으로서 교육과정 현상은 보다 일반적인 수준에서 진행되거나 일어나는 현상을 조성하기 위한 전체적인 계획과 준비에 관계된다. 그러므로 수업은 교육과정학의 일차적인 탐구 대상이라고 하기 어렵다.

홍후조는 교육과정 연구가 탐구 영역을 명확히 해야 할 필요가 있음을 강조한다. 그 탐구 영역이란 교육과정이 교실 수업에서 실행되는 상황보다는 계획 단계에서 미리 논의되어야 할 영역으로 한정 짓고 있다.

셋째, 교육과정과 수업의 절충적 관점이다.

오른슈테인과 헌킨스[37]는 교육과정의 역사를 통해 교육과정과 수업의 관계에 대한 논의를 분석한 결과, 교육과정과 수업의 관계가 일원론을 주장한 태너와 이원론을 주장한 자이스 간의 중간 입장을 취하는 경향이 있다고 밝혔다. 즉 양자는 논의를 위해서는 분리될 수 있는 개념이지만 교육 현실에서는 분리해서 생각하는 것이 불완전하다는 것이다. 즉, 논의의 편의를 위하여 교육과정과 수업을 분리시키고 있으나 서로 다른 쪽이 없으면 다른 한쪽도 불완전한 것으로 본다. 두 개의 요소는 동시에 융합되거나 동시에 일어난다. 그러나 이 둘은 여전히 원래의 성격이나 독자성을 유지한다. 이와 관련하여 세일러 등[38]은 '교육과정'과 '수업', 이 두 용어는 분리될 수 없도록 결합되어 있다고 주장한다. 교육과정이나 교육을 위한 계획 없이는 효율적인 수업이 있을 수 없으며, 수업 없이는 교육과정이란 의미가 없다는 뜻이다. 그러나 교육과정과 수업 양자는 개념상 서로 분리하여 규정할 필요는 있음을 강조한다. 즉 수업을 교육과정 계획의 실행으로 정의한다.

또한 올리바[39]도 비슷한 입장을 취한다. 교육과정과 수업을 바라보는 올리바의 시각은 다른 하나가 없이는 다른 하나도 기능할 수 없도록 서로 결합되어 있는 샴쌍둥이와 같은 두 개의 존재로 보는 것이다. 그는 양자의 관계가 순환적이며 연속적인 원형 관계에 있음을 주장한다. 즉 교육과정은 수업에 영향을 미치며, 마찬가지로 수업은 교육과정에 영향을 미친다는 점을 지적하였다.

논리적인 측면과 현상적 측면

첫 번째의 일원론적 관점은 간학문적인 입장이며, 두 번째 이원론적 관점은 학문 영역 중심적이고, 세 번째는 양극단의 중간자적 입장에 있다고 볼 수 있다. 이러한 관점들은 어떤 철학적 세계관을 통해 교육과정을 바라보느냐에 따라 나타나는 결과이다.

먼저, 일원론적인 관점은 교육과정과 수업이라는 두 가지 요소를 어떻게 하나로 결합시킬 것인가에 대한 명확한 대답을 제시하지 못한다. 실제에 대한 논의보다는 이론적 성찰만을 제시함으로써 더 많은 의문점을 제기하게 만든다. 교육과정과 수업의 일원성은 교육과정과 수업 양자의 원리와 과정 모두를 불명확하게 하고 있다.

둘째, 이원론적 관점은 교육과정과 수업의 관계를 지나치게 단순화하여 하나가 다른 하나의 하위 요소가 되거나 아니면 후자가 전자를 대체할 수 없도록 경직화되어 있다. 교육과정과 수업을 분리시키는 것은 양자 모두 불완전해지기 때문에 도움을 주지 못한다. 교육과정학자들은 수업을 희생시키며 교육과정을 지나치게 강조하고 있으며, 수업이론가나 교육심리학자들 역시 교육과정을 희생시키며 수업을 강조한다. 사실 이러한 관점은 교육과정이나 혹은 수업 한 가지에만 관심을 두고 있는 연구자들을 서로 반목하게 하고 분리시키고자 하는 잠재적 위험성을 가지고 있다.

셋째, 절충적 관점은 일원론적 관점과 이원론적 관점 사이의 타협점을 제시하며 두 관점 모두를 지속적으로 적용 가능하게 하고 또한 향상시킬 수 있는 가능성을 준다. 그러나 교육과정과 수업의 관계는 실제적 측면 특히 교실 수업의 복잡성과 무정형성amorphous의 수준에 따라 수시로 변하게 된다. 교육과정과 수업은 교실 수업 상황에서 각기 다른 맥락, 다른 방식으로 드러나므로 양자 간의 관계를 항상 관찰하거나 계량화하여 파악하기가 힘들다는 한계가 있다.

교육과정과 수업을 일원론적인 관점으로 고수하거나, 양자를 분리하거나, 절충적 입장을 취하는 등 어떤 관점을 고수하든 간에 그것은 바로 실천가인 교사 자신이 교육에 대해 가지고 있는 철학적·심리학적 세계관을 반영하고 있음을 고려해야 한다. 교사 대부분은 절충적 관점을 선호할 것이고 그것이 타당하다고 생각할 것이다. 교육과정과 수업은 논리적·이론적으로는 명확하게 구분되나 교육 상황에서는 통합적이고 맥락적일 수밖에 없다.

교육과정과 평가는 어떤 관계인가?

교육과정과 평가의 관계는 두 가지 측면에서 논의될 수 있다. 하나는 교육과정 그 자체에 대한 평가이고 다른 하나는 학생 평가이다. 양자 모두 교육과정의 흐름 속에서 확보된 다양한 정보를 종합적으로 판단하는 의사결정의 과정이다.[40]

학교교육의 질과 교육과정 평가

한 학교의 교육과정이 학생 성장을 위해 얼마만큼 충실하게 실행되었는지를 평가해 보면 그 학교의 교육의 질을 가늠해 볼 수 있다.

먼저, 교육과정 평가는 다음의 다섯 가지 질문에 대한 정당화로 개념화할 수 있다.[41]

첫째, 내적 가치와 관련한 질문이다. 이 질문은 교육과정이 그 자체로 좋은 것이며 탁월성을 가지고 있느냐라는 것이다. 이때 교육과정은 계획된 것 그리고 교육 상황에서 실행되어 완성된 것을 의미한다. 그러나 교육과정의 내적 가치에 관한 질문에 쉽게 답하기 어려운 것은, 학교에서는 교과별로 영역이 구분되어 있어 교과별 가치가 상이하기 때문에 한 가지의 가치만을 추구하기 어렵기 때문이다.

둘째, 측정 도구의 가치와 관련한 질문이다. 이 질문은 '교육과정이 무엇을 위해 유용한가, 그리고 누구를 위해 만들어진 것인가?'와 관련한 질문이다. 교육하는 사람들은 계획한 교육과정의 목적을 달성하기 위해 교육 행위를 한다. 이때 평가는 전술한 목적에 비추어 판단을 하고 이것을 측정하여 문서로 결과를 작성하는 것이다. 또한 이 질문은 교육과정이 실행되었음을 의미하기도 한다.

셋째, 가치의 비교성에 대한 질문이다. 이 질문은 교육혁신과 같은 새로운 교육 프로그램의 시도와 관련한 것이다. 새로운 교육혁신 프로그램이 이전 프로그램을 대체할 정도로 나은 것인지를 판단하는 것이다.

넷째, 이상적인 가치와 관련한 질문이다. 교육자들은 단순히 계획된 교육과정이 실제로 전개되는 것에만 관심을 갖는 것이 아니라, 의도한 것은 물론 의도하지 않은 최상의 교육적 효과까지 나타나기를 기대한다. 교육과정의 잠재적 가능성의 가치와 관련한 질문이다.

다섯째, 의사결정의 가치와 관련한 질문이다. 앞의 네 가지 평가적 질문이 이루어지고 나면, 교육과정에 대한 의사결정이 질적인 차원에서 논의되어야 한다. 평가자와 교육과정 의사결정자는 현행 교육과정을 유지할 것인가, 수정할 것인가, 새로운 프로그램으로 대체할 것인가를 결정한다. 이 질문은 전적으로 논리적 추론의 과정이다.

위에서 언급한 교육과정 평가의 다섯 가지 질문을 학교교육과정 평가의 측면에서 바라보면, 주로 단위 학교교육과정의 질 관리를 확보하기 위한 심층적인 노력으로 해석할 수 있다. 현재 학교교육과정 평가는 학기 말 또는 학년 말 시기에 학교교육과정 반성회 또는 워크숍 등을 통해서 진행되고 있다. 평가는 내용 특수적이라기보다는 방법론적 행위이다. 어떤 교육과정이라도 동일한 평가 과정에 의해 그것이 효과적인지를 평가할 수 있다. 본질적으로 평가는 정보를 모으고 통합하여 교육 행위의 가치에 대해 교육자들이 판단을 내릴 수 있도록 척도화하는 것이다. 계획된 교육과정의 가치에 대해 판단을 내리는 것과 관련하여, 교육자들은 자신들이 얻고자 하는 교육 목적의 가치가 달성할 만한 가치인지, 그리고 그것을 얻기 위해 노력할 만한 것인지를 자문해야 한다.

교육평가, 학생 평가 그리고 교육과정 평가

교육의 과정 속에서 교육평가가 개인이나 사회에 주는 영향이나 함축성이 무엇인가라는 질문은 교육평가의 기능이 학교교육 및 학교 학습의 중요한 요인으로 등장하면서 끊임없이 도전을 받아온 문제였다. 지금까지 우리나라의 교육평가는 학생의 성적을 상대적으로 비교하는 규준지향 평가 혹은 상대비교 평가의 철학 및 원칙에 지배되어 왔다고 해도 과언이 아니다. 즉, 학생의 성적 수준을 그가 속해 있거나 혹은 속해 있지 않더라도 비교가 되는 집단의 규준norm에 비추어 본 상대적 서열에 의해 판단하는 평가 체제에서 판단한 것이다. 그 평가 체제는 정상분포라는 통계적 신념 아래 획일적으로 보편화되었다. 이러한 현상은 20세기 초기 교육과정 평가가 과학적 측정 운동 경향의 지배 아래 특히 학습 개별화와 학습의 효과성을 어떻게 반영하느냐가 가장 주된 목적이었다는 사실에 비추어 보면, 우리나라 교육도 그 영향에서 자유롭지 못했음을 짐작할 수 있다.

이러한 흐름 속에서 학교에서의 학생 개개인의 학업 성적은 그 학생이 '무엇을 얼마나 성취했느냐?'가 아니라 '다른 학생들에 비해 얼마나 잘했느냐 못했느냐 혹은 위이냐 아래냐?'에 의해 평가되고 판단되었다. 이 같은 평가 체제가 미친 부정적인 영향은 첫째, 한 학생의 성적이 성공·성취를 의미하기 위해서는 반드시 거기에 대비되는 실패자, 불성취자, 열등자라는 비교 집단이 존재해야 한다는 것이다. 둘째, 규준지향 평가는 학생의 실제 학업 성취 혹은 성공과 그것을 보상하기 위한 상벌 체제 사이에 갈등을 일으키게 되었다. 학생이 아무리 좋은 성적(배워야 할 교육 내용을 다 알아도)을 받더라도 자기보다 1점이라도 더 받은 학생이 있으면 상은 그 학생에게 돌아간다. 또 반대로 배워야 할 것은 50% 정도밖에 달성하지 못해도 다른 학생이 그 학생보다 덜 달성하면 그 학생은 상을 받을 수 있었다. 셋째, 규준지향 평가는 교육이 시작할 때 의도했던 목표는 목표대로 놓아두고 그것이 달성되었건 되지 않았건 그것에 관계없이 평가의 기능은 나름대로 작용하였다. 그렇게 됨으로써 교육 목표와 교육평가 사이에 크게는 교육과정과 교육평가 사이에 불연속성을 형성하게 되고 이것이 결과적으로 교육평가가 교육과정을 구속하는 역작용을 낳게 되었다.[42]

위와 같은 현상을 극복하려면 학생들을 바라보는 학습자관, 그리고 학생들을 평가하는 평가관도 변화해야 한다. 이것은 평가의 목적과 내용, 방법 등 총체적인 차원에서의 변화가 절실함을 의미한다. 준거지향 평가는 필연적으로 평가의 다원적 접근을 요구한다. 즉, 평가 시기와 방법의 다양화는 물론 지속성과 일관성, 교사의 평가 전문성 확보가 시급하다.[43]

과거에 널리 사용되던 수동적이며 결과 중심의 지필평가는 수행 중심의 능동적 평가와 창의서술형 평가로 바뀌고 있고, 일회적 단일 속성의 평가는 지속적인 다원적 속성 평가로 전환되고 있다. 그리고 획일적이고 집단적인 지식 중심의 평가 대신 종합적이고 다양화된 문제 해결 능력 평가가 점차 확대되고 있다. 이에 따라 기존의 결과 중심 평가 대신 문제 해결의 과정 중심 평가가 점차 활용되고 있다. 최근 학교에서의 학생 평가 다양화를 위한 노력에는 단순지식 측정의 선다형 시험 및 지필평가를 지양하여 문제 해결 능력을 실제적·다면적 방법으로 평가하는 수행평가가 강조되고 있음은 고무적이다.

한편, 평가는 오랫동안 타일러의 관점에서 교육 목표에 비추어 그것의 달성 정도를 파악하는 경향이 강했다. 그러나 최근 교육과정 평가는 교사, 학생, 그리고 양자 간의 상호작용을 의미를 강조하는 경향이 강하게 나타나고 있다. 현실 상황을 고려해 보면 단위 학교교육의 총체적 질 관리를 위한 교육과정 평가는 약화되어 있는 반면 학생 평가만 상대적으로 부각되어 있으며, 교사 또한 평가를 학생 평가만을 그 대상으로 인식하고 있다. 이 같은 현상은 교육평가에 대한 재정립이 필요함을 시사한다.

학생의 학업성취도 평가는 학교교육과정 질 평가의 맥락에서 다뤄질 때 본질적 접근이 가능하다. 따라서 학생 평가는 규준지향 평가에서 탈피하여, 의도했던 교육 목표, 또는 의도했던 어떤 준거나 표준의 달성 여부에 비추어 평가하려는 준거지향 평가로 전환시키려는 노력을 현재보다 훨씬 더 많이 기울일 필요가 있다.

5. 맺는말:
교사가 교육과정을 보는 것은 왜 중요한가?

　교육과정이 하나의 전문 분야로 출현했던 20세기 초반은 교육적으로 많은 개혁이 요구되는 시기였다. 특히 당시 산업사회로의 변화는 오랫동안 인문학적 전통에 근거해서 구성되어 온 교육과정에 대한 개혁을 요청하였다.[44] 이것은 인문학적 전통에 근거한 교육과정은 변화하는 실제 사회에 유용성이 없으므로 실제 사회에 효율적으로 대처하게 할 수 있는 교육과정이 필요하다는 점 때문이었다. 이러한 분위기에서 출현하게 된 교육과정 분야는 자연히 당시에 요구되는 교육과정 개혁의 임무를 수행할 책임을 갖게 되었다.

　따라서 당시 교육과정 분야의 과제는 산업사회에서 요구하는 것을 효율적으로 개발하는 것이었으며, 이것은 '과학적 교육과정 구성science curriculum making 운동'으로 구체화되었다. 즉, 교육과정 연구는 사회생활에 필요한 인간 활동을 과학적으로 분석하여 표준화된 교육 목표를 설정하고, 그러한 목표를 효율적으로 달성하기 위한 표준화된 교육과정을 개발하는 데 집중하게 되었다. 이러한 연구 경향은 이른바 '전통적' 교육과정 이론의 주요 관심사가 되었으며, 오랫동안 교육과정 분야를 지배해 온 법칙 정립적 시각을 대표한다. 특히 현대 교육과정 이론에서 비판의 표적으로 삼고 있는 타일러 교육과정 이론은 바로 이러한 연구 경향을 종합해서 체계화한 대표적인 전통적 교육과정 이론이다.

현대의 교육과정 연구에 대한 비판적 고찰은 주로 타일러의 사고 체계를 벗어나지 못한 채 학교교육과정의 개발과 적용 및 평가라는 틀 속에서 실제적이고 기술적인 문제에만 매달려 있던 상황을 비판하는 목소리들이었다. 슈왑[45]이 교육과정학의 연구 분야가 죽어 가고 있다고 선언하면서 이러한 비판적 논쟁은 가시화되었으며, 그 뒤로 교육과정학의 연구 분야를 지칭하는 온갖 부정적인 용어들이 난무하였다.

특히 잭슨[46]은 교육과정학 연구의 난맥상을 표현하는 여러 가지 메타포들을 소개하였는데, 그중에는 '혼란confusion', '갈등conflict', '무형체amorphous', '미몽elusive', '빈사 상태moribund', '불치(disrepair', '무질서disarray', '방향 상실disorientation', 또는 '혼동chaotic' 등 헤아릴 수 없는 용어들이 교육과정 연구 분야의 난맥상을 지적한다고 한 바 있다.

교육과정 연구의 난맥상에서도 확인할 수 있듯이 교육과정을 전문적으로 연구하는 학자도 교육과정을 정의하는 일은 쉽지 않다. 이처럼 교육과정 정의가 명확하지 않은 까닭에 교사 또한 학교에서 교육과정을 주제로 소통할 때 어려움이 발생한다. 그리고 교사는 자신이 학교 조직에서 맡고 있는 역할이나 수행하는 일에 따라 교육과정을 매우 다양한 의미로 인식하고 있다. 교사에게 교육과정의 의미는 이미지로 각인되어 있다. 학교에서 실천하고 있는 교육 활동을 통해 다양한 이미지가 형성되고 그 이미지는 중층적이고 복합적으로 작용한다.

그런데 교사의 교육과정 이미지 형성에 적지 않은 영향을 미치는 우리나라 교육과정 학계를 자세히 들여다보면 독특한 학문적 특성을 발견할 수 있다. 이것은 교육과정의 학문적 정체성 문제와 교육과정 정의 내리기의 어려움과 무관하지 않다. 현대 교육과정 이론은 대부분 미국 학자들의 연구 결과에 뿌리를 두고 있다. 또한 교육과정 이론의 변천사 역시 미국의 학문적 흐름과 경향을 학자들의 견해를 중심으로 구분 짓고 있다. 우리나라 교육과정 연구자들이 알고 있는 교육과정 이론은 미국의 교육과정 이론과 매우 흡사하다. 국내의 많은 연구자들이 교육과정학의 학문적 정체성을 확립하기 위해 노력해 왔으나, 아직도 외국의 이론을 재생산하거나 변형하는 수준에 그치고 있을 뿐 독자적 학문적 흐름을 뚜렷하게 만들어 내지 못하고 있는 실정이다. 냉정하게 말하면 우리나라 고유의 교육 철학과 전통에 뿌리를 두고 학교교육의 현실을 반영하여 이를 학문으로서 발전시키지 못하고 있다는 것이다.

이러한 현상은 비단 교육과정 영역뿐만 아니라 다른 교육학 영역도 비슷한 실정이다. 교육학이 응용 학문에 그칠 수밖에 없는 한계성이 자명하고, 모든 이론적 기저를 역사와 전통이 깊은 인문·사회학 분야에서 빌려 오고 있음을 보면, 교육학 영역에서 학문적 정체성을 찾기 위한 여정은 끝이 없어 보이며, 심지어는 불필요한 일이 될 수도 있다. 학문의 경계선이 불분명해지고 절대적인 지식관으로부터 탈피 현상이 가속화됨에 따라 학문의 통합과 융합의 흐름은 미래 지식 사회의 특성이 될 것이기 때문이다.

문제는 교육과정을 비롯한 교육학의 학문적 정체성과 자생력 부족은 학교교육의 논리적 근거를 허약하게 만들고 있다는 점이다. 교육학은 교사에게 우리나라 교육 현상을 올바르게 바라보는 안목을 키울 수 있도록 도움을 주어야 한다. 또한 끊임없이 생성되는 교육 문제를 해결하기 위한 방안을 수립할 때 논리적인 근거를 제공해 주어야 하며, 나아가 미래 사회에 대한 비전을 올바르게 제시해 주는 역할을 해야 한다. 교육학은 다른 순수 학문과는 달리 학교교육이라는 현실적인 문제에 기반을 둔 실제적인 학문이기 때문이다. 교육과정학도 동일한 운명일 것이다. 수많은 연구자의 헌신으로 인해 어느 순간 학문으로서의 정체성을 확립할 수 있다. 하지만 교육과정학도 앞에서 언급한 대로 논리적인 역할과 실제적인 역할을 동시에 수행하지 못한다면, 학교교육과 동떨어진 채 소수의 학자와 전문가에만 의미 있는, 추상적인 논쟁에만 매달리게 될지도 모른다.

교사가 교육과정을 바라보는 일은 왜 중요한가? 교사가 학교교육에 대한 안목을 키워 교육의 목적과 가치를 본질적으로 바라보아야 하기 때문이다. 그리고 실제 학교교육에서 그 가치를 실천하기 위해서이다. 학교교육의 실천은 교육과정을 통해서 가능한 일이다. 교사가 인식하고 있는 교육과정 이미지 중 한 가지는 '교육과정은 곧 학교교육 활동'이라는 것이다. 학문으로서의 교육과정과 학교교육으로서의 교육과정 간의 간극이 존재할 수도 있다. 교육과정의 문제는 학교의 문제이고, 학교의 문제는 교육의 문제이므로, 교육과정은 교육의 문제를 핵심적으로 다루고 있다고 볼 수 있다. 이 메커니즘의 파악은 교사가 교육과정을 교육과정답게 바라볼 수 있는 안목을 기를 때 가능해진다.

1. Zais, R.(1976), Curriculum: principles and foundations, New York: Harper & Row, 6~11쪽을 참고하였다.
2. Beauchamp, G. A.(1975), Curriculum theory, Illinois: The Kagg Press.
3. 윤병희(2001), 「우리나라 교육과정학 연구 동향에 관한 역사적 비판」, 『교육과정연구』, 19(1), pp. 139-158.
4. Short, E.(1985), Organizing what we know about curriculum, Curriculum Inquiry, 15(3), 237-243.
5. Fullan, M.(1982), The meaning of educational change, Toronto and New York: Teachers College Press.
6. Connelly, F. M., & Elbaz, F.(1980), Conceptual bases for curriculum thought: a teacher's perspectives, In A. W. Foshay(Ed.), Considered action for curriculum improvement, Alexandria VA: ASCD.
7. Eisner, E. W.(1979), Humanistic trends and the curriculum field, Journal of curriculum studies, 10, 197-204.
8. 우리나라에서는 '커리큘럼(curriculum)'을 왜 교육과정(敎育課程)으로 번역했을까? 윤병희는 우리나라에서 'curriculum'을 어떠한 근거에서, 누가, 언제 '교육과정'으로 번역했는지 분명하지 않다고 주장한다. 주로 학교 '교육 프로그램'과 관련된 모든 것을 지칭할 때 쓰이는 이 용어의 적절성에 대해서 의문을 제기한 바 있다.
9. Pinar, W. F.(2004), What is curriculum theory?, New Jersey: Lawrence Erlbaum Associates, Inc.
10. 김복영과 김유미(1995)가 번역한 『검치호랑이 교육과정』(서울: 양서원)은 구석기 시대에 교육이 생겨나고 교육과정이 등장하게 되는 과정을 우화로 묘사하고 있다.
11. Peters, R. S.(1966), Ethics and education, London: George Allen & Unwin LTD. 본문 내용은 이홍우 옮김(1997), 『윤리학과 교육』, 서울: 교육과학사, 50쪽에서 인용하였다.
12. Peters와 이홍우의 위의 책 54쪽에서 참고하였다. 분화된 사고의 형식에서는 내용과 방법이 모두 간주간적(間主觀的)이다. 간주관적이라는 말은 '사람들 사이의 관계에 기초를 두고 있다'는 뜻이다. 인식론에서는 지식의 획득을 다른 사람들과 공유하는 지식 체계에 입문하는 것으로 설명하고 있다.
13. 이홍우(1996), 『증보 교육과정탐구』, 서울: 박영사.
14. 허스트는 자유교육(또는 교양교육)을 통해 지식의 형식을 가르쳐야 한다고 강조하며 지식의 성격을 철학적으로 논의하였다. Hirst, P. H.(1974), Liberal education and the nature of knowledge, In P. H. Hirst(Ed.), Knowledge and the curriculum, London: Routledge and Kegan Paul, pp. 30-53.
15. 이홍우(1996), 위의 책.
16. Dewey, J.(1990), John Dewey: The school and society & The child and the curriculum, Chicago: The University of chicago press, 183~185쪽에서 인용하였다.
17. Dewey, J.(1990), 위의 책 189쪽에서 인용하였다.
18. 김재춘(2012), 『교육과정』, 서울: 교육과학사, 95쪽에서 인용하였다.

19. Dewey, J.(1997), Experience and education, New York: A Touchstone book. '경험의 계속성'에 대한 내용은 앞의 책 40쪽에서, '상호작용'에 대한 내용은 44쪽에서 참고하였다. 듀이는 계속성의 원리와 상호작용의 원리는 서로 교차되어 있고 통합되어 있다고 보고 있으며, 경험의 씨줄과 날줄이라고 표현하였다.

20. 이귀윤(1996), 『교육과정 연구: 과제와 전망』, 서울: 교육과학사.

21. Schubert, W. H.(1986), Curriculum: perspective, paradigm and possibility, New York: Macmillan.

22. Ornstein, A. C. & Hunkins, F. P.(2004), Curriculum: foundations, principles and issues(4th ed.), Boston: PEARSON.

23. 이귀윤(1996), 위의 책 145쪽에서 인용하였다.

24. Pinar, W. F. et al.(1995), Understanding curriculum: an introduction to the study of curriculum discourses, NY: Peter Lang. 김복영 외 옮김(2001), 『교육과정 담론의 새 지평』, 서울: 원미사.

25. 파이나는 타일러와 그의 합리주의 경향을 따르는 전통주의자들과 대비하여 재개념주의자로 분류된다. 재개념주의자들은 교육의 거시적·이데올로기적 이슈에 관심이 많으며, 사회, 경제, 정치제도 등을 탐구 대상으로 삼고 있다.

26. 김수천(2004), 「교육과정학의 성격: 주요 문제와 탐구방법」, 『교육과정연구』, 22(2), pp. 1-27.

27. 최호성(1996), 「학교 중심 교육과정의 과제와 전망」, 『교육과정연구』, 14(1), pp. 78-105.

28. Ornstein, A. C. & Hunkins, F. P. 위의 책 13쪽에서 인용하였다.

29. Bobbitt, F.(1918), The Curriculum, Boston: Houghton Mifflin Company.

30. Tyler, R.(1949), Basic principles of curriculum and instruction, Chicago: University of Chicago Press.

31. Taba, H.(1962), Curriculum development: theory and practice, New York: Macmillan Publishing Co.

32. 김호권·이돈희·이홍우(1991), 『현대교육과정론』, 서울: 교육출판사.

33. Tanner, D. & Tanner, L.(1995), Curriculum development: theory into practice, New Jersey: PEARSON.

34. Zais, R.(1976), Curriculum: principles and foundations, New York: Harper & Row.

35. Taba, H.(1962), Curriculum development: theory and practice, New York: Macmillan Publishing Co.

36. 홍후조(2004), 「교육과정의 정체성 확립을 위한 탐구 영역의 규명과 그 정당화(1): 기본 질문을 중심으로」, 『교육과정연구』, 22(2), pp. 29~53.

37. Ornstein, A. C. & Hunkins, F. P. 위의 책.

38. Saylor, J. G., Alxander, W. M., & Lewis, A. J.(1981), Curriculum Planning for better teaching and learning(4th ed.), New York: Holt, Rinehart, and Winston.

39. Oliva, P.(1992), Developing the curriculum(3rd ed.), New York: Harper Collins.

40. 사실 교육과정과 평가 간의 관계를 밝히기 위해 '교육과정 평가'와 '학생 평가'로 구분한 것은 철저하게 교육과정 전공자의 관점에서 분류하는 것이다. 아마 평가를 전공한 연구자는 앞의 두 가지를 모두 '교육평가'의 범주로 포함시킬 것이다. 그리고 교육과정 평가는 교육평가 영역에서 매우 협소한 영역으로 한정 지을 것이다

41. Ornstein, A. C. & Hunkins, F. P. 위의 책 332~334쪽에서 참고하였다.

42. 김종서·이영덕·황정규·이홍우(2004), 『교육과정과 교육평가』, 서울: 교육과학사, 403~404쪽을 참고하였다.

43. 1960년대 미국에서는 학습자 개인이 무엇을 얼마만큼 알고 있는지를 파악하려는 평가 흐름인 준거참조평가(criterion-referenced evaluation)가 등장하였다. 이후 우리나라에는 목적 지향 평가 또는 절대평가라고 소개되었고, 평가를 맡은 사람들은 학교 학습자가 성취해야 할 과제나 행위의 영역 혹은 분야에 관심을 갖게 되었다.

44. Kliebard, H. M.(1988), The effort to reconstruct the modern american curriculum, In L. E. Beyer & M. W. Apple(Eds.), The curriculum: problems, politics, and possibilities, Albany: State University of New York Press.

45. Schwab, J. J.(1978), The Practical: A Language for Curriculum, In Westbury, I. & Wilkof, N. J. (Eds.), Science, Curriculum, and Liberal Education, Chicago: The university of Chicago Press.

46. Jackson, P. W.(1992), Conceptions of curriculum, London: The Flamer Press.

3장
교육과정은 어떻게 여기까지 도달했나

교육과정 영역만큼 이론과 실제 간의 간극을 좁히기 위한 노력이 지속되어야 할 영역도 드물다. 최근 교육과정 전문 연구자는 실제 교육 현상을 이해하기 위해 다양한 노력을 하고 있고, 교사는 교육과정 이론을 실제 교육 상황에 접목하려는 다양한 시도를 하고 있다. 그 덕분에 전문 연구자는 실제 교육 상황에, 교사는 교육과정 이론에 친숙해졌다. 교육과정 이론은 교육과정 학자나 전문 연구자의 전유물이 아니며, 반대로 실제 교육 상황은 교사의 전유물도 아니다. 과연 교육과정 이론은 불변의 법칙인가? 아니면 실제 교육 현상을 반영하며 현재 진화해 나가고 있는가?

학문적 인식들 중에서 가장 정확한 것이 철학적 지혜일 것이라는 점은 분명하다.

그러므로 지혜로운 사람은 원리들로부터 도출된 것을 알아야 할 뿐만 아니라

원리들 자체에 대해서도 참되게 알아야 한다.

그렇기에 지혜는 직관적 지성과 학문적 인식이 합쳐진 것이다.

가장 영예로운 것들에 대한 최정점의 학문적 인식이다.

_아리스토텔레스

시나리오

송○○ 교육과정 이론 공부를 꼭 할 필요가 있을까요? 교육과정은 너무 철학적이고 어려워요.

문○○ 많이 알면 도움이 되지 않겠어요?

이○○ 아마 교육학 전반에 걸쳐서 여기저기 영향을 미치기 때문일 거예요. 교육과정 철학도 있고, 교육과정 사회학도 있고 그래요.

고○○ 어려우면 선생님들이 잘할까? 우리가 만나는 시간은 제한되어 있는데 이론 공부할 시간이 얼마나 될까 싶은데.

김○○ 이론 공부는 대학원에서 하고 학교에서는 실제로 할 수 있는 것을 하는 것이 효율적일 것 같아요.

이○○ 그래도 어느 정도 배경지식이 있어야 대화 수준이 좀 올라가죠. 학교 선생님들이 늘 하시는 말씀이 실천 사례, 실천 사례, 실천 사례예요. 실천 사례만 찾다 보니까 남이 만들어 놓은 틀에다 끼워 맞추는 현상이 생기더라고요. 스스로 고민하기보다는.

송○○   그래도 학교에서는 실천 사례가 중요하지요. 어려운 이론은 교수님들이 하시고 우리는 실제로 학생들을 가르쳐야 하니까. 언제 이론 공부하고 언제 실천해요?

장○○   그럼 많은 시간 배정하지는 말고요. 그래도 이론 공부할 시간이 있어야 될 것 같아요. 교육과정 부장님이 가장 잘 아시니까 우리가 어떤 이론을 공부하면 좋을지 정하시면 좋을 것 같아요.

배○○   원서도 봐야 하나요?

김○○   에이 설마. 그렇게까지 할 필요는 없지!

송○○   김○○ 말처럼 우리가 학교교육과정을 만들거나 실제 학생들 가르칠 때 도움이 되는 이론을 선정해서 공부했으면 좋겠어요. 그냥 도움도 안 되는 어려운 이론 말고요.

1. 교육과정 이론이란 무엇인가

교육과정 이론이 필요한 까닭

'이론theory'의 어원은 그리스어 '테오리아theoria'이다. '진리를 온전하게 바라볼 수 있도록 이성이 깨어 있는 상태'를 의미한다.[1] 학문 탐구자가 진리를 온전하게 바라보기 위해서는 심사숙고하며 사물이나 현상을 자세히 들여다보아야 한다. 이런 의미에서 이론은 사물이나 현상을 '보는 방식'으로 해석될 수도 있다.

모두가 인정하는 것은 아니지만 많은 학자들은 대체로 이론의 기능을 서술, 예측, 설명, 안내 등의 네 가지로 보고 있다. 이론이 가지고 있는 기능을 구체적으로 살펴보면 다음과 같다.[2]

서술은 지식의 서사적 분류이며, 복잡한 행위를 해석할 수 있는 구조이다. 연구자들은 이론의 서술적 기능 덕분에 지식을 조직화하고 요약할 수 있다. 이론은 서술 방식을 통해 특정 변인들이 있고 그 변인들은 독특한 방식으로 서로 상호작용하며 특수한 관계성이 다른 변인에 영향을 미친다는 것을 드러낸다.

예측은 아직 일어나지도 않았고 관찰되지 않았으나 앞으로 발생하는 현상을 내재되어 있는 원리를 이용하여 예상하는 것이다. 이론의 궁극적인 기능이 바로 현상에 대한 예측이다. 그러나 이론은 모든 상황을 예측할 수 있는 법칙과는 달리 어느 정도 잠정적인 성격을 가지고 있다.

설명은 '왜'라는 질문에 대한 답이다. 설명은 현상들 사이의 관계성을 밝히는 것은 물론 그 관계성에 대한 근거를 직접 또는 암시적으로 제시한다. 이론을 통해 할 수 있는 가장 좋은 설명은 사람들이 이미 알고 있는 것을 사람들이 잘못 믿게 될 가능성이 있는 반대 상황과 관련짓는 것이다.

안내는 연구자들이 분석할 데이터를 선택하여 그 데이터를 효율적으로 정리하도록 하는 것이다. 이 과정에서 형성된 이론은 탐구를 촉진하여 이론 자체를 심화시킨다. 이론이 가지고 있는 가장 본질적인 기능 중 한 가지는 바로 방향성을 설정할 수 있도록 안내해 주는 것이다. 많은 과학자들은 이론의 안내적 기능이 과학 이론의 주된 책무임을 강조한다.

이론은 위와 같은 기능을 하므로 학문을 탐구하는 사람은 이론을 잘 알고 있어야 한다. 이론적 기반이 없이는 어떤 자료를 수집할 것인지, 어떤 현상을 초점화하여 바라보아야 할 것인지, 어떤 문제점을 탐구할 것인지를 결정하기가 힘들다. 또한 이론은 사람들 간의 의사소통 도구이기도 하다. 특수하고 개별적인 현상에서 일반적인 원리를 도출할 수 있는 수단을 제공하기 때문이다. 특히 교육과정 연구를 하는 사람에게는 교육과정 연구의 방향성을 알려 주는 지표가 되므로, 교육과정 전문 연구자는 물론 교사도 교육과정 이론을 반드시 알고 있어야 한다.

우리는 각자가 형성하고 있는 세계관을 통해 교육이 실제이며 현실이라는 것을 인식한다. 우리가 살아가는 세상을 편견에 치우치지 않고 공정하게 볼 수 있는 것, 이것이 바로 창의적이고 위대한 사람들이 각각의 분야에서 유용한 이론을 만들어 온 까닭이다. 교육과정 전문 연구자, 교사, 교장, 행정 관료 등 교육과정에 관한 의사결정 권한이 있는 사람은 교육과정 이론을 통해 교육과정을 균형 잡힌 관점에서 볼 수 있다. 또한 가장 고차원적이고 타당한 지식에 다가갈 수 있으며 그 지식을 다양한 교육적 상황에 적용할 수 있다. 긍정적인 측면 한 가지를 추가한다면 교육과정 이론은 교사가 중요하고 가치 있는 것을 가르치고자 교육과정을 설계할 때 교육 내용과 교육 방법 선정의 근거를 제공한다는 점이다.

교육과정 이론이란 무엇인가

교육과정 이론은 철학의 하위 일부분에 속한다고 볼 수 있다. 자연과학, 사회과학, 인간학, 예술, 기술훈련, 직업교육, 일상생활 등 모든 학문과 연구 분야를 뒷받침하는 근본적 질문과 논리적 가정들을 다룬다. 교육과정 연구자들은 여러 학문 영역을 넘나들면서 교육과정 연구 영역을 발견하고 있다. 이 같은 사실을 고려해 본다면 교육과정 이론은 기묘한 복합물이며, 수많은 학문 영역으로부터 탄생한다는 것

을 알 수 있다.[3]

클리바드는 교육과정 이론을 은유metaphor로 표현한 바 있다. 그는 은유를 인간의 사고 과정으로 보았다. 은유는 아리스토텔레스부터 현대까지 2000년의 시간을 넘나든다. 그에 의하면 은유는 인간 사고의 근원적인 틀이다. 클리바드는 은유와 이론 간의 관계를 규명함으로써 교육과정 이론의 의미를 제시하고자 하였다. 그에 의하면 교육과정 이론은 익숙하고 이해하기 쉬운 문제에서 추상적이고 복잡한 문제로 은유적으로 의미가 전이될 때 시작된다. 그 문제란 교육과정의 문제로, 무엇을 가르쳐야 하는가라는 질문을 할 때 항상 제기되는 것이다.[4]

한편, 워커는 교육과정 이론이란 교육과정의 이상이나 관념을 표현하고 정당화하기 위한 것이라고 밝히고 있다. 아래의 내용은 워커의 교육과정 이론에 대한 견해이다.[5]

교육과정 대화에 참여한 사람들은 특정 교육과정 문제에 대해 서로 다른 견해를 보일 때 각자 자신의 입장을 옹호하기 위해 특정 관념을 활용한다. 예를 들어, 학생들이 매주 많은 시간을 들여서 지역사회의 공공 봉사활동에 참여해야 하는가와 같은 문제이다. 누군가는 이 질문에 '그렇다'라고 대답할 것이다. 왜냐하면 지역사회에 봉사하는 것은 공공의 선이며 학생들이 이것을 경험하는 것이 필요하다고 믿기 때문이다. 반면 누군가는 이 질문에 '아니다'라고 대답할 것이다. 왜냐하면 학교의 주된 목적은 학생이 우수한 학업 성취를 달성하도록 학습시키는 것이라고 믿기 때문이다.

교육과정 대화를 할 때는 다른 의견을 가지고 있는 상대방보다 좀 더 명확하고 설득력 있게 표현하고자 하는 욕구가 강해진다. 자신의 의견을 정당화하면서 자신의 의견이 상대방보다 우월하다는 것을 증명하기 위해 최선을 다한다. 위의 논쟁의 핵심은 학업 성취의 수월성과 사회적 공공성의 문제이다. 그런데 이 두 가지 입장은 교육적으로 보았을 때 모두 타당하며 상반된 성격이 아니다. 이것이 상대방의 의견을 포용해야 하는 이유이다. 단지 어떤 입장이 더욱 가치가 있는 것인지를 조목조목 밝혀야 하고 설명해야 한다. 자신의 입장을 심사숙고하면서 좀 더 체계적이고, 학문적이며, 논리적으로 진술해야 한다.

위에서 밝혔듯이 교육과정 이론은 교육적 이상이나 관념을 포함한다. 이런 측면에서 교육과정 이론은 과학 이론과 다르다. 과학 이론은 객관적이다. 따라서 과학자는 자신의 개인적 이상이나 가치와 상관없이 논리와 증거를 기반으로 이론을 수용하거나 반대한다. 그러나 교육과정 이론은 이상적이고 가치적이며 선험적이다. 교육과정 이론이 이상과 관념을 다루지 않는다면 그 교육과정 이론은 교육과정 이론이 아니다. 교육과정 이론은 이상과 관념을 명료하게 드러내고 분류하며 교육과정 실제를 위한 결과를 만들어 낸다. 그리고 그 결과들을 다른 교육 이상과 비교하여 정당화시킨다.

좋은 교육과정 이론이 있을까

좋은 교육과정 이론은 어떤 특성을 가지고 있을까? 좋은 교육과정 이론은 명료해야 하고, 사실적으로 옳은 것이어야 하며, 논리적이어야 한다. 좋은 교육과정 이론은 다음의 네 가지 조건을 포함하고 있다. 타당성, 이론적 영향력, 유용성, 도덕성이다.[6]

첫째, 타당성은 유의미성, 논리적 일관성, 사실적 정확성의 세 가지 요소로 이루어진다. 유의미성은 교육과정 대화의 적절성에 대한 문제이다. 즉 교육과정 이론을 접하는 사람은 교육과정 기본 개념, 용어, 핵심 이슈 등을 알게 되어 교육과정 현상을 공통된 기준에서 평균적으로 이해할 수 있다. 논리적 일관성은 논리적 추론의 과정으로 이론을 바라보는 것이다. 핵심적인 이론 용어와 핵심적인 가정을 가능한 한 단순하게 제시하여 우리가 지향하고자 하는 교육과정 이론의 결론에 이르도록 논리적 연계성을 확보하는 것이다. 사실적 정확성은 우리가 보고 있는 실재에 대한 진술과 예측을 비교하는 것이다. 교육과정 이론의 본질은 누군가가 어떤 교육과정과 관련한 행위를 할 때는 학생의 학습이 가치 있는 것이 되도록 해야 한다는 것이다.

둘째, 이론적 영향력은 다양한 교육적 상황에서 효과적으로 행동할 수 있도록 도움을 준다. 왜냐하면 좋은 교육과정 이론은 특정한 방식의 행위의 결과에 대한 통찰력을 주거나 또는 어떤 행위를 할 때 지켜야 할 가치에 대한 통찰력을 주기 때문이다. 이와 반대로 빈약한 이론은 교육과정 연구자나 실행가에게 교육 행위에 대한 상식 수준 이상의 통찰력을 주지 못한다. 교육과정 이론이나 교육학 이론은 과학 이론과 비교하면 상대적으로 강력하지 못한 측면이 있다. 그러나 교육과정 이론은 교육 현상을 새롭게 볼 수 있는 관점에 대한 가능성, 심층적인 이해, 개선된 결과를 제공할 수는 있다.

셋째, 유용성은 교육과정 연구자나 교사가 중요한 교육과정 문제에 직면했을 때 해결 방안을 제공해 줄 수 있다는 것을 의미한다. 그런데 교육과정 이론을 실제에 적용할 수 없는 경우가 있다. 이 문제는 20세기 초 미국의 진보주의 교육에 참여했던 진보주의 교사들의 사례에서 확인할 수 있다. 당시 교사들은 독특한 교실 프로그램을 계획하여 학생들에게 제공하면서 개별 학생들에게는 개인별 활동을, 그리고 상황에 따라 전체 학생을 그룹으로 나누어 협력 학습을 진행하기도 했다. 그리고 학생의 흥미와 요구를 존중하며 일일 학습을 제공하였으며 교실 안과 밖에서도 활동을 계획해야 했다. 이것은 실제로 교사가 일상적인 수업 상황에서는 수행하기 불가능한 일이었던 것이다.

넷째, 도덕성은 교육과정 연구자나 교사가 교육과정 이론을 활용할 때 가치 판단의 과정을 피할 수 없음을 의미한다. 타당하고 영향력이 강하며 유용성이 있는 이론이 잘못된 가치를 기반으로 한다면 이것은 매우 잘못된 것이다. 명료하고 강력한 단일한 도덕적 기준이 있다면 교육과정 이론이 가치 판단의 어려움을 겪지 않아도 될 것이다. 그러나 현대 사회의 다양성과 복잡성으로 인해 교육과정의 가치 판단은 더욱 중요해지고 있다. 이론의 도덕적 측면을 평가하기 위해 어떤 가치가 적합한 것인지 일반적인 준거를 만드는 것도 불가능하다. 교육과정 이론의 질을 분석할 때 가장 민주적인 방식은 각각의 교육과정 이론이 지지하고 있는 모든 가치들을 교육과정 문제에 대응시켜 검토해

보는 것이다. 이것은 매우 복잡하고 어려운 일이다. 대부분 시대적 사회적으로 우세한 한 가지 또는 두세 가지의 교육과정 가치를 사용하게 된다.

교육과정 이론화의 난점

교육과정 이론에 담긴 본질적 기능과는 대조적으로 교육과정은 사회적·정치적 영역의 역동성을 담고 있는 복잡한 현상이다. 교육과정 전문 연구자와 교사 모두 교육과정이 복잡한 성격이 있다는 것에 동의한다. 또한 가치 있는 교육과정을 어떻게 만들어 낼 것인가를 고민하며 다양한 질문을 쏟아낸다. 그 질문에는 교육과정의 의미 체계를 만들어 내기 위한 실천적 노력, 교육과정 활동을 이해하기 위한 인식의 틀, 교육이 지향해야 할 방향, 효과적인 교수·학습과 평가, 교사와 학생이 서로 관계를 맺는 구체적 방법 등이 포함되어 있다. 교육과정 전문 연구자가 교육과정을 이론화하여 원리를 만들어 가는 노력을 기울이는 것은 교육과정의 실제 현상을 적극적으로 해석하기 위한 시도라는 것은 명료한 사실이다.

만약 교육과정 이론이 한 가지만 존재하고 단일한 관점으로 교육 현상을 보면서 그 의미를 해석해야 한다면 교사는 교육과정 이론을 훨씬 쉽게 받아들일 것이다. 그러나 교육과정 이론은 단순할 수가 없다. 교육 현상 자체에서 의미를 만들어야 함은 물론 교육의 실제 자체가 단순하지 않기 때문이다. 교육과정은 단일한 이론으로 쉽게 설명되지 않는다.

　이와 반대로 교육하는 사람들이 교육과정 이론을 교육 문제 해결 방법을 찾거나 교육의 목적을 고민하는 일에 참여하는 것이라고 받아 들인다면 이론에 대한 거부감은 어느 정도 줄어들지도 모른다. 대신 왜 특정한 학생을 위해, 특정한 내용에 중점을 두면서, 특정한 방식으로 교육과정을 개발해야 하는지와 같은 근본적인 질문을 받을 것이다. 그리고 그것에 대한 설명의 어려움은 감수해야 한다.

　교육과정은 교육의 많은 영역에 관여하고 있다. 교육과정이 영향을 미치는 범위와 수준이 넓어지고 깊어질수록 교육과정 이론의 필요성은 커진다. 그래서 오랫동안 수많은 교육과정 전문가들이 교육과정 이론화 작업에 매달려 왔다. 그러나 그 이론들은 교육과정 영역 자체에서 탄생하고 형성되었다고 하기보다는 대부분 인접 학문인 철학, 심리학, 사회학, 인류학 등에서 빌려 온 것이다. 교육과정 전문 연구자들이 피하고 싶으나 어쩔 수 없이 직면하고 있는 사실은 교육과정이 독자적인 학문으로서 인정받을 수 있는 고유한 영역을 어떻게 선정할 것이며, 어떤 이론을 확립해 나갈 것이냐의 문제이다. 현재까지 교육과정 전문가들이 형성해 놓은 순수한 교육과정 이론 영역은 교육과정 설계와 교육과정 개발이다.[7]

2. 교육과정 이론의 흐름

교육과정 연구 패러다임: 하버마스의 종합 지식 이론

과학 철학자들은 과학 탐구 패러다임에 관심이 많았다. 이러한 관심은 쿤에 의해 일반화되었다.[8] 쿤은 개념적 틀로부터 시대적으로 앞서 있는 과학의 흐름을 논의하기 위해 자연과학뿐만 아니라 철학, 역사, 심리학에서도 자료를 추출하여 분석하였다. 이 개념적 틀 또는 패러다임은 탐구 행위를 지배하고 자료를 해석하며, 세계를 보는 방식을 결정하는 개념, 가치, 규칙 등과 느슨하게 연결되어 있다. 탐구 방식 자체 내에서는 허용 범위가 매우 넓게 인정되지만 한편으로 명확한 경계선이 있다. 이러한 경계선 내에 존재하는 영역을 패러다임으로 규정할 수 있다.[9]

과학에서의 패러다임은 교육과정 이론 분야에도 영향을 미쳤다. 교육과정 이론은 어떤 교육학 연구 분야보다 진지하게 패러다임 문제에 주목해 왔다. 슈버트는 교육과정 패러다임에 대한 주된 질문 방식은 '무엇'과 '어떻게'로 대변된다고 밝히고, 전자는 교육과정 탐구에서 무엇을 물을 것인가이고, 후자는 어떻게 교육과정 탐구를 실행할 것인가로 보았다. 대체로 교육과정의 지배적 패러다임은 타일러의 합리주의이고, 이후 이를 비판하면서 등장한 슈왑의 실제적 패러다임이 있으며, 현대 사회의 복잡성과 다양성 관점에서 접근하고 있는 비판적 패러다임이 있다. 그러나 교육과정 이론가 중에는 이러한 패러다임 구분에 동의하는 사람이 있는 반면 그렇지 않은 사람도 있다. 교육과정 연구 패러다임은 연구자에 따라 매우 다르게 해석된다.

그래서 교육과정 연구의 패러다임을 하버마스의 지식 이론에 비추어 보는 것은 의미 있는 일이다. 그의 지식 이론과 문화적 함의에 대한 논의는 현대 교육과정 이론 이해에 많은 시사점을 주기 때문이다.

하버마스[10]는 지식 탐구의 패러다임을 세 가지로 분류하여 비교한 바 있다. 그에게 지식 탐구란 과학이다. 그는 학문적 탐구를 넓은 의미로 과학이라고 여겼다. 그러나 일반적으로 교육학 연구 논문에서 볼 수 있는 과학이라는 용어는 반복 가능한 법칙, 타당성, 간결성, 신뢰성 등을 의미하며, 주로 실험 연구에서 도출된 양적 자료를 분석할 때의 의미로 제한되어 사용된다. 이것은 경험 분석자, 논리실증주의자, 신논리실증주의자들이 과학을 특정한 의미로 해석하는 경향과도 관련이 있다.

하버마스는 학문의 성격이 인식 주체인 연구자의 인지적 관심에 의해 결정된다고 보고 있다. 홀트그랜은 하버마스의 지식 탐구 유형을 지루, 번스타인의 견해를 종합하여 〈표 3-1〉과 같이 발전시켰다. 홀트그랜은 이를 경험-분석적, 해석학적, 그리고 비판적 패러다임으로 묘사하고 있다. 세 가지 패러다임을 살펴보면 다음과 같다.[11]

표 3-1 하버마스의 종합 지식 이론[12]

과학 탐구 유형	경험/분석적	해석적	비판적
관심 분야	기술적	실제적	해방적
사회적 조직화	일	상호작용	권력
합리성에 대한 입장			
	• 통제와 확실성의 법칙 추구 • 경험적으로 측정할 수 있는 법칙정립적 가정에 관심 • 지식은 가치 무관적이라는 가정 • 가치 효율성 또는 간결성 • 사회적 실재를 있는 그대로 수용	• 이해와 대화적 상호작용 강조 • 인간은 적극적인 지식의 창조자 • 일상생활의 맥락 이면에 있는 논리적 가정과 의미 추구 • 실재는 역사적·정치적·사회적 맥락에서 간주관적으로 구성되고 공유된 것으로 봄 • 언어를 통한 감각적 의미 구성 중시	• 이데올로기적 비판과 실천의 필요성 강조 • 억압과 권력의 지배성 폭로 • 잘못된 의식에 대한 감각 필요 • 왜곡된 개념과 부당한 가치에 대해 문제 제기 • 가치체계와 정의의 개념을 검토하고 분석하기

첫째, 경험-분석적 지식 탐구는 기술적technical 관심이다. 이 패러다임은 그 자체에 가치적 특성이나 이데올로기를 담고 있지 않다. 그러나 논리실증주의자들은 그 가치가 논리적으로 함의되어 있다고 주장한다. 이 관점에서 사회적 조직은 일work이다. 일은 관료적 지위에 의해 개인이 통제되는 것이 정당화될 수 있는 위계적 구조를 의미한다. 이 패러다임에서 수업이란 교육공학적 정보 전달 시스템이며, 학생이 산출한 다양한 평가 자료는 평가자의 판단을 돕는 하나의 수단이 된다. 합리성에 대해서는 경험-분석적 법칙에 의해 도출된 지식의 확실성을 신뢰하는 입장을 취한다. 다시 말해 우주의 법칙은 확률에 의해 설명될 수 있다는 신념을 기반으로 하고 있다. 이 관점에서 지식은 탈가치적이고 객관화할 수 있는 대상이 되므로 타인에게 가르칠 수 있다.

둘째, 해석학적 지식 탐구는 실제적practical 관심이다. 이 패러다임에서 사회적 조직은 인간, 문화, 역사적 상황 간의 상호작용이다. 그리고 합리성은 타인과의 상호작용, 그리고 일어나고 있는 사건들 사이의 상호작용을 증진시키는 의미를 추구하는 것이다. 또한 교육은 단순한 전달 시스템이 아니라, 가르치는 일의 이면에 존재하고 있는 인간의 심층적인 대화이다. 실재 또한 단순히 사물을 눈으로 보는 것이 아니라 인간 간의 대화를 통해 창조되는 것이며, 그 과정은 간주관적으로 제도화되어 형성되는 것이다. 이 과정은 모두 역사적, 정치적, 그리고 사회적 맥락에 의존하며 그 맥락에서 기능한다.

셋째, 비판적 지식 탐구는 해방적·정치 접근을 강조함으로써 해석학적 관점의 범위를 벗어난다. 비판적 지식 탐구자들은 의미와 선의 추구는 사회적 조직과 동반되지 않으면 실현 불가능하다는 입장을 취한다. 사회적 조직이란 사회 경제적 계급과 이데올로기 통제를 통해 대물림되며 인간을 속박해 온 것이다. 실제적 관심에 의해 추구된 의미와 선은 만약 교육이 사회경제적 평등과 정의를 위해 제공된 상호작용 그 이상의 수준에 도달한다면 정당화될 수 있다. 따라서 비판적 실천은 억압과 지배를 폭로하고 스스로 깨닫기 위해 노력하는 과정 속에서 탐구와 실천적 행위가 통합된다.

지금까지 살펴본 하버마스의 세 가지 지식 탐구의 범주는 교육과정 패러다임 논의와 밀접한 관련이 있다. 경험-분석적 지식 탐구는 슈왑이 비판했던 타일러 합리주의와 관련이 있다. 그리고 슈왑의 실제적 패러다임은 해석학적 지식 탐구와 대체로 일치한다. 판 메넌의 교육과정 탐구 방식은 완벽한 해석학적 지식 탐구 패러다임에 속한다. 비판적 지식 탐구는 애플, 지루 등과 같이 해방적 탐구 방식을 옹호하는 학자들의 교육과정 이론적 기반이 된다. 하버마스의 지식 탐구의 범주는 이후 살펴볼 현대 교육과정 이론의 흐름을 이해하는 패러다임으로 많은 도움이 될 수 있다.

교육과정 이론의 출발: 인지도야 이론

교육과정 이론의 범주를 체계화하는 일은 매우 어렵다는 점을 이미 밝혔다. 왜냐하면 교육과정 이론에 대한 접근 방식은 이론의 성격과 학자들의 관심 영역에 따라 매우 다양하고 많기 때문이다. 대신 교육과정 이론의 특성과 대표적인 학자들의 관점의 차이를 중심으로 간략하게 범주화하는 것은 가능하다.

일반적으로 교육의 목적과 성격에 대한 철학적 논의 영역이 교육과정 이론의 근간이 된다. 교육과정 이론의 기원을 철학의 흐름과 관련지을 때는 광범위하고 긴 시간의 흐름 속에서 살펴보는 것이 현명할 것이다. 즉, 교육과정 이론이 소크라테스 이전 시대의 철학부터 현대의 철학까지 관련지어 있음을 고려할 필요가 있다. 교육과정 이론을 단일한 관점과 시점에서 바라보고자 한다면 특정 이론과 특정 인물을 중심으로 살펴보는 것도 의미 있는 일일 것이다. 교육과정의 이론을 논의하기 위해 교육과정의 역사를 모두 다룰 수는 없기 때문이다. 대신 대표적인 교육과정 이론과 여러 이론의 흐름을 중심으로 살펴보는 것은 가능하리라고 본다. 그 논의의 출발점은 인지도야 이론이다.

19세기까지 교육에서 가장 지배적인 교육과정 이론은 인지도야 이론으로, 일반적으로 형식도야 이론으로 알려져 있다. 형식도야 이론은 능력심리학과 밀접하게 관련되어 있다. 능력심리학은 인간의 마음이 어떻게 작동하는가에 관한 이론이며, 인지도야 이론은 무엇을 가르쳐야 할 것인가에 관한 이론이다. 능력심리학의 기본 가정은 인간은 태어날 때부터 특별한 정신적 능력과 힘을 가지고 있어서 그 능력과 힘을 사용할수록 계발된다는 것이다. 따라서 기억력은 기억하기 활동으로, 추론력은 추론 활동으로, 상상력은 상상하기 활동으로 계발이 가능하다고 본다. 그리고 인지도야의 기본 가정은 특정 교과, 그리고 그 특정 교과를 공부하는 학습 방법을 통해 정신의 능력을 계발할 수 있다는 것이다. 이 주장에 따르면 수학 교과는 추론 능력을 향상시키는 데 매우 탁월한 효과가 있다.[13] 교육의 가장 큰 임무가 인간의 정신 능력을 계발하는 일이라고 한다면 형식도야 이론은 매우 타당하다. 그리고 형식도야 이론가들은 '무엇을 가르쳐야 하는가'와 같이 교육과정의 가장 본질적인 물음에 대해서도 '교과를 선정하여 교과를 가르친다'고 대답함으로써 논리적 정당화를 꾀할 것이다.

그런데 과연 한 가지 교육과정만을 가지고 모든 학생들을 가르치는 일이 가능할까? 교육과정 전문가나 교사 누구라도 누군가가 선정한 교과와 그 교과에 포함된 내용을, 학생 모두에게, 동일한 방식으로 가르치는 일이 학생의 성장과 발달에 비추어 적합한 일인가라는 질문을 어렵지 않게 할 수 있다. 어떤 학생은 학교교육을 통해 대학을 진학하려고 하고 어떤 학생은 일상적인 삶을 준비하기도 한다. 또한 어떤 학생은 전문 직업을 얻기를 바랄 것이고, 어떤 학생은 공동체에서 타인과의 관계 맺는 법을 배우고 싶어 할 수도 있다. 또한 이 질문에는 정신 능력을 강화하기 위해서 가장 효율적인 수단이 일부 학생의 발달 단계에서는 적합하지 않을 수도 있다는 뜻도 들어 있다.

결국 인지도야 이론은 교육과정 설계에서 계열성과 균형성을 통해 이 문제를 극복하고자 했다. 인간의 능력이 발현되는 것은 생물학적으로 예정된 발달 단계에 따르므로 교육과정 설계에서도 그 과정을 밟아 계열화시키면 해결된다고 보았다. 또한 인간의 정신 능력이 예정된 발달 시점에서 계발되지 않으면 위축되거나 활기를 잃는다는 믿음이 강했다. 따라서 교육과정 개발자들은 높은 책무성을 가지고 학생들이 학교교육에서 지적 균형을 달성할 수 있도록 교육과정을 설계함으로써 정신 능력들이 고르게 계발되도록 힘을 기울였다.[14]

처방적 이론

처방적 이론prescriptive theory은 최선의 교육과정을 만드는 것을 목표로 한다. 처방적 이론은 학교교육 개선에 도움을 주는 교육과정 개발 모델이나 설계 모형을 만드는 일에 관심이 많다. 처방적 이론의 범주에 드는 교육과정 학자들은 최적의 교육과정 설계 방식을 찾는 일이 학교교육과정 개선에 최선이라는 믿음을 가지고 있다. 대표적인 학자가 타일러와 타바이다.

20세기 시작과 더불어 공교육의 확대와 학교에 대한 관료주의적 통제가 심화됨에 따라, 초기 교육과정 이론화의 노력은 교육과정 학자나 전문가가 교사와 같은 학교의 교육 실천가를 돕기 위한 방향으로 전개되었다. 1960년대까지 교육과정 개발에 관련한 거의 모든 이론화 작업은 학교의 교육 실천을 개선하기 위한 방식에 초점을 두었다. 대부분의 처방적 이론이 주로 관심을 보였던 문제는 전통적이고 관료적인 학교의 특성이었다. 따라서 처방적 이론에 관여하였던 교육과정 이론가들은 당시의 교육적·사회적·정치적 시스템에 거의 관심을 두지 않았다. 주로 대학 캠퍼스에서 실험학교를 운영하거나, 학교의 주요 교과를 연구하거나, 교육과정 개발 프로젝트에 참여하였다.

처방적 이론가들이 생각한 학교교육 개선 방식은 교육과정 전문가들이 교육과정 개발 모형을 제공하여 그것을 통해 학교 시스템을 개선하고자 하는 것이었다. 이런 방식은 공교육 유지와 학교교육 개혁에 도움을 주었다는 긍정적인 평가도 있지만, 처방적 이론가들의 노력에 대해 '통제 메커니즘', '전통주의자'라는 비판도 있다.[15]

표 3-2 처방적 이론가[16]

사회적 필요-학생 중심 듀이, 킬패트릭, 러그 등	사회적 필요-재건주의자 켈리, 리드와 톰슨, 스킬벡 등
사회적 효율성 보비트, 타일러, 타바, 굿래드, 클라인, 태너와 태너 등	철학적 학문 이론 피닉스, 허스트, 피터스, 허친스 등

사회적 필요-학생 중심

사회적 필요와 학생 중심 관점은 듀이에서부터 시작되었다. 그의 수많은 저작에서 묘사되고 있는 것은 개별적인 아동을 위한 교육과정을 사회 속의 학교의 역할과 관련지으려는 것이다. 듀이에게 아동의 사회적 경험은 교육과정 개발의 출발점이요 지식을 조직화하기 위한 체계로서 중요하다. 듀이는 실험학교에서 바느질하기, 요리하기, 목재와 금속으로 일하기 등 일상적인 가정 직업 체험과 사회에서 필요로 하는 학습 활동을 포함하였다. 이 학습 활동은 전통적인 학교의 학습 내용은 아니었다. 이 활동 중심의 교육 내용은 일상생활과 사회적인 삶에서 필요한 활동이며 이 관점에서 교육과정은 일반적인 사회적 요구를 반영하여 만들어졌다. 킬패트릭 또한 활동 중심 단원이 전통적인 교과를 대체하여 아동이 흥미를 가지고 있는 화제topics에 집중하게 하고, 문제 해결 활동에 참여하도록 교육과정을 구성하고자 하였다.[17]

사회적 효율성

보비트는 교육과정은 당대의 사회적 특성에 의해 결정되는 것이지, 아동의 필요나 요구에 의해 결정된다고 보지 않았다. 그의 대표적인 저서[18]에서 산업 생산에 대한 은유metaphor가 교육과정 개발의 기초가 되어야 한다고 보았다. 또한 그는 교육은 전적으로 성인의 삶을 준비하는 것이며, 성인의 삶을 분석하여 교육 목표의 목록을 제공하는 것이 교육과정 개발이라는 견해를 가졌다. 따라서 교육과정은 성인이 추구하는 지식과 기능으로 이루어진 것이고 개인은 이 교육과정을 통해 사회에 효과적으로 적응해갈 수 있다고 보았다. 산업사회의 효율성을 학교에 적용해야 한다는 보비트의 생각은 1910년대와 1920년대 미국의 교육자들에게 매우 설득력이 있었다. 보비트의 가장 큰 공헌은 교육과정 분야에서 교육 목표를 세분화하고 과학적 분석 과정을 중요시했다는 점이다.[19]

이후 교육과정 연구에서 과학적 접근은 타일러에게서도 발견할 수 있다. 타일러는 자신의 저서 『교육과정과 수업의 원리』에서 교육과정을 개발하는 체계적인 방식을 매우 이해하기 쉽게 제시하였다. 『교육과정과 수업의 원리』에서 확인할 수 있듯이 수단과 목적을 과학적인 절차를 통해 도출한 타일러의 접근 방식은 보비트의 교육과정 개발원리를 확장한 것이었다. 그러나 실제로 타일러는 특정한 가치 또는 상충되는 사회적·정치적 현안 등과 같은 수많은 교육과정 문제에는 관심이 없었다. 그래서 그의 『교육과정과 수업의 원리』에서 제시된 이론은 완벽한 교육과정 이론이라고 보기 어렵다. 그럼에도 불구하고 교육 목표, 교육 경험의 선정, 학습 경험의 조직, 그리고 평가에 대한 그의 아이디어는 어떤 교육과정 이론보다 기본적인 체제로 알려져 있다.

사회적 필요-재건주의

사회적 필요와 요구를 교육과정 개발의 출발점으로 보는 이론가들은 사회를 바람직하거나 개인이 순응해야 할 대상으로 보지 않는다. 그들은 사회를 바람직하지 못한 수수께끼 같은 특성을 가진 대상으로 보며, 학교의 주된 역할은 더 나은 사회를 건설하기 위한 것으로 본다. 따라서 이들의 사회적 요구에 대한 관점은 사회의 요구와 학생의 요구를 비교하여 무엇이 잘못되었는가를 판별하는 것이 아니라, 사회의 요구와 사회가 마땅히 추구해야 할 가치를 비교하여 무엇이 잘못되었는가를 판별하는 것이다. 이러한 관점에서 교육과정은 사회의 폐단을 개선하는 수단으로 개발되는 임무를 맡게 된다. 켈리가 대표적이며, 켈리를 포함하여 다수의 재건주의자들은 학교의 역할을 부정적으로 보

고 비판적 실험주의자처럼 사회 개혁에 직접 참여하였다.[20]

철학적-학문 논리론

철학적 학문 논리론은 지식이란 무엇이며 학교에서는 무엇을 가르쳐야 하는가에 대한 철학적 접근에 관심이 많다. 이 이론은 20세기 이전부터 서구 철학을 지배하였다. 철학적 학문 논리론자들은 교육과정의 목적은 '서구 문명의 전통에 참여할 수 있는 도구를 획득할 수 있도록 학생들을 도와주는 것'이며, '인간이 창조해 낸 위대한 사상과 결과물에 접근할 수 있도록 해 주는 것'이라는 신념을 가지고 있다.

피터스, 허스트, 피닉스 등이 대표적인 철학적 학문 논리론자들이다. 이들은 공통적으로 지식의 성격을 신중하게 바라볼 수 있는 안목을 중요시하였는데, 이들에게 지식은 교육과정 개발의 출발점임과 동시에 공통 교육 내용이다. 이 이론의 관점에서 학생은 지식 영역을 탐구하면서 형성된 통찰력에 익숙해져야 한다. 철학적 학문-논리론자들은 교육과정의 중점을 지식의 성격 그 자체에 둠으로써 사회와 개인을 상대적으로 중요하게 생각하지 않았다.[21]

기술적 이론

기술적 이론descriptive theory은 교육과정 개발의 과정을 중요시한다. 기술적 이론가들은 교육과정은 무엇인가라는 질문에 답하기보다는 어떻게 해야 그 질문에 답할 수 있는가에 주목한다. 비유하자면 기술적 이론가들은 교육과정 의사결정이 일어나고 있는 과정의 '지도 제작'에 관심이 많다. 훌륭한 건설 프로젝트를 위해서는 세밀한 지도가 필수적이다. 하지만 프로젝트 설계자의 신념과 가치, 예산과 건물 재료의 유용성, 그리고 프로젝트가 진행됨에 따라 동반되는 수많은 실제적 문제에 따라 도로와 구조물의 위치가 달라질 수 있다.[22]

표 3-3 기술적 이론가[23]

교육과정 숙의론자
슈왑, 워커, 웨스트베리, 코넬리, 클란디닌, 리드 등

　기술적 이론은 처방적 이론과 흡사한 면이 있다. 즉, 두 이론 모두 학교나 대규모 프로젝트 개발 과정에서의 교육과정 의사결정을 염두에 두고 있으며, 의사결정이 일어나고 있는 그 시점의 교육적·사회적·정치적 시스템을 수용하고 지지한다. 그럼에도 불구하고 기술적 이론은 교육과정 문제를 불확정적이고 결론지을 수 없는 성격의 것으로 인정하기 때문에 좀 더 넓은 지향점을 추구한다고 볼 수 있다. 기술적 이론가들은 실제로 성공을 보장하는 교육과정 개발 과정은 없다는 입장을 고수한다. 그들은 교육과정 문제는 다양하며 그 문제를 해결하는 방법도 다양할 수밖에 없으므로 단일한 최고의 교육과정을 찾아내고자 노력하는 것은 무의미한 일이라고 본다. 따라서 대부분의 기술적 이론가들은 실제로 학교 조직과 다양한 개인과 집단의 상호작용에 대해 매우 넓은 시야를 가지고 있다. 이들은 합리적 절차보다 숙의적 관점을 더 중요하게 생각한다.

　기술적 이론가로 슈왑과 워커가 대표적이다. 슈왑은 교육과정 실제적 탐구 이론을 제시하며 교육과정 개발에서의 네 가지 공통 요소를 강조하였다. 이후 워커는 자연주의적 교육과정 개발 모형을 통해 실제적 탐구가 일어나는 숙의적 방법과 과정을 제시하였다. 그리고 코넬리와 클란디닌은 교사의 사고 과정과 교사의 학교교육과정 개발 과정에 주목하였다.

비판적 실험주의

비판적 실험주의 범주에 속하는 이론가들은 매우 다양하다. 여기에는 재개념주의를 비롯하여, 비판적 이론, 현상학, 실존주의, 포스트모던주의 등이 포함된다. 교육과정 이론은 타일러와 타일러 이후 시대라고 분류할 만큼 타일러의 영향력은 막강하였고, 많은 연구자들이 새로운 교육과정 이론을 정립하기 위해 노력해 왔다. 비판적 실험주의 범주에 속하는 이론가들은 이러한 새로운 흐름에 큰 공헌을 하였다. 이들에 의해 현재에도 교육과정 이론이 교육과정 개발에서 교육과정 이해의 패러다임으로 전환되는 특성을 보이며, 현대 사회의 복잡성과 다양성을 반영하기 위한 노력이 지속적으로 전개되고 있음을 주목할 필요가 있다.

비판적 실험주의 관점에서 학교 문제와 교육과정 문제를 다루는 방식에 따라 일반적으로 두 가지 관점으로 분류해 볼 수 있다. 첫째는 학교교육과 당대의 사회적 질서 사이의 관계성을 중요시하는 관점이다. 이 관점에서는 지배적 사회구조와 주된 교육과정 실천 현상을 비판적으로 분석한다. 지배, 착취, 저항 그리고 정통적인 지식을 구성하는 것이 무엇인가에 관심이 많다. 이 관점의 이론가들은 문화적 자본, 문화적 재생산과 같은 용어를 즐겨 사용한다. 둘째는 인간 행위의 근원이 되는 관념보다는 개인의 학습 성향과 대중성을 강조한다. 즉 개인의 경험 그 자체와 체계화된 교육이 어떤 방식으로 고차원의 경험을 구성하는 데 도움을 주는가에 관심이 많다. 이 관점의 이론가들은 교육과정 개발의 가치를 계획한 교육과정이 아니라 경험한 교육과정에 둔다. 많은 학자들이 경험의 선험적 영역과 지식은 개인이 개별적으로 구성한다는 점을 중요하게 여기는 반면, 이들은 학생의 경험의 질에 영향을 미치는 핵심적인 역할을 바로 교사가 수행한다는 신념을 가지고 있다.[24]

1970년대와 1980년 대 초기에 새로운 형태의 교육과정 이론화 흐름이 일어날 때 '재개념주의자'라는 용어가 등장하였다.[25] 이들은 교육과정 개발에 대한 관심을 교육과정 이해에 대한 관심으로 돌려놓았다. 그리고 교육과정 탐구 영역이 다양한 견해와 초점을 갖도록 하는 계기를 만들었다. 또한 이들은 당시의 교육과정 연구 분야가 교육과정을 지나칠 정도로 실제적이고 기술적인 관점에서 접근하고 있다는 점을 지속적으로 비판하였다. 그러나 이 교육과정 이론화 흐름의 대표자라고 할 수 있는 파이나를 포함한 많은 재개념주의자들이 자신들을 스스로 교육과정 연구의 주류이며 실질적인 실천가라고 믿게 된 것은 약간 혼란스럽다는 비판도 있다. 한편으로 처방적 이론을 지지하는 많은 전통주의자, 기술적 이론가, 경험주의 이론가 등도 재개념주의자들 못지않게 창의적이고 비판적인 교육과정 연구 활동을 하고 있음을

고려할 필요가 있다.[26]

표 3-4 비판적 실험주의자[27]

사회적 및 문화적 통제 영, 번스타인 등	현상학 윌리스, 판 메넌 등
사회적 재생산 알튀세르, 보올즈와 긴티스, 룬드그렌 등	자서전적 파이나, 굿슨, 코넬리와 클란디닌 등
문화적 재생산 부르디외, 윌리스, 애플, 아농, 지루, 케미스 등	포스트모던/포스트구조주의 지루, 돌, 하그리브스, 슬래터리 등
실존적, 정신분석적 맥도날드, 휴브너, 그린, 클로, 그루메 등	젠더 클라인, 파가노, 엘스워스, 켄달 등

한편, 안정된 상태의 교육과정을 나타내는 앎의 합리적·실험적 방식 혹은 기술적 모델 적용의 실패 사례가 지적되면서, 교육과정 연구에서는 과학적 탐구 모델이 추구하는 일반화 가능성에 대한 회의 그리고 이 모델이 가정하고 있는 실제의 근대주의적 시각을 거부하는 경향이 나타나기 시작하였다. 이것은 지나치게 확대된 자연과학적 세계관의 영향력에 대한 반성과 평가가 고개를 들면서부터, 인간의 다른 지적 영역에 자연과학이 지나치게 영향을 미치고 지배해 오지 않았는가 하는 회의를 갖게 한 때문이다. 뿐만 아니라 자연과학적 지식을 포함하는 전반적인 지식이 지금까지 믿어 오던 것과 같은 확실한 기반이 있는 것인가 하는 의문이 제기되기 시작한 것과도 관계가 깊다.

특히 20세기 후반부터는 가히 상대주의적 전환기라고 불릴 만큼 절대적이고 객관적인 지식의 가능성을 부정하는 논의들이 쏟아져 나왔고, 이것들은 교육 이론과 실제에도 영향을 미치고 있다. 인간 주체와는 별도로 확실하고 중요한 지식들이 존재하므로 이 지식들을 학생들에게 전달하는 것이 교육의 중요한 임무라는 주장은 다양한 관점에서 비판받는 상황이 되었다.

허숙은 1990년대와 2000년대 초에 논의되었던 교육과정학의 담론들을 일곱 가지로 정리하면서 그중 다섯 번째 담론으로 1990년대에 우리 사회를 풍미했던 사상적 화두는 역시 포스트모더니즘이라고 주장한다. 그에 의하면, 1990년대는 데카르트 이후 우리의 사고를 지배해 오던 현대성에 대한 도전적 논의들이 탈구조주의, 해체주의, 또는 탈현대주의 등의 이름으로 철학이나 사회과학은 물론 예술과 문학 분야에서도 활발하였던 시기이다.[28]

보편적인 합리성에 근거한 인간 문화의 기원과 기반에 의문을 제기하며 등장한 포스트모더니즘이라는 문화 현상은 이미 교육학계 내에서도 확산되고 있다. 굳이 '포스트모던'이라는 이름을 빌리지 않더라도 지식의 다원성에 입각하거나 그것을 옹호하는 수많은 이론들이 아직도 끊임없이 소개되고 있는 실정이다. 이에 따라 교육과 교육과정의 큰 흐름도 이러한 문화의 큰 줄기를 벗어나지 않고 있다.

그럼에도 불구하고 실제 학교교육에 있어서 상당한 정도로 지식에 대한 객관주의적 입장을 견지할 수밖에 없는 까닭은 여러 가지가 있을 수 있다. 가장 큰 이유는 다원주의는 자칫 허무주의적인 상대주의에 빠져, 사람이 무엇인가를 아는 것도 그것을 가르치는 것도 불가능하게 된다는 점일 것이다. 이러한 우려를 가지고 있는 많은 학자들이 다원주의의 문제점을 지적하였으며 이미 오래전에 그것의 논리적 허

점이 드러나기도 하였다.[29]

　이처럼 비판적 실험주의에 속하는 많은 이론가들은 교육에 대한 새로운 사고방식과 학교교육 실천을 실험적으로 추구하였다. 이들이 처방적 이론가, 기술적 이론가들과 다른 점은 제한된 신념의 수용을 당연하게 받아들이지 않는다는 점이다. 1970년대부터 많은 교육과정 연구자들이 교육과정을 새롭고 다양하게 이해하고자 노력한 것은 교육과정 이론 연구에 매우 의미 있는 일이었다. 파이나가 이러한 흐름을 이끌었다고 보아도 무방하다.[30] 한편으로 비판적 실험주의를 기반으로 다양한 이론화가 교실과 학교교육의 실제와 실천으로부터 멀어질수록 그 이론은 허무할 수도 있음을 고려해야 한다.

3. 맺는말:
변화하는 교육 현상과 교육과정 이론

학교 지식과 교과서를 해체적으로 읽기

절대적 진리나 객관적 지식의 모순을 가정하는 포스트모더니즘은 획일적, 항상적, 보편적, 배타적, 내재적 가치 등 모더니즘적 기획에 의해 규정되는 학교 지식의 타당성을 근본적으로 재검토하도록 요청하고 있다. 또 학교 지식이 구체화된 교과서의 절대적 권위에 대한 관점의 변화 역시 불가피하다고 할 수 있다.[31] 다시 말해 포스트모더니즘은 보편적 지식을 강조하는 기존의 교육과정 대신 지식의 불완전성을 인정하고 학생들의 경험 세계를 바탕으로 교육과정을 재구성해야 한다는 점을 강조한다. 이와 같은 재구성은 곧 교육 내용의 다양성을 생각하게 한다. 획일적인 교재 사용이나 일방적 강의를 통해 전개되는 집단 수업과는 달리 개별 학습자를 독립된 학습 주체로 보고 이들의 개성과 다양성을 존중하는 방향으로 학교 지식이 구성되어야 할 것이다.

전통적으로 학교교육과정에서 지식은 객관적이고 보편타당한 것으로 간주되었지만, 포스트모던 사회의 학교교육과정의 내용으로서 지식은 고정된 진리에 얽매이지 않고 지속적으로 수정해야 하는 가능성에 직면한다. 전술했듯이 포스트모던 사회의 지식관은 독립된 실재를 표상한다거나 보편적이고 객관적인 가치를 지니기보다는 시대와 사회, 맥락, 인식 주체자의 수준과 관심 등의 불가분의 관계에 있음을 고려할 때 다원성, 열린 마음, 차이와 불확실성 등의 관점을 수용해야 한다. 따라서 학교교육과정 지식은 절대적이고 유일한 것이라기보다는 다중적이고 포섭적이며, 사회적으로 구성된 의사결정의 결과물로 보는 것이 타당하다.[32]

또한 모더니즘의 절대적, 계몽주의적 지식관의 부정은 교과서에 대해서도 '작품'이 아닌 하나의 '텍스트'로 간주하는 포스트모던 관점을 제공해 주었다. 예를 들어 우리나라 초등학교 4학년 1학기용 국어 교과서라는 텍스트는 학생마다 서로 다른 배경지식으로 인해 학생들에게 서로 다른 의미를 지닌 텍스트이며 동시에 이전에 배워 온 국어 교과서나 이후에 배우게 될 국어 교과서들과 계열적으로 관계되어 있다. 뿐만 아니라 국어 교과서에서 의미를 읽어 내기 위해서는 다른 교과의 교과서들이 담고 있는 의미들과 어떤 식으로든지 관계를 짓지 않을 수 없다. 지식이란 해당 텍스트에만 존재할 수 없다.

이와 관련해서 푸코는 교과서가 권력, 지위, 전통 등에 의해 특권을 갖고 사물을 보는 특권적인 방식을 재현하는 정치적이고도 물질적인 산물이라고 주장한다.[33] 모더니즘적 교과서가 '완성된 조직체fabric'로서 텍스트 자체를 강조하며 학생들에게 진리 내지 메시지를 제시했다면, 포스트모더니즘 교과서는 하나의 텍스트로서 학생들과 '상호 교직texture'하는 가운데 학생들이 자신을 깨닫고 발견하게 한다. 교사들은 학생들로 하여금 교과서에 실린 텍스트를 그들 나름대로 해석할 수 있는 여지를 확보해 주어야 한다. 이렇게 할 경우 교사들이 가르치는 것은 이전의 텍스트가 아닌 새로운 텍스트를 창출하기 위한 의미 창출의 담론 과정이 된다.[34]

다중성이 강조되는 수업 방법

근대의 학교 수업에 대한 관점은 우리가 지식이라고 부르는 보편타당한 진리를 가정하고 사전에 계획되고 규정된 교육 내용을 질서 정연하게 전수하고, 동일한 방식으로 내면화할 것을 기대했다. 하지만 실재, 진리, 그리고 지식이 끊임없이 역동적으로 변화하고 있는 포스트모던 시대에는 학습자의 기억 및 이해 능력을 통한 '추상적 지식 전달 과정'이라는 수업 관점을 탈피해서 의미 창조의 담론을 수행하는 과정으로 이해되어야 한다.[35] 이를 위해 교육 내용, 교사, 그리고 학생을 중심으로 살펴보면 다음과 같다.

첫째, 교육 내용은 모든 학생들에게 동일한 의미로 전달되는 닫힌 텍스트가 아니라 개별 주체의 경험과 이해의 지평에 따라 다양한 이해와 해석이 가능한 열린 텍스트로 이해되어야 한다. 모던의 관점에서는 진보에 대한 가정으로 교육 내용이 교육과정 구성자로부터 교사와 학생에게 일방적으로 주어지는 것으로 받아들여졌지만 포스트모던 관점에서는 교육 내용에 대한 절대적인 지식관의 모순으로 인해 가르치고 배우는 과정에 참여하는 교사와 학생의 개별 주체의 해석에 따라 다르게 구성되고 재현되어야 한다. 외부에 별도로 존재하는 항상적이고 객관적인 실재를 표상하는 것으로서의 진리 및 언어관을 파기하면서 강조되고 있는 인식 주체자의 권한과 책임의식 등을 고려할 때, 특정 내용만을 성역화하거나 배타적인 방식으로 선정 혹은 배제하는 방식, 가르치고 배우는 사람 및 맥락과 무관하게 객관적인 가치를 지닌 내용을 전제하고 이를 처방적으로 제시하는 방식, 사전에 규정된 단일한 의미로만 해석될 것을 요구하는 방식 등은 시대착오적인 관행이라고 보아야 할 것이다.[36]

교육 내용이 다양한 지식을 포함해야 한다는 것은 지식사회학에서도 지적해 왔다. 지식사회학은 문화상대주의에 입각하여, 각 집단은 독특한 문화를 가지며 이들은 똑같이 타당하기 때문에 한 문화가 다른 문화를 기준으로 평가될 수 없다고 주장한다. 지식사회학은 문화적으로 다른 학생집단을 문화적 침해 없이 교육시키기 위한 교육 내용이 무엇이냐 하는 도덕적 문제를 제기한다. 이것은 여러 문화집단에 동등한 가치를 부여하고 교육 내용의 구성 과정에 각 문화집단을 동등하게 포함해야 한다는 교육적 의미를 제시한다.

포스트모던 교육과정 연구에서 교육 내용은 외부에서 일방적으로 주어진 것이 아니라 교사와 학생의 상호작용 속에서 재구성되는 데 관심을 두어야 한다. 개념적이고 인식론적 수준에서 정형화된 교육 내용이 지역사회, 학교, 학급, 개별 교사와 학생의 수준에서 재조직, 재구성되는 데 주목할 필요가 있다.[37] 체리홈즈는 푸코의 담론 분석을 통하여 교육 내용이 정치적 산물임을, 그리고 데리다의 텍스트 분석

을 통하여 교육 내용의 의미구조, 정확성, 안정성, 중심지향성은 허구에 불과함을 주장하고 있다.[38]

둘째, 교사는 외부에서 주어진 교육 내용의 전달자가 아니라 교육 내용을 통한 다양한 담화들의 갈등 속에서 학생들이 자기반성적 학습 경험을 조직할 수 있도록 돕고, 더불어 학생들과 함께 지식의 재구성과 의미 창출에 참여하는 역할을 수행해야 한다. 외부로부터 주어진 교육 내용이라 할지라도 가르치는 교사의 특성에 의해 그것을 전혀 다르게 해석되고 재현된다. 즉, 교사의 배경적 지식, 세계관, 가치관, 특성, 교과에 대한 이해 정도, 학생에 대한 지식과 태도 등은 교육 내용 및 실행에 결정적인 역할을 하게 된다.

셋째, 학생들은 다양성과 복잡성, 주관성, 복합적인 관념을 포용할 수 있고, 이미 생산되어 있는 의미를 단순히 반영하는 존재가 아니라 주체적 행위자로서 성찰과 비판을 통해 스스로 의미를 생산하는 존재가 되어야 한다.[39] 인간이 자기 주도적 행위자로서 자기 결정의 자율성이 없다면, 합리적 자아의 공통성을 가정하여 실재의 인식과 규범의 실천을 필연적으로 가능하게 하는 자율적 인간 형성의 교육 개념은 수정되어야 한다. 교육의 역할은 현재의 주체 입장에 대해 지속적으로 질문을 제기할 수 있는 비판 의식을 배양하는 것이며, 학습자를 하나의 해석으로 몰아가기보다는 세상에 대한 다양한 해석의 가능성을 열어 주기 위한 가능성을 모색해야 한다.[40]

학생들의 경험이 교육과정의 원천일 때, 학생들은 교육 내용을 반성적으로 학습하고 적극적으로 교육 내용을 재구성하며, 인지적 차원의 지식만 축적하는 것이 아니라 주변 세계를 이해하는 폭넓은 시야를 형성할 것이다. 파이나의 지적대로 교육과정 연구는 효율성이나 적합성의 문제가 아니라 학생들의 다양한 경험 세계와 다양한 담론들을 교육과정 속에 어떻게 수용할 것인가의 문제로 옮겨져야 할 것임을 시사하고 있다.

1. van Manen, M.(1982), Edifying theory: Serving the good, Theory into Practice, 21(1), 44-49, 44쪽에서 인용하였다. 원문 표현은 'wakefulness of mind in the contemplation or pure viewing of truth'이다.

2. Ornstein, A. C. & Hunkins, F. P.(2004), Curriculum: foundations, principles and issues(4th ed.), Boston: PEARSON, 175~176쪽에서 인용하였다.

3. Schubert, W. H.(1986), Curriculum: Perspective, paradigm and possibility, New York: Macmillan Publishing Company, 131쪽에서 인용하였다. 교육과정 이론의 철학적 기원을 고찰하기 위해서는 광범위하고 긴 시간적 흐름 속에서 고려하는 일이 필요하다. 만약 교육과정 이론을 단일한 관점과 시점에서 살펴본다면 특정 이론, 특정 인물을 중심이 된다. 20세기에 국한한다면 존 듀이의 이론을 살펴보는 것이 가장 확실한 방법이 될 것이다.

4. Kliebard, H. M.(1982), Curriculum theory as metaphor, Theory into Practice, 21(1), 11-17, 13쪽에서 인용하였다.

5. Walker, D. F.(2010), Fundamentals of curriculum: Passion and professionalism(2nd ed.), New York: Routledge, 60쪽에서 인용하였다.

6. Walker, D. F. 위의 책 72~75쪽을 참고하였다. 워커는 자신의 책에서 좋은 교육과정 이론의 조건을 타당성, 이론적 영향력, 유용성, 도덕성의 네 가지로 제시하였지만 모든 교육학자들이 여기에 동의하는 것은 아니다. 워커는 교육과정 이론을 만들 수 있는지와 같은 근본적인 문제보다는 최근의 다양한 이론적 접근을 분석할 수 있는 프레임을 만드는 것에 더 관심이 있는 듯 보인다.

7. Ornstein, A. C. & Hunkins, F. P. 위의 책 173쪽을 참고하였다.

8. Kuhn, T. S.(1962), The structure of scientific revolutions, Chicago: University of Chicago Press.

9. Schubert, W. H. 170쪽을 참고하였다.

10. Habermas, J.(1971), Knowledge and human interests, Boston: Beacon Press.

11. Schubert, W. H. 위의 책 180~183쪽에서 참고하였다.

12. Schubert, W. H. 위의 책 181쪽에서 인용하였다. 〈표 3-1〉에 제시된 하버마스의 종합 지식 이론은 하버마스, 번스타인, 지루의 견해를 참조하여 홀트그렌이 분류한 것이다. Hultgren, F. H.(1982), Reflecting on the meaning of curriculum through a hermeneutic interpretation of student-teaching experiences in home economics, Unpublished Ph. D. dissertation, Pennsylvania State University, University Park, PA.

13. Kliebard, H. M.(1982), Curriculum theory as metaphor, Theory into Practice, 21(1), 11-17, 11쪽에서 인용하였다. 사실 형식도야 이론(formal discipline theory)은 19세기 후반부터 심리학의 주류로 자리 잡아 가고 있었던 능력심리학(faculty psychology)을 기반으로 하고 있다. 형식도야 이론은 고전어, 수학 등을 학습하면 기억력과 추리력을 향상할 수 있고, 이렇게 형성된 일반적 정신능력이 다른 교과의 학습이나 일상생활의 인지적 판단에 영향을 준다는 입장을 가지고 있다. 인간의 정신능력은 정신의 형식적 능력의 단련을 통해 향상될 수 있다고 믿는 것이다. 형식도야 이론은 학교

에서의 교육과정이 교과를 중심으로 편성되고 운영되는 기반이 되었으며, 무엇보다 학습 방법에서 전이를 중요시하는 근거가 되었다. 그러나 이 이론은 당시 전통주의자들이 고전 인문 교과를 학교교육에서 가르치기 위해 정당화한 이론이라는 비판도 받았다.

14. Kliebard, H. M. 위의 글 12쪽에서 인용하였다. Klibard는 본문에서 인간의 마음을 직접 본 사람은 아무도 없으며, 인간의 마음을 직접 지각하는 것은 우리의 능력 범위 밖의 일이라고 밝히고 있다.

15. Marsh, C. J. & Willis, G.(2007), Curriculum: Alternative approaches, ongoing issues(4th ed.), Upper Saddle River, NJ: PEARSON, 103~104쪽에서 참고하였다.

16. Marsh, C. J. & Willis, G. 위의 책 104쪽에서 참고하였다.

17. Marsh, C. J. & Willis, G. 위의 책 105쪽에서 참고하였다.

18. 보비트의 대표적인 저서는 다음과 같다. Bobbitt, J. F.(1918), The Curriculum, Boston: Houghton Mifflin.; (1924), How to make a curriculum, Boston: Houghton Mifflin.

19. Marsh, C. J. & Willis, G. 위의 책 105쪽에서 인용하였다.

20. Marsh, C. J. & Willis, G. 위의 책 106쪽에서 참고하였다.

21. Marsh, C. J. & Willis, G. 위의 책 107쪽에서 참고하였다. 철학적-학문 논리론 옹호자들은 형식도야 이론을 지지하는 입장에 있는 것으로 보인다. 물론 극단적인 관점에서 능력심리학의 옹호하는 것은 아니지만 교과를 통해 이성을 계발하고, 인류의 위대한 유산을 중요시한다는 점에서 형식도야 이론과 밀접한 관련이 있음을 부정하기 어렵다고 본다.

22. Marsh, C. J. & Willis, G. 위의 책 112쪽에서 참고하였다. 기술적 이론가들의 관점은 교육과정 현상을 복잡한 의사결정 과정으로 보고, 교육과정 의사결정 참여자들의 대화와 문제 해결 과정에 주목하였다. 교육과정이 진행되는 상황을 있는 그대로 드러내는 방식으로 숙의(deliberation)를 중요시하였다.

23. Marsh, C. J. & Willis, G. 위의 책 113쪽에서 인용하였다.

24. Marsh, C. J. & Willis, G. 위의 책 119~120쪽에서 인용하였다.

25. 맥도날드는 교육과정 연구자들을 크게 세 집단으로 구분한 바 있다. 첫째, 큰 집단으로 처방적 이론을 지지하는 개발 이론가들이며, 둘째, 작은 집단으로 교육과정 변인과 그 변인 간의 관련성을 타당화하기 위한 연구를 수행하는 경험적 연구가들이며, 그리고 셋째, 극소수 집단으로 교육과정 이론화를 창의적이고 지적인 작업으로 인식하는 연구가들이다. 이 세 번째 부류가 재개념주의자들이며, 이들은 기존의 개념적 구조를 비판하고 교육과정 개념을 최대한 확장할 수 있는 새로운 관점과 새로운 탐구 방식을 제공하였다. Mcdonald, J. B.(Ed.)(1971), Curriculum development in relation to social and intellectual systems, Seventieth yearbook of the National Society for the Study of Education, Chicago: University of Chicago Press.

26. Ornstein, A. C. & Hunkins, F. P. 위의 책 185쪽에서 참고하였다.

27. Marsh, C. J. & Willis, G. 위의 책 121쪽에서 인용하였다. Reid, W. A(1981), Core curriculum: Precept or process?, Curriculum Perspective, 1(2), 25-32. 리드가 제시한 내용을 일부 수정하였다.

28. 허숙(2002), 「교육과정학 탐구의 성찰: 역사와 전망」, 『교육과정연구』, 20(3), 1-22.

29. 이용환(2007), 「권력/계약으로서의 지식과 교육과정」, 『교육과정연구』, 25(1), 1-23. 이용환은 앞의 글에서 포스트모던적인 학자들이 다원적 상대주의를 표방하지는 않으며 상대주의자로 불리는 것도 싫어하는 것에 대한 논의를 다음과 같이 밝힌 바 있다. "포스트모더니즘을 옹호하는 학자와 신마르크스주의를 표방하는 교육 이론가들 사이에 벌어진 10여 년 전의 논쟁은 이러한 곤궁을 잘 드러내 준다. 이 논쟁에서 포스트모더니즘을 비난하는 측에서는 포트스모더니즘을 '이론적인 바이러스', '허무주의와 상대주의' 이론이며 '반인식론적이고 탈존재론적' 행위라고 매도한다. 이에 반하여 포스트모더니즘을 옹호하는 입장에서는 포스트모더니즘이 어떤 담론의 타당성을 가리는 준거에 의문을 품기는 하나 그러한 의문은 계몽주의의 전통 내에서 계속되어 온 의문일 뿐만 아니라 앞으로도 계속될 것이어서 새로울 것이 없으며, 객관성을 부정하는 상대주의를 표방하지 않으므로 포스트모더니즘은 탈근본주의(postfoundationalism)일 뿐이라고 주장한다. 탈근본주의는 '객관성을 비난하는 것이 아니라 객관성에 대하여 다른 설명을 제공할 뿐이며 오히려 지식(의 가능성)을 보호하는데, 그 보호 방식이 독단주의와는 다르다'는 것이다."

30. 파이나의 교육과정 이론을 심도 있게 살펴보기 위해서는 그의 저서를 직접 접하는 것이 좋다. 김영천 교수가 그의 저서 'What is curriculum theory?'를 번역하였다. 김영천 옮김(2005), 『교육과정 이론이란 무엇인가?』, 서울: 문음사.

31. 박순경(1997), 「교육과정 이론화의 새로운 가능태로서의 후기 구조주의적 논의 -Cherryholmes를 중심으로」, 『교육과정연구』, 15(2), 233-250.

32. 박민정(2005), 「포스트모더니즘 담론과 교육과정 논의의 쟁점」, 『교육과정연구』, 23(4), 37-57.

33. 박순경 옮김(1998), 『탈구조주의 교육과정 탐구, 권력과 비판』, 서울: 교육과학사.

34. 김영천·주재홍 (2009), 「포스트모더니즘에서 생각해 보는 교육과정 연구: 탐구 주제와 연구영역들」, 『교육과정연구』, 27(2), 1-31.

35. Doll, Jr., W. E.(1993), A Post-modern perspective on curriculum, New York: Teachers College Press.

36. 양미경(2005), 「정보 사회에서의 학교교육과정 재구조화의 방향 탐색」, 『교육과정연구』, 23(1), 1-25.

37. 박민정, 위의 글에서 참고하였다.

38. 박순경 옮김, 위의 책에서 참고하였다.

39. Lather, P.(1991), Getting smart: Feminist research and pedagogy with/in postmodern, New York: Routledge.

40. 박민정, 위의 글에서 참고하였다.

4장
교육과정을 '하는' 방법

'보는' 교육과정이 교육과정의 개념을 밝히고 이해하는 인식론적 영역이라면, '하는' 교육과정은 교육과정을 만들고 만든 그 교육과정을 실제로 적용하는 실천적 영역이다. 교육과정 학자들은 '보는' 교육과정을 보고 이론적인 논의만 이끌어도 상관이 없지만, 교사는 '보는' 교육과정은 물론이고 '하는' 교육과정도 잘해야 한다. 두 가지 모두를 잘해야 학생들을 가르칠 수 있기 때문이다.

창의성이 없다면 세상은 지금과는 매우 다른 곳이 되었을 것이다.

여전히 우리는 유전자가 지시하는 것에 따라 행동하고 있을 것이며

살아가면서 배우는 것은 우리가 죽으면 잊힐 것이다.

언어, 노래, 도구 그리고 사랑, 자유 민주주의와 같은 개념도 없을 것이다.

아무 의미도 느끼지 못하는 매우 기계적이며 불모의 인생을 살게 될 것이다.

우리가 인간적이라고 생각하는 세상을 만들기 위해

어떤 사람들은 용감하게 전통의 틀을 깨고 나와야 했다.

_미하이 칙센트미하이

시나리오

배○○ 학생의 성장을 위한 교육과정 만들기가 필요하다는 인식을
받아들여야 합니다.

최○○ 그거 꼭 해야 돼요?

모두 ······ (침묵).

김○○ 그럼 여태 우리 학교 교육과정은 학생의 성장에 도움이 안
되었나요?

모두 ······ (침묵).

장○○ 다른 학교는 백워드 교육과정 모델을 선호하는데 우리 학교
도 이 모형으로 만들어야 하지 않나요?

김○○ 백워드 모형이 학생들한테 그렇게 좋다면 왜 옆 학교에서는
이것을 적용하지 않지요?

장○○ 이미 ○○학교에서 해 보니 좋았다고 합니다.

최○○ ○○학교에서 했다고 해서 다 좋은 것은 아니잖아요. 저는 실
패한 경우도 같이 소개되어야 한다고 보는데 학교 사례들은
모두 성공한 얘기만 해요.

배○○　이것을 우리 학교에 적용하려면 전면적인 교육과정 재구성을 해야 합니다. 평가도 크게 바꿔야 하고요.

김○○　솔직히 내용을 보면 어려워서 어떻게 하는 것인지도 잘 모르겠고, 이것을 그대로 우리 학교에 적용할 건가요? 어떻게 수업에 적용할 건데요?

장○○　교육과정 재구성 방식이라고 보시면 돼요. 이○○ 부장님이 이론적인 부분을 도와주시면 저는 추진해 볼 마음은 있어요.

이○○　타일러의 모델이든 백워드 모델이든 모두 절차에 한정된 것 아닌가요?

최○○　실제로 도움이 안 되는 교육과정 이론 공부를 학습공동체에서 해야 하는지 여전히 의문이네요. 가능한 한 쉽고 간편한 방식으로 누군가 정해서 제시해 주었으면 좋겠어요.

김○○　저는 반대예요. 외국 학자의 개발 이론이 우리 학교 교육과정 개발에 어느 정도 도움을 주는지 알 수 없잖아요. 지금까지 해 온 학교 현장의 고유한 교육과정 개발 스타일이 있는데 굳이 외국 학자 모델을 사용할 필요가 있을까요?

배○○　저도 김○○ 선생님 의견처럼, 학교교육과정 만드는 것도 중요하지만 선생님들 수업이나 평가에 연결되어야 하지 않을까요? 안 그러면 의미가 없다고 생각합니다.

1. 교육과정 설계

교육과정 설계의 원리

범위

범위scope는 교육 내용의 수평적 조직 원리이다. 범위는 학생들이 배우는 교육 내용의 깊이와 영역뿐만 아니라 교육 경험의 다양성, 그리고 교육 경험의 유형과 관련한 것이기도 하다. 범위는 인지적 영역은 물론 정의적 영역에서도 중요하게 다루어진다.[1]

교육과정 전문 연구자 또는 교사가 교육과정에 어떤 교육 내용을 어느 정도의 양으로 담을 것인지를 결정할 때 이 원리가 필요하다. 현대 사회의 지식의 폭증 현상, 다양한 학생들의 특성과 교육적 요구로 인하여, 교사는 교육 내용의 범위를 적정하게 결정해야 하는 부담을 안고 있다.

계속성

계속성continuity은 교육 내용 요소의 종적 반복의 원리이다. 예를 들어 사회과의 목표가 다양한 사회 학습 자료를 읽을 수 있는 기능의 습득이라면 학생이 이 기능을 숙달할 수 있도록 교사는 충분한 연습 기회를 제공해야 한다. 이것은 학생이 동일한 종류의 기능을 반복적으로 수행하는 것을 의미한다. 또한 과학과에서 학생이 에너지 개념을 유의미하게 형성하려면 그 개념이 다양한 과학 관련 활동에서 반복적으로 다루어져야 한다.[2]

브루너는 계속성의 원리를 나선형 교육과정spiral curriculum으로 발전시켰다. 그는 각 학문에 내재되어 있는 기본 개념과 구조의 상호 관계성에 따라 교육과정을 조직해야 한다고 주장하였다. 학생들이 기본 개념과 구조를 파악하기 위해서는 학년이 올라감에 따라 학습 내용이 점점 심화되고 확장되는 나선형적 방법으로 학습해야 한다는 의미이다.[3]

계열성

계열성sequence은 계속성의 원리와 관련이 있으나 그 이상의 의미가 있다. 계속성은 교육과정 요소를 반복적으로 제시하는 것이지만 학생의 이해, 기능, 태도 등이 점진적으로 발달한다는 가정을 하고 있지 않다. 그러나 계열성은 학생의 학습 능력이 점진적으로 발달하도록 내용을 조직하는 것이다. 예를 들어 사회과에서 6학년 학생들의 읽기 기능은 5학년 학생보다 더 복잡하고 광범위한 사회 학습 자료를 활용하여 학습하면서 향상되도록 조직되어야 한다.[4]

계열성은 학생이 학습 결과를 누적하면서 지속적인 학습을 할 수 있도록 어떻게 촉진할 것인지, 그리고 교육과정 요소들 간의 종적 관계성을 어떻게 확보할 것인지에 관한 원리이다. 그런데 교육과정 연구자들은 계열성이 교과의 논리를 기반으로 해야 하는지, 아니면 개별 학습자가 경험하는 지식 형성의 과정을 기반으로 해야 하는지에 대해 오랫동안 논쟁을 거듭해 왔다. 교육 내용과 경험의 계열성 논란은 사실 인간의 성장, 발달, 학습과 관련한 심리학 영역의 문제이다. 일찍이 피아제가 계열성을 인지 발달과 관련시킨 이후 학교에서는 교육과정 목표, 내용, 경험 등을 학생의 사고 단계를 고려하여 학년별로 분류하여 위계화시켰다. 교육과정 분야에서는 피아제의 인지 발달 이론에 근거하여 계열성이라는 조직 원리를 갖게 된 것이다.[5]

계열성에서 몇 가지 내용 조직 원리를 도출할 수 있다. 첫째, 단순한 것에서 복잡한 것으로의 원리이다. 단순하고 개별적인 학습 요소로부터 출발하여 학습 요소들 간에 상호 관계성을 함의하고 있는 복잡한 요소를 이후에 학습하는 것이다. 즉 쉽고 구체적 내용의 학습을 먼저 한 후 어렵고 추상적인 내용의 학습을 하는 것이다. 둘째, 선수 학습의 원리이다. 하나의 학습 요소를 이해하려면 그 학습 요소와 관련된 선행 정보를 알고 있거나 학습을 해야 한다는 것이다. 셋째, 전체에서 부분으로의 원리이다. 학습 초기에 학생들에게 개괄적인 내용을 먼저 제시하여 기본적이고 일반적인 정보를 파악하도록 교육과정을 조직하는 것이다. 이것은 인지심리학에 근거하고 있다. 넷째, 연대기적 원리이다. 이것은 역사처럼 사건을 일어난 순서대로 나열하는 것이다.[6]

통합성

통합성integration은 교육과정이 의도한 모든 종류의 지식과 경험을 연결 짓는 것이다. 학습자가 지식을 세분화된 상태가 아니라 일체화된 상태로 인식할 수 있도록, 분절된 교과 교육과정 또는 교육 내용 간의 관련성을 높여 교육과정을 설계하는 것이다. 통합성은 지식이 포함된 다양한 내용 요소들이 수평적 관계를 유지하는 조직 원리이다.

많은 교육과정 학자들이 통합 교육과정을 옹호한다. 통합은 학교교육의 목적, 교육과정의 원천, 그리고 지식의 성격과 응용에 대한 개인의 사고방식에 영향을 미친다. 따라서 교육과정 학자 또는 교사는 교육과정이 분절되거나 무의미하게 조직되기보다는 통합적인 상태를 유지하기를 바란다. 물론 교과나 학문 중심의 교육과정 조직을 간과해서는 안 된다. 교육과정 통합은 교육과정을 어떻게 조직할 것인가를 고민하는 교육과정 설계 차원에서 접근하는 것이 현명하다.[7]

최근 통합적 교육과정 설계가 많은 주목을 받는 까닭이 있다. 즉 지식의 성격과 지식의 구성 방식에 대한 관심이 커졌기 때문이다. 또한 교육과정이 교과의 지식보다는 사회적·정치적 문제를 담아야 한다는 목소리가 높아진 때문이기도 하다. 이러한 현상은 포스트모더니즘이나 구성주의, 후기구조주의 사조가 교육과정 통합에 대한 정당성을 확보해 주고 있기 때문이다. 이와 더불어 아이즈너가 주장했듯이 교육과정을 조직할 때는 학습자 개인의 지성, 마음 심지어는 영혼까지 울릴 수 있도록 해야 한다는 견해도 존중할 필요가 있다.[8]

균형성

교육과정이 균형을 잡는다는 것은 학생이 지식을 충분히 습득해서 내면화하고 그 지식을 개인적으로나 사회적으로, 그리고 합리적인 목적에 활용할 수 있도록 교육과정이 설계되는 것을 의미한다. 쉽게 표현하면 교육과정이 교과와 학생의 경험 사이에서 균형을 잡는 것이다.[9] 이것은 말로 표현하기는 쉽지만 실제로는 어렵다. 실제 학교교육 상황에서는 교과에 치중하거나 학생의 경험에 치중할 경우 대부분 다른 쪽에 대한 관심이 소홀해지는 경우가 많다.

교과와 학생의 경험은 교육적 필요와 학생의 흥미를 대변한다. 교육적 필요는 모든 학생들이 반드시 이해하고 습득해야 할 내용이고, 학생의 흥미는 학습에 대한 학생 개개인의 욕구와 태도이다. 균형성 balance의 원리는 교과의 논리와 학습자의 심리 사이에서 적절한 조직 원리를 찾는 것이다. 이것은 마치 양극단에 치우치지 않고 중심을 유지하기 위해 애쓰는 줄타기와 같다. 교육과정을 개발하고 조직하는 일을 하는 사람은 교육에 대한 자신의 철학을 끊임없이 검토해야 한다. 그리고 유의미한 교육 내용을 선정할 수 있는 안목을 가져야 한다. 또한 학습자의 경험이 교육적 경험이 될 수 있도록 학습자의 심리를 깊이 이해할 수 있어야 한다.

대표적인 교육과정 설계 이론

교과 중심 설계

교과형

교과형 설계는 교사는 물론 일반인에게도 매우 친숙할 정도로 가장 오래된 설계 방식이다. 교사는 교과형 교육과정으로 교육받으면서 교과 전문가로 양성되고 있다. 그리고 교사는 학교에서 교과서를 주된 텍스트로 활용하여 학생을 가르친다. 세계 각국의 교육개혁 과정에서 등장한 표준화된 교육과정과 학교교육의 책무성 요구 강화로 다시 교과형 교육과정이 주목 받기도 한다.

교과형 설계는 인간의 특성은 바로 지성이라는 가정에 기초한다. 지성을 채워 나가는 과정이 바로 지식의 추구와 습득이다. 따라서 다양한 교과에서 개발되어 온 지식을 조직하는 것이 곧 교육과정 설계가 된다. 교과형 설계의 장점은 사회가 요구하는 지식을 학생들에게 가르칠 수 있다는 점이다. 또한 교사의 주도적 수업이 가능하며, 다양한 교과서와 보조 자료를 통해 교과 내용을 쉽게 전달할 수 있다.

그러나 현대 사회의 지식의 폭증과 전문화는 교과 세분화 현상을 낳았다. 현대 사회가 요구하는 최신 지식을 모두 교과에 담는 것은 불가능하다. 학생들이 학교에서 많은 교과를 배워야 하는 학습 부담감도 증가하였다. 그리고 학습자를 경시하고 교과 내용을 우선하는 현상이 나타났고 학생 한 명 한 명에 대한 개별적 접근에 한계를 보였다. 교과 중심 설계의 가장 큰 약점은 교과의 내용에 실생활의 문제를 반영하지 못한다는 것이다. 그리고 과학이나 수학과 같은 교과는 중요하고, 체육, 미술, 음악과 같은 교과는 주변 교과라는 편견을 주고 있다.

이 설계 방식은 무엇보다 학생이 흥미 있고 유의미하다고 판단한 교육 내용을 학생 스스로 선택할 수 있는 권리를 근본적으로 빼앗는다는 비판에서 자유롭지 못하다. 듀이가 학생의 실생활과 동떨어진 교과로 학생을 가르치는 교육의 위험성을 지적한 것은 당연한 것이었다.

학문형

학문형 설계는 제2차 세계대전 이후 등장하여 1950년대와 1960년대에 급속하게 확산되었다. 교과형 설계처럼 내용 중심 조직 방식이지만, 다른 점은 이론적 학문을 기반으로 하여 교육과정을 조직한다. 학문형 설계의 기본 가정은 학교는 지적인 학문 세계의 축소판이며 학문은 그 세계를 반영한다는 것이다. 학생이 학습하는 방식은 학자가 학문을 탐구하는 방식과 동일해야 한다는 입장이다.

학문형 설계의 가장 큰 특징은 학생들이 교과의 개념적 구조를 이해하고 교과를 학문으로서 탐구하도록 하는 것이다. 교과의 구조를 파악한다는 것은 교과의 일반적 아이디어나 기본 개념, 원리를 깊이 이해하는 것이다. 즉 학생은 지식의 구조를 파악함으로써 교과 내용을 쉽게 이해하고, 그 지식을 다른 상황에 용이하게 전이할 수 있다. 또한 학생들이 학문 탐구의 방법을 활용하여 지식 획득의 과정에 적극적으로 참여하도록 하는 것이다. 즉, 물리 교과를 배우는 학생은 물리학자의 탐구 방식을, 생물 교과를 배우는 학생은 생물학자의 탐구 방식을 수업 중에 그대로 밟아 가기를 기대한다. 브루너는 이러한 측면에서 학습 방법으로서의 탐구를 강조한 것이다.[10]

'어떤 교과든지 그 지식의 성격에 충실한 형태로 제시되면 어떤 발달 단계에 있는 어떤 아동에게도 가르칠 수 있다'는 브루너의 명제는 학생을 꼬마 학자로 비유할 정도로 낭만적인 측면이 있다.[11] 그러나 학문형 교육과정 설계는 너무 어려워서 학업성취도 수준이 높은 학생이나 대학 진학을 하는 학생들에게만 효과적이라는 비판을 받았다. 이것은 그 사회의 전문 지식 계층이나 상류 계층의 사회적 지위를 유지하기 위한 것이라는 비판으로 연결되기도 하였다. 그리고 언어, 예술 등 교과의 특성상 지식의 구조가 명확하지 않은 경우 학문형 설계가 적합하지 않다는 지적을 많이 받았다. 또한 모든 학생들에게 탐구라는 한 가지 공통된 학습 방법만을 강요한다는 비판에서도 자유롭지 못하였다.

광영역형

광영역형 설계는 간학문적 설계라고도 불리며 교과형 설계의 변형이다. 논리적인 성격이 유사한 교과들을 통합하여 조직하는 것이다. 지리, 경제, 정치, 역사 등을 사회과로, 물리, 화학, 생물 등을 과학과로 통합하는 경우이다. 두세 개의 관련 교과들을 하나의 형태로 묶어서 통합하여 편성하는 것으로 주로 고등학교나 대학에서 커리큘럼을 조정할 때 흔히 사용하는 방식이다.

광영역형 설계는 학생들이 교과에 포함된 교육 내용을 전체적이고 다양한 관점에서 인식할 수 있도록 한다. 교과 본래의 경계선이 남아 있지만 교과 간 관련성을 강조하며 교과 분절성이 주는 단점을 최소화하고자 한다. 현대 사회에서의 지식은 결코 분절적이지 않으며, 미래 사회에서의 지식은 더욱더 다학문적, 다차원적 성격을 띨 것이다. 광영역형 설계는 학생들이 지식의 의미 구성을 용이하게 하고 그 의미를 전체 맥락에서 파악할 수 있도록 도움을 준다.

그러나 광영역형 설계를 통한 다학문적 교육과정 조직은 횡적 통합의 성격이 강해서 상대적으로 깊이 있는 학습이 취약하다는 비판을 받고 있다. 그러나 이 비판에 대해 광영역형 설계를 옹호하는 학자들은 학습 수준이 피상적일 수 있다는 가능성에 의문을 제기하기도 하였다. 그들은 학교 급에 따라 가르쳐야 할 내용의 수준과 난이도를 조절하면 해결될 수 있다고 주장한다.

상관형

상관형 설계는 개별 교과와 통합된 내용 사이의 가운데 지점에 있다. 광영역형 설계가 논리적으로 유사한 성격의 교과끼리의 통합이라면, 상관형 설계는 내용 간의 관련성을 중심으로 교과를 통합하여 조직하는 것이다. 따라서 내용을 선정하고 조직할 때 주로 공통된 주제, 문제 또는 단원을 대상으로 하는 경우가 많다.

상관형으로 교육과정을 설계할 때는 두 개 또는 두 개 이상의 교과에서 공유되고 중복되고 있는 개념과 아이디어들을 선정해야 한다. 초등 교사는 홀로 다수 교과를 가르치므로 상관형 설계를 용이하게 할 수 있지만 공통된 개념과 아이디어를 여러 교과에서 추출하기 위해 많은 시간을 투입해야 하는 어려움이 있다. 중등 교사는 주제나 문제를 중심으로 설계할 때 타 교과 교사와 협력하여 계획을 수립해야 하는 어려움이 있다. 교사 간 협력 수준에 따라 교육과정 설계 수준이 달라질 수 있다. 일반적으로 통합 교육과정을 지지하는 학자나 교사는 상관형 설계를 매우 용이하게 활용한다.

학습자 중심 설계

아동중심형

아동중심형 설계에서 학습은 학생의 현재의 삶, 필요 그리고 흥미와 관련이 있다. 이 설계 방식에서 지식이란 학생의 개인적 경험 즉 현실과의 상호작용의 결과이다. 학생은 현실과의 작용에서 지식을 습득할 뿐만 아니라 상호작용을 통해 지식을 구성하기도 한다. 이 관점에서 보면 학습자는 적극적인 지식의 구성자이다. 그래서 학교나 교사또는 권위 있는 누군가로부터 수동적으로 정보를 전달받는 존재가 아니다.

교육이 교과 중심에서 학생의 흥미와 요구 중심으로 전환하게 된것은 루소의 교육 철학이 등장하게 되면서부터라고 해야 할 것이다.아동은 자연적인 환경에서 교육받아야 한다는 그의 주장은 곧 학생의 흥미와 요구를 반영한 프로그램 개발로 이어졌다. 이와 비슷한 맥락에서 페스탈로치, 프뢰벨과 같은 교육의 대가들도 아동의 자아실현을 최우선 과제로 삼았다.

듀이도 비슷한 생각을 하였다. 듀이는 시카고 대학에서 실험학교를운영하며 자신의 생각을 실현할 수 있었다. 실험학교의 교육과정은 일상생활과 배움의 관련, 지식의 구성, 탐구, 질문, 실험, 예술적 표현과창조를 중심으로 조직되었다.[12] 이 프로젝트에서의 교과는 학생에게분절되어 제시된 것이 아니라 학생의 경험과 사회적 문제를 중심으로통합되도록 설계된 것이었다. 이러한 교육과정 설계 방식은 학생들이자신의 지식을 소유할 수 있게 만들었고, 그 지식은 학생들에게 학습의 원동력과 성장의 힘을 주었다고 평가되고 있다.

경험중심형

경험중심형 설계는 아동의 흥미와 관심을 교육과정 조직의 근간으로 삼는다는 점에서 아동중심형 설계와 유사하다. 아동중심형 설계는 교사가 교육과정을 미리 계획할 수 없으며, 모든 것은 학생의 행위를 고려하며 교육 행위가 일어나는 바로 그 순간에 진행되어야 한다는 가정을 담고 있다. 그러나 이것은 실제로는 불가능하다. 경험중심형 설계는 아동의 흥미와 관심은 예측 불가능한 것이며 모든 아동을 위한 교육과정을 계획할 수가 없다는 점을 인정한다는 관점에서 아동중심형 설계와 다르다.

듀이 이후 진보주의 교육과정 연구자들의 활발한 연구 덕분에 학생의 흥미는 교육과정 설계 분야에서 많은 주목을 받았다. 이와 더불어 교육 상황에서 흥미 한 가지만을 지나치게 강조할 경우 나타나는 문제점도 자주 지적되었다. 듀이도 아동의 흥미를 교육 상황에서 고려해야 한다는 점에서는 동의한다. 그러나 그는 아동의 흥미를 실제 교육과정 요소로 포함시키는 것에 그다지 적극적이지 않았으며, 아동에게 교육과정의 의사결정권의 역할을 부여하는 것도 옹호하지는 않았다. 교육과정 설계에서 아동의 흥미에 대한 적극성은 그 당시 진보주의자들의 입장이었으며 오히려 듀이는 이러한 견해를 비판하기도 하였다.

한편, 듀이는 교육은 학습자가 학교에 들어가는 그 순간 이미 체득해서 가지고 있는 경험과 능력에서부터 출발해야 한다고 보았다. 이때

성숙하고 전문적 지식을 가지고 있는 교사의 임무는 아직 정리되지 않은 아동의 경험 내용들을 어른들이 학습한 교과의 형태에로 접근할 수 있도록 점진적으로 발달시켜 나가도록 돕는 것이다. 이러한 점진적인 발달은 경험과 교육이 유기적인 관련을 맺을 때에 가능하다.[13]

그리고 그 경험이 교육에서 제대로 활용되기 위해서는 교육 내용을 확대시키고 조직화할 수 있도록 경험을 성장시켜 나가야 한다. 이것이 듀이가 말하는 경험의 계속성의 원리이다. 교육 내용의 조직과 확대라는 문제를 해결하려고 할 때 계속성의 원리는 상호작용의 원리와 동등하게 주의와 관심을 기울여야 할 경험의 원리이다.[14]

교육이 이론이나 실천에서 경험에 토대를 두게 된다면 교사와 같은 전문가나 어른이 체계화한 교과는 미성숙한 학생들을 가르치는 출발점이 될 수 없다. 대신 체계적인 교과는 교육 활동이 나아가야 할 목표를 제시하는 역할을 할 것이다.[15] 이런 맥락에서 경험중심형 설계에서 학생의 경험은 모든 학습이 발전된 상태로 심화되기 위한 출발점이 된다.

경험중심형 설계는 개별 학생의 특성과 능력에 대한 신념이 반영된 설계 방식이다. 학교의 환경이 개방적이고 자유로울수록 모든 학생은 자신만의 방식으로 학습하며 탁월성을 보여 줄 수 있는 기회를 갖게 된다. 많은 교육과정 연구자들의 공통된 연구 결과 한 가지는 경험중심형 설계의 장점이 극대화되기 위해서는 전문가나 교사가 체계적으로 조직한 교육과정 범위 내에서 학생이 자신의 독특한 학습 방식을 형성하고 학습 선택권을 발휘하도록 해야 한다는 것이다.

급진주의형

급진주의형 설계는 20세기 후반 학교교육의 재구조화를 주장하는 교육개혁가들을 중심으로 등장하였다. 하버마스, 프레이리, 일리치, 닐 등 교육개혁 학자나 교육 실천가들이 급진주의형 설계를 옹호하였으며, 이들은 공통적으로 학생 중심 교육에 기반을 두고 있다. 급진주의 설계의 기본 가정은 현대 사회는 혼돈의 시대이며 국가 권력의 탄압이 학생과 교육을 위협하고 있다는 것이다. 급진적 교육과정 이론가들에게 사회란 결함을 안고 있는 대상이며, 교육은 그 결함 있는 사회가 요구하는 역할을 하도록 학생을 일정한 틀에 끼워 맞추는 역할을 하고 있다. 그들은 이것을 비판한다. 또한 급진적 교육과정 이론가들은 학교의 교육과정은 학생을 교육하고 해방시키는 것이 아니라 오히려 통제하며 특별한 문화적 관점을 학생에게 주입한다는 입장을 가지고 있다.[16]

특히 하버마스는 교육의 목적을 해방이라고 보았다. 해방이란 당연하다고 생각했던 이데올로기적 사회 관습, 신념, 그리고 이들의 작동 방식으로부터 개개인 스스로를 자유롭게 하여 성장과 발달을 이루는 것이다. 즉, 개개인이 스스로 깨닫고, 역량을 갖추기 위해 노력하며, 자신의 삶을 조절할 수 있는 능력을 갖는 것이다. 그러기 위해서는 이데올로기를 새롭게 하여 그 이데올로기를 개인의 성찰과 행위의 근간이 되도록 노력해야 한다. 그에게 학습은 스스로의 성찰이며, 타인에 의해 강요되어서는 안 될 성격의 것이다. 그는 학습자 개인이 자유와 해방에 이를 수 있도록 도와주는 것이 바로 교육의 역할이라고 주장하였다.[17]

하버마스는 교육과정이 전통적 지식론에 기반을 둘 때 일어나는 문제점을 다음과 같이 지적한다. 즉 전통적 지식론은 탈역사적, 가치중립적 관점에서 지식을 완제품으로 보고 현재 상태의 외양만을 놓고 그것의 가능성이 충분히 실현된 것으로 본다. 그리고 비판은 방법의 문제가 아니라 개인적, 비합리적 결정이라고 간주하는 경향이다. 이 모든 경향은 가르칠 내용의 선정과 이 내용에 대한 교사의 태도에 반영된다는 것이다.[18]

급진주의형 설계에서 지식의 성격은 교과의 단원이나 교수요목에 제시된 최종적인 산물이 아니다. 이러한 관점에서 학습자는 자신의 지식을 스스로 구성하는 일에 적극적으로 참여해야 한다. 또한 이 설계에서 관심을 갖는 내용은 범죄, 폭력, 성, 인종, 경제, 환경 등 현대 사회의 이슈와 문제에 걸쳐 매우 다양하다. 이러한 내용을 교육과정으로 설계할 때 학생은 자신의 동료, 그리고 교사와 함께 다양한 의사소통을 시도해야 한다. 그 의사소통은 곧 자아의 합리적 자율성을 확보할 수 있는 근간이 되기 때문이다.[19]

문제 중심 설계

실생활형

실생활형 설계에서는 교과나 학생보다는 생활에서 실제로 일어나는 삶의 문제에 관심이 있다. 이 설계에는 다음의 세 가지 기본 가정이 있다. 첫째, 안정적인 삶이 유지되기 위해서는 사회에서 요구하는 성공적인 역할을 선정하고 그 문제를 교육과정으로서 유의미하게 조직하는 것이다. 둘째, 교육 내용이 자신이 몸담고 있는 공동체의 삶의 문제로 채워지고 조직된다면 학습자는 그것으로부터 직접적인 도움을 받을 것이다. 셋째, 학생들이 사회적 삶의 문제와 상황을 공부함으로써 자신의 삶을 개선하는 방법을 배울 뿐만 아니라 실제로 삶을 개선할 것이다.[20]

실생활형 설계의 장점은 학생들이 실제 삶의 문제 해결과 그 과정을 배우도록 하는 데에 있다. 이를 위해 학생들이 교육과정 내에서 경험할 수 있도록 교육 내용과 학습 과정을 통합하여 조직한다. 학습자의 필요와 흥미를 단일한 교육과정 조직 요소로 보는 경향이 강한 아동 중심 설계와 달리, 실생활형 설계는 학생의 현재의 관심사뿐만 아니라 사회적 문제를 함께 고려한다. 이때 교육과정 설계자는 개별 교과를 통합 교과로 제시하며 사회의 이슈나 문제를 중심으로 교과의 범주를 집중화시킨다. 사회 문제와 개인의 관심 사항에 집중하기 때문에 학생들이 학습 동기를 쉽게 유지할 수 있고 문제 해결 능력을 향상할 수도 있다.

실생활형 설계에는 교육과정이 학생의 사회화 과정을 돕는 기능을 수행해야 한다는 철학이 포함되어 있다. 그러나 가장 큰 비판은 현재의 삶의 영역을 교육 내용으로 조직하려고 할 때 그것의 범위와 계열성을 어느 수준까지 할 것인지 결정하기가 어렵다는 것이다. 따라서 교사가 수업을 계획하기가 매우 어렵다. 우리나라 교육과정은 유치원이나 초등학교 저학년의 경우 실생활형 설계의 관점이 반영된 주제 중심 통합 교과가 도입되어 있다. 그러나 초등학교 3학년 이후 중학교, 고등학교는 교과중심형 설계이다. 또한 교사는 양성 단계에서 세분화된 전통적인 교과를 주로 전공하기 때문에 실생활을 중심으로 교육과정을 설계하는 경험을 거의 갖지 못했다는 비판을 받고 있다. 우리나라 교육과정 상황에서는 실생활형 설계가 크게 환영을 받지 못하고 있는 실정이다.

중핵형

중핵형 설계는 교과를 통합하여 학습의 통합을 높은 수준으로 촉진시킨다. 그리고 실생활의 문제와 학생들의 흥미를 관련짓는다. 이 두 가지는 중핵형 설계의 중요한 특성이다. 첫째, 교과 통합 방식은 매우 다양하다. 앞에서 살펴보았듯이 실생활에서 주제를 추출하여 관련짓기도 하고, 개인적이거나 사회적 문제에까지 영역을 확장할 수도 있다. 상관형 설계와 다른 점은 통합의 핵심적 역할을 하는 중핵 교과가 있으며, 그 교과의 학문적 구조를 중요시한다는 점이다. 둘째, 실생활 문제에 초점을 맞춘다는 것은 학생들에게 매우 유의미하다는 점이다. 이러한 접근은 교과 자체보다 문제 해결 자체에 관심을 두는 특성을 보인다.[21]

중핵형 설계는 교과의 선을 넘어서 학생의 흥미와 요구에 부응하기 위한 설계 방식이다. 이 설계가 가능하려면 블록 타임 같은 탄력적 시간 운영, 다교과 활용, 틀에 갇히지 않고 좀 더 자유로운 수업 절차 등이 동반되어야 한다. 그리고 학생들의 학습 결과보다는 문제를 해결해 나가는 과정을 강조해야 한다.

그러나 중핵형 설계는 장점에도 불구하고 적지 않은 위험성과 한계점도 있다. 가장 큰 비판 중 하나는 인구 과잉, 전쟁, 평화, 환경 파괴,

기아 등 사회 문제는 대부분의 학생들에게 너무 추상적이다. 학생들은 사회 문제를 자신의 삶과 연결시켜 볼 수 있는 능력을 충분히 갖고 있지 않다. 그리고 교과가 체계적으로 제시되지 않고 문제 해결을 위해 필요한 부분만 학습하기 때문에, 이 설계 방식이 과연 학생들에게 유의미하고 체계적인 지식을 형성하도록 도움을 주는가 하는 점이다.[22] 또한 교과를 통합하는 과정에서 교과의 본래 구조나 성격이 감소되지 않는 상태에서 기대만큼 완벽하게 융합될 수 있는가의 문제도 있다. 더군다나 특정 교과를 전공한 교사가 실생활 문제나 사회 문제에 대해 교과 통합적 사고와 안목을 가지고 접근할 수 있는 능력이 있는가 하는 점도 주된 한계점이다.

표 4-1 주요 교육과정 설계 이론의 개관[23]

구분	강조점	철학적 배경	원천	대표 학자
교과 중심 설계				
교과형	개별 교과	본질주의, 항존주의	과학, 지식	해리스, 허친스
학문형	학문	본질주의, 항존주의	지식, 과학	브루너, 피닉스, 슈왑, 타바
광역형	간학문 교과	본질주의, 진보주의	지식, 사회	브라우디, 듀이
상관형	개별 교과, 학문 영역 유지 및 연계	진보주의, 본질주의	지식	앨버티와 앨버티
학습자 중심 설계				
아동중심형	아동의 흥미, 욕구	진보주의	아동	듀이, 킬패트릭, 파커
경험중심형	경험, 아동의흥미	진보주의	아동	듀이, 러그, 슈메이커
급진주의형	경험, 아동의흥미	재건주의	아동, 사회	프레이리, 하버마스, 일리치
문제 중심 설계				
실생활형	생활 문제	재건주의	사회	스펜서, 스트레트메이어
중핵형	사회 문제	진보주의, 재건주의	아동, 사회	앨버티와 앨버티

2. 교육과정 개발

교육과정 개발에 숨겨진 본질, 의사결정

교육과정의 역할은 교육제도의 영향을 받는 구성원들이 교양 있고 풍성한 삶을 누리도록 돕는 일이다. 교육과정은 학생과 교사가 깊이 있는 지적 깨달음, 정교한 기술 습득, 적합한 태도 형성, 사회적으로 온당한 가치 추구 등을 할 수 있도록 살아 있는 경험을 제공한다. 따라서 교사가 교육과정을 개발하는 일에 관심을 갖고 주의를 기울이는 일은 매우 중요하다. 이러한 교육과정은 어떻게 만들어지고 실행되는 것일까? 교사는 교육과정을 만드는 일에 어떻게 참여해야 하는가?

교육과정 개발에 참여하는 사람은 구체적인 교육 프로그램을 개발하는 일은 물론 넓은 의미의 교육과정을 심층적으로 이해하는 노력도 함께 해야 한다. 교육과정 재개념주의자들의 표현을 빌리면 교육과정의 성격과 교육과정의 사회적·정치적 힘을 이해하는 것이 먼저 요구된다. 국가교육과정을 만들 때는 주로 교육과정 전문가, 학교교육과정을 만들 때는 주로 교사가 해당하겠지만, 누구든지 개발 과정에서 다양한 교육과정의 개념에 직면하며, 학생들이 무엇을 배우고 어떤 경험을 하도록 할 것인지를 결정하는 일은 매우 복잡하다는 사실을 깨닫게 된다. 그러한 결정은 사회, 문화석으로뿐만 아니라 정치적으로도 복잡한 구성원들의 사고 과정이 내포되어 있기 때문이다.

교육과정 개발 참여자들은 교육과정이 학교나 학교 시스템에서 어떤 기능을 할 것인지를 합의하기 위한 협의 과정에 참여하게 된다. 그러기 위해서는 현재 이 시점에서 영향을 미치고 있는 교육과정 담론에 대한 감각이 있어야 한다. 그리고 교육과정 의사결정과 행위는 사회적 맥락에서 추진되는 교육과정 실행과 관련되어 있다는 사실도 인식해야 한다. 교육과정 개발을 위한 대화는 다양한 목소리로 가득 차 있다. 어떤 사람은 타인의 생각과 조화로운 반응을 보이지만 어떤 사람은 독자적으로 행동하기도 하며, 심지어 갈등과 불화를 일으키는 사람도 있다.[24]

교육과정을 개발하는 상황에서는 교육과정에 대한 관점을 명확하게 해야 한다. 그리고 교육과정 개발의 목적을 가능한 한 구체적으로 정립해야 한다. 또한 개발 과정에서 주로 고려하게 되는 교육 내용은 학생들에게 가치 있는 것이어야 한다. 그러나 어떤 가치를 선택할 것인지는 참여자 간 합의 과정을 통해 결정된다. 우리가 교육과정에 포함시키고 싶어 하는 것들은 왜 정당한 가치를 갖고 있어야 하는가? 우리는 어떤 근거로 그러한 결정을 내리는가? 이상적일 수 있지만 그 교육과정 협의 상황에서 결정된 내용들은 학생들이 배울 만한 가장 이상적인 가치가 포함된 것이라고 믿는다. 이상적인 가치가 포함된 교육 내용은 다수 개발자들의 수차례의 합의와 번복, 가치 갈등과 봉합, 재합의의 과정을 통해 결정된다. 결국 교육과정 개발의 본질은 의사결정이다. 그래서 교육과정 개발은 단지 교육과정 이론이나 실제 교육 현상을 반영하는 것이 아니라 사회적·정치적·철학적인 협상의 과정이라는 사실을 인식하는 것이 중요하다.

교육과정 의사결정curriculum decision-making은 교실에서부터 학교, 지역사회, 국가 범위에까지 걸쳐 있다. 학교 수준에서 교사, 학교장은 주로 매일매일의 수업과 직접 관련된 의사결정을 한다. 교사는 자신과 동료 교사의 교실 수업과 관련된 교육과정을 중요시하는 경향이 있으며, 학교장은 교육과정 내 교육 내용의 체계성과 전체 학년 간의 연계성을 중심으로 학교교육과정을 바라본다. 지역 수준에서 장학사들은 주로 지역사회의 학부모와 시민 단체 등의 의견이 반영된 일반적인 교육정책 프로그램 결정에 관여한다. 국가 수준에서는 새로운 교육과정 개정, 학업성취도 향상 등 국가적 교육혁신 정책을 중요시한다.[25]

교육과정 의사결정자로서 교사, 학교장, 전문 연구자, 교육 당국의 담당자 등은 매우 다양한 개인과 집단으로부터 직간접적인 영향을 받는다. 이러한 영향 관계는 특정한 이해 집단의 만남에서 이루어진 비공식적인 대화부터 언론에 의해 형성된 정보까지 매우 다양한 방식으로 진행된다. 때때로 영향력 있는 개인이나 집단은 직설적으로 자신들의 입장을 일반화하여 관철시키고자 하는 경우도 있다. 또는 특정 관점을 가진 정치적 어젠다를 교육과정 문구나 지침으로 반영하고자 한다. 이 외에도 개발 중인 교육과정의 의사결정 과정이나 절차 자체에 영향을 미치는 시도를 하기도 한다.

〈표 4-2〉는 교육과정 개발 의사결정자를 학교 수준에서부터 국가 수준까지 살펴본 것이다.

표 4-2 교육과정 개발 의사결정자[26]

의사결정자	범위	목적 또는 요구 예시	정책에 미치는 영향	세부적인 교육과정에 미치는 영향	수업 방법에 미치는 영향
교사	학교	당일 체육 수업	낮음	보통	높음
교장	학교	수학 교육과정의 종적 연계성	높음	보통	보통
장학사	지역	특정 기능 강조	높음	높음	보통
교육청	지역	학교 개선 프로그램	높음	높음	보통
교육 당국	국가	영재교육 프로그램	높음	낮음	낮음

교육과정 개발은 일종의 교육적 전략이다. 학생들을 위한 프로그램을 만들거나 이를 실천하고자 할 때 사전에 전체 계획을 세우는 것이다. 그렇다면 그 계획을 세우기 위한 절차를 중요한 구성 요소로 체계화한다면 어떻게 될까? 누구나 교육과정 요소인 목표, 내용, 학습 경험, 교수·학습 방법, 수업 자료, 평가 등을 포함할 것이다. 그리고 구성 요소를 고려하면서 주로 교과, 학생, 사회를 교육과정 개발의 큰 범주로 생각하고 이들을 교육과정 개발 과정에서 신중하게 검토할 것이다. 이 외에도 교육과정 개발에 포함될 수 있는 구성 요소와 범주는 얼마든지 설정할 수 있다. 교육과정이 개발되는 목적에 따라 이러한 요소와 범주는 변한다.

교육과정 개발에서 고려해야 할 구성 요소

슈왑의 교육과정 개발의 공통 요소

슈왑의 관심은 불확실하고 실제적인 문제들로 이루어진 교육과정 현상에 있었다. 그는 이를 실제성the practical이라고 표현하였다. 그에게 있어 교육과정 현상은 교사, 학습자, 교과, 환경들이 상호작용적으로 관련되고, 영향을 주고받는 실제에서 이루어지는 것이다. 그러므로 그는 진정한 교육적 가치를 탐구하는 출발점은 교육의 실제에서부터 비롯되는 것이라고 보았다. 또한 그는 교육과정 개발의 역할이 교육과정 탐구를 통하여 추구된 진정한 교육적 가치를 실현한다는 사실에 큰 의미를 두었다.

슈왑은 전통적 이론과 절차에 의해 통제되는 방식으로 이루어지는 종전의 교육과정 개발 방식은 실제성에서 의도하는 바를 실현하기 어렵다고 일관되게 주장하였다. 그는 대안적 개발 방식을 제시하였다. 그의 대안은 자신이 규정한 교육과정 개발의 공통 요소commonplace들을 중심으로 숙의적 개발을 하는 것이다. 공통 요소인 학습자, 교사, 교과, 환경을 구체적으로 살펴보면 다음과 같다.[27]

학습자

슈왑이 학습자를 교육과정의 공통 요소로 언급하기 전까지는 교육과정 개발의 참여자로서 학습자에 관해서는 거의 논의가 이루어지지 않았다. 학습자를 교육과정 개발의 핵심적 참여자로 규정하고 있는 것이 슈왑의 실제에 바탕을 둔 교육과정 개발의 특징 중 하나라고 할 수 있다. 타일러 이론과 같은 전통적인 교육과정 개발의 관점에서는 학습자를 교육과정 개발의 자원resource으로 고려하며 중요성을 부여하지만, 교육과정 개발에 정식 참여자로서 학습자를 고려하지는 않는다. 학습자는 객관적인 교육 목표 설정을 위해 그들의 요구나 필요, 흥미에 관한 과학적인 조사의 대상일 뿐이다. 이 점이 교육과정 개발의 전통적 관점과 슈왑의 실제성에서의 학습자에 관한 인식의 차이를 나타내기도 한다.

학습자는 학습하는 내용을 자신의 경험과 의식에 비추어 조정하고 해석하며 서로 관련짓는다. 학습자는 교사가 제시하는 내용을 무시하기도 하지만 대부분 그 내용을 통해 자신의 경험을 축적시키고 주변 환경에 대한 자신만의 이미지를 형성한다. 이런 과정을 통해 학생들은 성장한다. 결국 슈왑은 학습자를 교육 상황에서 인식의 주체로서 여기고 있음을 알 수 있다.

교사

교사는 슈왑이 강조하는 교육적 실제에서 핵심적 역할을 한다. 교사는 실제에서 일어나는 복잡하고 다양한 상황에 대처할 수 있는 실제적 지식을 가지고 있기 때문이다. 이것은 교사가 학생과 교과 그리고 환경과의 상호작용 속에서 일어나는 다양한 문제들을 처리할 수 있는 능력과 자질을 가지고 있다는 의미이다. 그는 교육과정 개발 과정에 교사의 참여를 배제하는 것은 외부자에 의해 고안된 교육과정이라는 제품을 그대로 학습자에게 전달하는 역할을 하는 것으로 교사를 전락시키는 것이라고 보고 있다. 그러므로 교사를 교육과정 개발자로 고려하는 것은, 슈왑이 실제성을 추구하고 교육과정의 공통 요소 간의 상호작용을 교육과정으로 규정하고 있는 관점에서는 자연스러운 일이다.

교과

교과는 교육 내용을 의미한다. 교과는 좁은 의미로 교과서와 여러 가지 교수 자료들을 의미하는 것이기도 하지만 근본적으로는 지식관의 문제와 관련된 것이기도 하다. 교육과정이 실행되는 실제, 즉 교실에서 수업이 이루어질 때 교사와 학생은 교과를 매개로 하지만 결국 교과를 통해서 배우는 인식의 주체는 학생이다. 그런데 학생은 자신이 배우고 있는 내용이 현재의 경험과 의식의 세계 내에서 적절히 이해, 해석, 의미화되지 않았을 때 배운 지식은 학생들에게 도움이 되지 않는다. 따라서 교과 내용과 구성 방식은 학생의 학습 욕구나 흥미를 불러일으키기 위해 학생의 경험과 의식 세계 간의 관련성이 깊은 것이어야 한다.[28]

환경

교육과정 환경은 학교 내외의 물리적, 사회적, 문화적 그리고 심리적인 측면을 모두 포함하는 개념이다. 따라서 교육과정이 펼쳐지는 시·공간적 맥락이라고도 할 수 있다. 슈왑이 교육과정 개발의 참여자로서 환경을 중요시하는 것은 교육과정이 실행되는 실제에서의 핵심인 학습자의 경험 혹은 의식 과정과 관련되기 때문이다.

교육과정이 실행되는 상황은 특정 교육 행위에 대해서 구성원들의 다양한 역사적·경험적 배경을 토대로 의미를 서로 소통하는 과정이다. 따라서 교육과정 환경은 중요한 의미를 가지게 된다. 이것은 학습의 질을 결정하는 요인이기 때문이다.

교사의 관점에서 재해석한 교육과정 개발 요소

앞에서 살펴본 슈왑의 교육과정 개발의 공통 요소는 현재도 매우 유효하며, 교육과정 개발자들은 앞의 네 가지 요소를 항상 고려하여 교육과정을 개발한다. 교사의 관점에서 교육과정 개발 요소를 다시 바라보고자 한다.

교육과정 개발에서 가장 본질적인 질문 중 한 가지는 학생의 학습을 위해 교육과정에 무엇을 어떻게 담을 것인가이다. 학교에서 교육과정을 개발할 때도 아마 이 질문이 가장 본질적인 질문이 될 수 있다. 그런데 이것은 매우 까다로운 질문이다. 이 질문에 답하기 위해서는 많은 학자들이 고민하여 제시한 교육과정 개발 모형에서 도움을 받을 수 있다. 교육과정 개발 모형은 교육과정을 개발할 때 포함해야 할 교육과정 요소를 효율적으로 배치하거나 고려하도록 체계화시켜 놓은 절차이다.

교사의 관점에서 교육과정을 개발할 때 고려해야 할 일반적인 요소를 크게 교육과정 내용, 교육과정 경험, 그리고 교육 환경으로 나누어 살펴보면 다음과 같다.[29]

첫째, 교육과정 내용이다.

학생들에게 어떤 내용을 가르칠 것인가를 정하는 일은 매우 어려운 일이다. 가르칠 내용이 너무 많기 때문이다. 또한 일단 선정한 내용은 학생들이 쉽게 배울 수 있는 내용이어야 한다. 이 문제는 어떤 교육과 정 개발 모형을 선택하는가와 관계없이 동일하다. 혹자는 교육 내용보다 학습 과정이 더 중요하다고 주장하기도 한다. 이것은 내용과 과정을 이분법적으로 보는 관점이다. 실제 학교교육과정 상황에서는 내용과 과정이 동등하게 중요하다. 다행히 한국은 국가교육과정 결정 체제이므로 국가교육과정에서 교과별 내용을 성취 기준으로 명시해서 제시한다. 따라서 교사는 특정 교과에서 어떤 내용을 가르칠 것인가를 크게 신경 쓰지 않아도 된다. 다만 열거된 교육과정 내용, 즉 교과별 성취 기준을 의미 있게 재조직하는 일에 힘써야 하며 재조직하는 작업도 고도의 전문성을 요구하는 것임은 틀림없다.

교육과정 내용을 선정하는 일반적인 기준 몇 가지를 살펴보면 다음과 같다. 기본 개념, 원리, 일반화가 가능한 수준에서의 '유의미성', 내용 선정의 신뢰성을 나타내는 '타당성', 학생들의 '흥미', 현재와 미래에 모두 통용될 수 있는 '유용성', 시간, 자원, 학교 교직원의 전문성, 문화, 법률과 제도, 예산 등의 측면에서의 '실현 가능성' 등이다. 다수의 교육과정 개발자들은 이러한 기준들을 교육 내용을 선정할 때 공통적으로 적용하거나 고려한다. 또한 상황에 따라서는 특정한 요소를 생략하거나 강조하기도 한다.

둘째, 교육과정 경험이다.

교육과정 경험은 학습자가 학습 동기를 형성하여 궁극적으로 교육내용을 이해하게 만드는 가장 중요한 요인이다. 학생의 경험에 초점을 맞추게 되면 교육과정이 생명력을 지닌 대상이 된다. 교육과정을 경험한다는 의미에서 보면, 교육과정은 학생들이 타인이 구성한 의미를 그대로 수용하는 것이 아니라, 자신의 학습에 참여하여 스스로 의미를 구성하며 교육 내용을 의미 있게 만드는 과정이 된다. 이것은 구체적으로 교사와 학생의 상호작용이 있는 수업 상황에서 일어난다. 수업은 학교의 교육 목적을 달성하기 위해 시도하는 다면적인 교수 방법과 교육 활동이다. 교육과정 경험을 강조하는 관점은 학생 중심 교육과정 설계의 철학이 반영될 때이다.

교과 중심 교육과정 설계 모형을 강조하는 경우에는 교육 내용을 강조하고, 학생 중심 교육과정 설계 모형을 강조하는 경우에는 학생과 학생의 경험을 강조한다. 그러나 어떤 교육과정 설계 모형을 선택한다고 하더라도 교육 내용과 학생의 경험을 배제할 수는 없다. 교육의 실제에서는 교육 내용과 경험이 서로 동떨어져 존재할 수 없기 때문이다.

셋째, 교육 환경이다.

실제 교육 상황에서는 교육 내용을 학생의 경험과 분리하여 생각할 수 없듯이, 학생의 경험이 펼쳐지는 공간으로부터 교육 내용의 경험을 분리하여 생각할 수 없다. 교육 환경은 교육 내용과 학습 경험이 펼쳐지는 시간과 공간이다. 학교 또는 그 외의 다양한 교육 공간은 학생이 유의미한 학습 경험이 가능하도록 도와주는 필수 요건이다. 창의적인 환경을 경험한 학생은 학습 동기가 훨씬 높고 자신의 잠재성을 스스로 깨달으며 학습에 적극적인 상태가 된다. 교육하는 사람들이 설계하는 교육 환경은 이미 계획한 교육 내용과 경험에 학생들이 참여하도록 자극하는 역할을 해야 한다.

교육과정 개발 모형

교육과정 모형 분류

많은 교육과정 연구자들이 교육과정을 개발하기 위한 절차를 구성 요소로 체계화하기 위해 노력해 왔다. 교육과정 연구자, 교사는 질 높은 교육과정을 개발하기 위해 검증된 절차와 방법을 선호해 왔으며 이를 모형으로 일반화시켜 왔다. 교육 과정 개발 모형은 관점에 따라 객관주의 모형, 상호작용 모형, 과정 모형, 그리고 기술-과학적 접근, 비기술·과학적 접근, 또는 합리적 모형, 순환적 모형, 역동적 모형 등으로 구분[30]할 수 있다. 교과를 강조하여 교육과정을 개발하고자 하는 사람은 주로 기술-과학적 접근을 선호하는 경향을 보였으며, 학생을 교육과정의 핵심으로 두고자 하는 사람은 주로 비기술·과학적 접근을 옹호해 왔다. 사회 문제를 교육과정에 담고자 하는 경우에는 또 다른 접근 방식을 선택할 수 있다.

그러나 교육과정 개발 방식을 대조적인 범주로 분류한다고 해서 한 접근 방식이 다른 접근 방식보다 더 우월하다는 의미는 아니다. 자칫 상대론적 이원론의 오류에 빠질 수도 있다. 특정 교육과정 개발 방식을 비판하는 사람들은 한 관점이 다른 관점보다 우월하다는 것을 드러내기 위해 일부러 관점들을 비교하며 배타적인 자세를 취한다. 그러나 실제로 교육과정이 개발될 때는 다양한 관점이 공존한다. 교실 수업에 적합하게 단원과 차시 내용을 구체적인 체계로 만들고 이들을 연결하여 하나의 프로그램으로 만들어 내며, 이 과정을 통해 학교교육과정을 만들 수 있다. 또한 지역사회의 요구, 국가의 혁신 정책 등을 담을 수도 있다. 그러나 하나의 교육과정에 다양한 수준의 의사결정을 모두 담기 위해서는 다양한 관점에서 접근하는 것이 효과적인 경우가 많다. 학교교육과정 개발과 교사에게 도움을 주는 대표적인 모형들을 살펴보기로 한다.

타일러 모형

타일러가 1949년에 발표한 『교육과정과 수업의 기본 원리』[31]에는 교육과정 개발의 전형적 모델이 제시되어 있다. 책의 구성이 네 가지 질문과 내용으로 이루어져 있으며, 각각의 질문이 교육과정 개발 구성 요소이다. 그 질문은 '학교에서 달성하고자 하는 교육 목표는 무엇인가?', '수립된 교육 목표를 달성하는 데 유용한 학습 경험은 어떻게 선정될 수 있는가?', '학습 경험은 효과적인 수업을 위해 어떻게 조직될 수 있는가?', '학습 경험의 효과는 어떻게 평가될 수 있는가?'이다. 이 질문들은 각각 교육 목표의 설정, 학습 경험의 선정, 학습 경험의 조직, 평가에 해당한다. 타일러는 자신의 교육과정 개발 모형을 그림으로 제시하지 않았지만 이후 연구자들이 핵심 구성 요소를 중심으로 그림으로 제시하였다.

타일러 모형에서 가장 중요한 구성 요소는 교육 목표 설정이다. 교육 목표는 교육과정 개발 과정에서 가장 먼저 결정되어야 할 뿐만 아니라 이후의 절차를 밟을 때 기준이 되기 때문이다. 그래서 타일러 모형을 목표 모형이라고도 한다. 또한 타일러 모형에서 이 네 가지 구성 요소의 작업은 목표에서부터 시작하여 평가까지 순차적, 직선적으로 진행된다. 그래서 타일러 모형을 직선적 선형 모형이라고도 한다.

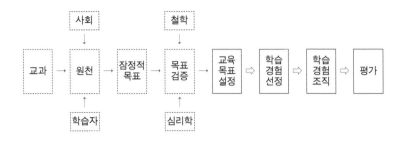

그림 4-1 타일러의 교육과정 개발 모형

　타일러 모형은 어떤 교과 교육과정도 이 모형에 비추어 조직할 수 있다는 의미에서 철학적·정치적 편견에서 자유롭지만, 그의 아이디어는 본질적으로 진보주의, 과학적 절차주의, 행동주의에 뿌리를 두고 있다. 이 모형을 제시한 그의 책 분량은 약 130쪽에 불과하지만 이해하기 쉬운 예시를 제시하며 기본적인 절차를 충실하게 따르도록 안내하고 있다. 아쉬운 점은 학교에서 교사, 교장 등이 교육과정을 만들려고 할 때 어떤 역할을 해야 하는지를 제시해 주지 않았다. 또한 당시미국 교육과정 연구의 주류였던 진보주의의 관점을 반영하고, 교육과정과 수업에 대해 명료한 입장을 밝히지 않아 양자를 분리하여 논의하는 학자들의 비판을 받기도 하였다.

　이후 교육과정 연구자들은 타일러의 교육과정 개발 모형을 현대적으로 발전시켜 순차적 절차에만 치중하는 것이 아니라 각 구성 요소들이 서로 영향을 주고받는다고 보기도 한다. 타일러 모형은 교육과정개발에서 교육과정을 만드는 절차와 방법을 효율적이고 체계적으로제시했다는 긍정적인 평가와 더불어 교육과정 개발의 절차와 방법에만 치중하도록 했다는 비판을 동시에 받고 있다. 가장 큰 비판은 그의 모형은 너무 선형적이고, 인과론적이라는 점이다. 또한 그가 가장 중요하다고 역설했던 교육 목표는 어떤 것인지, 어떤 교육 내용이 가치 있는 것인지에 대해서는 충분한 논의를 하지 않았다. 결과적으로 교육과정이 효율적인 교육 목표 달성 여부에만 초점을 두게 함으로써 교육과정 개발 과정에서 충분히 담겨야 할 다양한 정치적, 문화적, 사회적, 잠재적 요인들을 등한시한다는 결과를 낳았다.

타바 모형

타바는 교육과정 개발은 명확한 절차가 필요하다는 견해를 가지고 있었다. 명확한 절차를 따르면 훨씬 사려 깊고 역동적인 교육과정 개발이 가능하다는 점 때문이었다. 그녀가 제안한 개발 모형도 타일러처럼 절차적 단계를 중요시하였다. 타일러는 교육 당국 사람들만 자신의 교육과정 모델을 사용한 것은 아니라고 여겼으나, 1950~1960년대 당시 미국의 교육과정 개발에 참여하던 연구자들도 교육 당국의 고위직 사람들만이 교육과정을 만들 수 있는 지식을 가지고 있다고 생각하던 시절이었다. 이것이 이른바 하향식 관료주의 의사결정 모형이다. 교육과정 전문가의 아이디어가 교사에게 주어지면 교사는 그에 따라 교육과정을 구성하고, 교육 당국자들은 그 아이디어가 실제로 실행되었는지 학교와 교사를 감독하는 것이다.

타바는 이 같은 관료주의 모형이 잘못되었다고 생각했다. 타바가 타일러와 다른 점은 교육과정을 가르치는 교사가 직접 교육과정 개발에 참여해야 한다고 생각한 점이다. 교육과정은 그 프로그램을 사용하는 당사자에 의해 설계되어야 한다는 원칙을 고수하였다. 그녀는 교사가 직접 학생들을 위해 세부적인 교수-학습 단원을 개발하는 과정에 참여해야 한다고 주장하며, 귀납적 개발 방식을 제안하였다. 즉, 일반적인 설계를 한 후 세부적인 요소를 개발하는 전통적인 연역적 개발 방식과는 달리, 구체적인 요소를 먼저 다룬 후 일반적인 설계를 하는 방식을 제안한 것이다.

타바가 제안한 교육과정 개발 모형 8단계는 다음과 같다.[32]

그림 4-2 타바의 교육과정 개발 모형

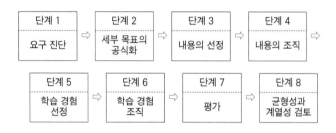

타바는 자신의 모형을 교수-학습의 세부 단위인 단원unit을 개발하기 위한 일반적인 방법론이라고 소개하고 있다. 타바의 모형은 교육목표 설정, 학습 경험 선정, 학습 경험 조직, 평가라는 네 가지 요인을 절차적인 측면에서 세분화하여 타일러의 모형과 유사하다. 또한 교육과정 문제를 행동과학적, 체제분석적 관점에서 접근하고 있다. 그러나 타바는 교육과정 개발과 평가에서 교사의 적극적인 참여를 요구한 선구자였다. 과거에도 그랬고 현재도 그렇지만 교육혁신의 실패 중 가장 큰 요인은 교육 당국이 관료적 하향식 정책에 의존하거나, 교사가 혁신의 과정에 참여하지 못했다는 사실이다. 타바는 당시 교육과정 학자들과 비교하여 드물게 교육과정 개발에서 교사의 역할을 강조하였다.

백워드 설계 모형

백워드 교육과정 설계 모형은 맥타이와 위긴스[33]가 건축이나 엔지니어링 설계 체제에서 아이디어를 얻어 개발한 모형이다. 이 모형은 새로운 교육과정 모형으로 생각될 수 있으나 실제로는 그렇지 않다. 기존에 있었던 과제 분석 교육과정 개발 모형의 변형이다. 이 개발 모형의 근본적인 질문은 '학생들이 성취하고자 하는 것이 무엇인가?', '학생들은 무엇을 알아야 하는가?', '학생들은 어떤 가치와 태도를 가져야 하는가?', '학생들은 어떤 기능을 길러야 하며 어떻게 이것을 표현할 수 있는가?'와 같은 것들이다.

첫 번째 단계에서는 세 가지 수준의 의사결정을 요구한다. 먼저 가장 중요하고 일반적인 의사결정으로 교육학자들이 교육 목표를 고려하면서 국가 수준이나 지역 수준에서 요구하는 교육 내용을 검토하는 것이다. 교사는 모든 지식을 가르칠 수 없기 때문에 학생들이 흥미로워하고 배우고 싶어 하는 내용을 선택할 수 있도록 가능한 한 풍부한 정보를 제공한다. 두 번째 수준은 교육 목표를 고려하면서 학생들이 꼭 필요한 지식이 무엇인지를 결정하도록 하는 것이다. 세 번째 수준은 중요한 학습 내용의 범위를 좁혀 최종적인 학습 내용을 선택하기 위한 결정이다. 이것은 '심층적 이해'로 학생들이 세부적인 사항은 망각하더라도 일반적 원리가 될 수 있는 빅 아이디어들을 스스로 내면화하는 것이다.

두 번째 단계에서는 교육과정이 학생의 학습에 성공적인지 평가할

그림 4-3 백워드 교육과정 설계 모형[34]

기대하는 도달점 확인	⇨	증거 결정하기	⇨	학습 경험 계획

- 가능한 한 모든 학습 내용 고려하기
- 중요한 학습 내용으로 범위 좁히기
- 최종 학습 내용 선택하기

수 있는 다양한 증거 자료를 찾는 일이다. 교사나 교육과정 개발자들은 단원이나 교과목에 대해 평가자의 관점에서 볼 수 있어야 한다. 교육과정을 통해 추구하고자 하는 교육 활동과 이로 인한 학생의 학습이 실제로 타당하게 일어났는지 알 수 없는 경우가 많다. 그래서 교사는 교육과정의 단원과 차시 내용을 설계하기 전에 평가자의 관점에서 교육과정을 생각해 보아야 한다.

세 번째 단계에서는 학습 경험과 수업이다. 교육과정의 도달점을 확인하고 어떻게 평가할 것인지를 결정하였다면 비로소 수업을 계획할 수 있는 준비가 된 상태이다. 어떤 지식(사실, 개념, 원리)과 기능(과정, 절차 등)들이 바라는 결과를 성취하고 효과적으로 수행하기 위해 학생들에게 요구되는지 확인하는 일이 중요하다.

맥타이와 위긴스는 교사를 설계자로 비유하고, 전문가로서 교사의 본질적인 행위는 명세화되고 구체적인 목적과 의도를 충족시키는 교육과정과 학습 경험을 정교하게 창안하는 일이라고 보고 있다. 이들은 대다수 교사들이 학습이 아니라 교수에 초점을 맞추고 있는 것을 비판한다. 대다수 교사들이 바라는 결과로부터 학습의 목적을 달성하기 위한 수단을 찾기보다는 교과서, 전통적인 활동, 친숙한 한 차시의 수업에 초점을 두고 그것에서 수업 계획을 시작하는 경향이 있음을 지적한다. 학습자가 학습 목표를 성취하기 위해 무엇을 필요로 할 것인지를 우선 고려하지 않고 교사 자신이 무엇을 할 것인지, 어떤 자료를 사용할 것인지, 학생들에게 무엇을 하도록 요구할 것인지에 대부분의 시간을 보낸다는 것이다. 학생들이 수업 시간에 쏟아 내야 하는 질문이 바로 '왜?'와 '그래서 어떻다는 거야?'이다. 이것이 바로 이해를 위한 설계 혹은 설계를 위한 이해의 본질이라고 주장한다.

숙의 모형

숙의deliberation는 슈왑이 1960년대 후반까지 진행된 교육과정 연구를 '빈사 상태moribund'라고 비판하고 자신의 실제성 이론을 제시할 때 언급한 개념이다. 이후 워커[35]가 교육과정 개발의 자연주의 모델을 제안하면서, 슈왑의 숙의 개념을 심화시켰다.

슈왑은 숙의를 통해 구체적인 문제 상황에서 절실한 것이 무엇인지 명확하게 확인하고, 대안적인 해결 방안을 생성해야 한다고 말한다. 그리고 그 대안적 해결 방안이 제시할 수 있는 모든 가능한 결과를 검토하고, 절실하게 해결되기를 바라는 것에 끼치는 영향을 검토하는 과정으로 본다. 즉 교육과정 구성과 개발은 최고의 대안을 선택하는 것이 아니라 최선의 대안을 선택하는 것이라고 본다. 이 과정에서 숙의는 교육과정 구성과 개발에 참여하는 사람들 사이의 새로운 공적 소통의 도구로서의 역할을 한다고 말한다.[36]

슈왑이 숙의에 대해 위와 같은 견해를 밝힌 것은 다음과 같은 논리에 근거한다. 먼저 이론은 추상적이고 실재하는 것의 이상적인 표상이다. 그러나 교육과정은 실제 상황에서 이루어진다. 이론이 나타내는 표상이 아닌 실제 행동, 실제 교사, 실제 학생, 실제 사건을 다룬다. 이론적 표상이 실제를 이론의 모조품으로 다룰 경우 이론으로서의 교육과정은 실제를 잘못 다루게 된다. 교육과정 실제에서 교육과정 이론이 제 역할을 하도록 하고 교육과정의 의사결정에 영향을 미치려면 거기에는 도움이 필요하다. 이론을 실제에 적용하기 위해서는 실재하는 것과 이론적 설명 간의 불일치를 가려내는 기술, 이론의 적용 과정에서 이론을 수정하는 기술, 그리고 이론이 설명하지 않는 많은 실제적 측면을 설명하는 방법을 고안하는 기술이 요구된다. 슈왑은 이러한 기술들을 실제적 기예the practical arts의 일부분으로 간주한다.

또한 주로 사회과학, 행동과학으로부터 비롯된 교육과정 이론들은 절충적 기예에 의해 조정되고 결합될 필요가 있다. 절충적 기예arts of eclectic는 이론 자체의 약점인 불완전성과 부분적 특성으로 인한 편협한 시각으로부터 벗어나게 해 주며 교육과정 실제의 문제를 해결하기 위해 다양한 이론들을 결합하도록 도움을 준다. 즉 절충적 기예는 이론과 실제를 연결해 주는 한 방법이 된다.

이후 숙의를 중심으로 한 교육과정 개발 이론을 발전시킨 사람은 워커이다. 그는 자신의 교육과정 이론을 자연주의 개발 모형이라고 명명하고, 플랫폼platform, 설계design, 숙의deliberation의 세 가지 요소를 제안하였다.[37] 이 모형은 앞서 슈왑이 제시한 발견discovery, 합의consensus, 활용utilization의 3단계를 발전시킨 것이며, 워커는 숙의를 자신의 모델에서는 교육과정 설계에 관한 일련의 의사결정으로 보았다. 즉 교육과정 개발자의 신념과 정보가 교육과정 설계 단계에서 의사결정에 활용되는 과정이 바로 숙의라고 밝혔다. 교육과정 숙의의 주된 전개 방식은 먼저 의사결정을 위한 관점을 형성하고, 이러한 관점에 대해 대안을 제시하며, 형성된 관점과 대안을 지지하거나 반대하는 논증을 한 후, 마지막으로 가장 적합한 대안을 선택하는 것이다. 교육 과정 숙의에서 그가 말하는 이른바 생동감 있는 원칙은 참여자 자신의 의견을 옹호하거나 정당화하고자 하는 욕구이다.

그림 4-4 워커의 자연주의적 교육과정 개발 모형[38]

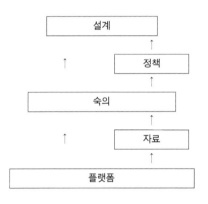

그러나 워커의 교육과정 개발 모형의 한계점도 있었다. 워커의 자연주의 모델은 교육과정 설계에만 집중되어 있어 교육과정이 설계된 이후의 과정에 대해서는 명확한 설명을 제시하지 못한다는 비판을 받았다. 교육과정 설계가 끝나면 교사는 교육과정 실행, 평가에 대해 다시 똑같은 방식으로 숙의를 해야 한다는 난점에 봉착하게 된다. 계획된 교육과정이 실행되는 과정, 그리고 실행된 교육과정을 학생들이 어떻게 경험하고 있는지 파악하는 일에 대해서도 교사는 교실에서 개별적으로 판단해야 하는 부담을 갖게 된다.

또한 워커가 자신의 숙의 모델을 적용하여 진행한 교육과정 개발은 대규모 국가 수준 교육과정 프로젝트였다. 그가 이끌었던 교육과정 개발 팀에는 전적으로 연구만을 수행하는 교육 전문가들이 많았다. 즉 교육과정 전문가, 교과 전문가, 교사, 행정가를 포함하여 12~20명이 한 팀이 되어 대규모 집단의 숙의 과정을 이루었던 것이다. 또한 충분한 예산, 체계적인 지원 체계, 전문 컨설턴트 등이 항상 가용될 수 있는 상황이었다.[39] 이와 대조적으로 학교에서의 교육과정 개발은 상황이 매우 다르다. 주로 교사가 팀을 구성하여 개발한다. 가장 큰 어려움은 전문성의 부족이다. 그리고 개발 시간의 부족, 넉넉하지 않은 예산, 중앙정부나 교육청의 지침 등으로 인해 워커가 의도하듯 원활한 숙의 진행이 어려운 경우가 많다.

프린트의 순환 모형

프린트는 여러 가지 교육과정 개발 모형의 절충적 입장을 취하면서 보다 종합적인 개발 모형을 제시한다. 그는 각 교과 교육과정, 단위 학교교육과정, 학교 내 하위 교육과정, 프로젝트 교육과정 등 다양한 교육과정 맥락에서 활용할 수 있는 교육과정 개발 모형을 제시하려고 노력하였다.

프린트 모형의 특징은 복합적이고 논리적이며 처방적이라고 할 수 있다. 이 모형은 먼저 교육과정 맥락에 세 가지 국면, 즉 조직, 개발, 적용을 포함한다. 조직은 교육과정 개발 계획에 참여하는 사람들의 특성을 고려한 것으로 국면 1과 관련된 다음의 세 가지 질문이 있다. 첫째, 이 교육과정의 개발에 누가 참여하며 그들이 대표하고 있는 것이 있다면 도대체 무엇인가, 둘째, 교육과정 개발에 참여하는 이들

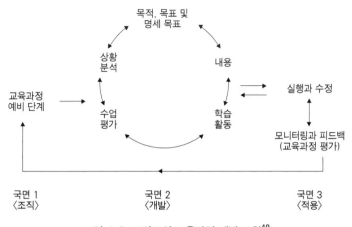

그림 4-5 프린트의 교육과정 개발 모형[40]

이 지니고 있는 교육과정의 개념은 무엇인가, 셋째, 교육과정 개발자들의 생각에 영향을 미치는 근본 힘이나 배경은 무엇인가이다. 국면 2는 실제 교육과정 개발 과정이라고 할 수 있는데, 이 단계에서는 상황 분석으로부터 시작하여 목적, 목표, 명세 목표의 설정, 내용, 학습 활동, 평가로 진행하여 다시 상황분석으로 이어지는 과정을 거친다. 국면 3은 교육과정이 개발되고 난 이후 상황과 관련되는 것으로 교육과정 실행, 교육과정의 모니터링 및 피드백, 집단에 대한 피드백 자료 제공 등이 해당한다.[41]

교육과정 개발 모형이 교사에게 주는 이로움

교사는 교육과정이 학교, 지역사회, 국가 수준에서 어떻게 만들어지고 작동하고 있는지 알고 있어야 한다. 교육과정은 교육이 일어나고 있는 그곳에서 지금 영향을 미치고 있고 만들어지고 있기 때문이다. 우리나라와 같이 국가교육과정의 권한이 강한 경우에는 교육과정 학자, 전문 연구자들이 교육과정 의사결정 과정에 주로 참여한다. 그러나 많은 교육자들이 공감하고 있는 사실 중 한 가지는 교사가 그 의사결정 과정에 참여할 수 있는 기회가 현재보다 훨씬 더 많이 확대되어야 한다는 것이다. 교사가 해야 할 가장 중요한 역할은 학생들이 배움에 참여하게 하고 스스로 교육적 경험을 생성할 수 있도록 교육과정을 만드는 일이라는 점 때문이다.

우리나라 학교에서의 교육과정 개발 상황을 살펴보자. 먼저 학교교육과정을 개발할 때는 국가교육과정을 검토하고, 교육청의 교육과정 편성·운영 지침을 따라야 한다. 이후 학교교육 철학과 목표 수립, 교과 교육과정 재구성, 수업과 평가 계획 등을 내용으로 구성하되, 지역의 여건과 학생의 특성, 학부모의 요구를 고려해야 한다. 그리고 학교교육과정을 기반으로 교과별 교육과정, 학년 교육과정을 만든다. 교사 수준의 교육과정을 만들 경우에는 한 단계를 더 거치게 된다. 학교에서의 교육과정은 이러한 복잡한 위계 관계 속에서 다양한 요소를 고려하여 개발된다. 교사 개인이 홀로 교육과정을 개발한다는 것은 거의 불가능한 일이다. 교사들 간의 협력적 작업과 협의, 절충의 과정이 필연적임을 알 수 있다. 그렇다면 우리나라 학교교육과정 개발에 가장 적합한 모델은 무엇인가? 이제 교사가 스스로 그 모델을 찾아가는 노력이 필요한 시점이 되었다.

3. 교육과정 실행

교육과정 실행에 포함된 혁신의 의미

질 높은 교육과정이 개발된 후 책꽂이에 꽂혀 있다면 이처럼 무가치한 일도 없을 것이다. 가장 이상적인 교육과정이란 학생에게 실현된 교육과정이라는 말이 있다. 그러나 새롭고 혁신적인 교육과정은 교실 문 안으로 들어가 보지도 못한 채 종종 교실 문 앞에서 자취도 없이 사라지기도 한다.

교육과정 실행curriculum implementation[42]에는 '변화', '혁신', '개선' 등의 의미가 포함되어 있다. 그래서 교육 당국은 교육혁신의 의지를 새로운 교육과정 개발 단계에 삽입시켜 정책적으로 촉발되도록 의도하는 경우가 많다. 일반적으로 교육과정 실행은 개발된 혁신적 교육과정이 학교와 교실에서 실천되어 학교교육을 혁신하는 것을 의미한다.

그러나 다양한 원인으로 인해 교육과정 혁신이 성공적으로 실행되지 못하는 경우가 많다. 주된 원인 중 한 가지는 교육혁신 정책 담당자들이 혁신적인 교육과정을 개발할 때 학교문화를 고려하지 않거나 이해하고 있지 못하기 때문이다. 대부분의 혁신 프로그램들은 학교의 외부 전문가에 의해 설계된다. 현재도 다수의 교육정책 입안자나 학교 밖 교육과정 전문가들은 학교문화에 대해 잘 알지 못한다. 그래서 인내심을 가지고 학교의 변화를 기다려 주지 못한다. 단기간에 정책적 결과를 얻으려고만 하기 때문에 혁신적 교육과정이 학교와 교실을 혁신하지 못하는 현상이 반복되고 있다.

만일 교육과정 실행을 '계획된 교육과정을 실제로 실천하는 과정'[43] 으로 생각한다면 교육혁신으로서의 교육과정 실행은 다양한 측면에서 논의될 수 있다. 즉, 교육과정 실행이 사회 수준에서 논의될 때는 새로운 국가의 교육정책이 학교교육을 얼마만큼 혁신적으로 변화시키느냐라는 관점이 포함된 경우이다. 또한 교육과정 실행이 학교 수준에서 논의될 때는 혁신적인 교육과정의 의도가 학교교육 프로그램에 얼마만큼 반영되는가라는 관점이 포함된 경우이다. 그리고 교육과정 실행이 교사 수준에서 논의될 때는 교사의 교실 수업을 개선하고 학생의 성장에 얼마만큼 영향을 미치느냐 하는 관점이 포함된 경우이다. 교육과정 실행이 앞의 어느 수준에서 논의된다고 하더라도 혁신적인 교육과정 개혁이 실제 교육 상황에 실천되는 과정을 전제로 하고 있음을 알 수 있다.

계획이 실제로 변환되는 과정, 즉 실행에서 가장 중요한 문제는 일치도 문제라고 할 수 있다. 교육과정 개발자들은 계획된 교육과정과 실행된 교육과정이 가능한 한 일치하기를 기대한다. 특히 교육과정 실행이 학교교육의 혁신과 개선을 염두에 두고 있고 그 변화의 핵심적 역할을 교사가 수행한다고 한다면 교사가 교육과정을 실행할 때 계획과 일치하도록 하는 일은 매우 중요한 일이라고 할 수 있다. 그러나 엄격히 말해서 이것은 불가능한 일이다. 왜냐하면 계획된 교육과정은 하나의 추상화된 문서이며, 교육과정 실행은 추상화된 문서로서의 교육과정을 실제로 실천하는 과정이므로 양자가 정확하게 일치할 수 없기 때문이다.

교육과정 개발자들의 입장에서는 계획된 문서로서의 교육과정을 개발하여 제공하면 학교와 교사는 이를 한 치의 오차 없이 그대로 실행에 옮길 것이라고 가정할 수 있으나 그 가정은 가정일 뿐이다. 계획된 교육과정과 실행된 교육과정 간의 관계가 텍스트 상태의 대본과 실제 무대 위에서 연기자에 의해 공연된 연극 상황과 유사하다고 비유[44]할 수도 있다. 하나의 계획된 교육과정이 실행될 때는 교사의 지식과 안목, 학습자의 흥미와 요구, 교과와 과제의 특성 심지어 학교와 지역사회 등과 같은 학습 환경에 따라서도 다르게 나타날 것이기 때문이다.

무엇이 교육과정 실행에 영향을 미치는가?

앞에서 살펴보았듯이 교육과정 실행은 혁신적인 교육과정 정책이 학교교육을 변화시키는 과정에서 드러난다. 그 과정에는 교육 내용 수정, 교수·학습 개선, 학교의 재구조화, 교원 연수 프로그램 강화, 교육 제도와 여건 정비 등 여러 가지 정책들이 포함된다. 이러한 정책들은 모두 교육과정 실행에 영향을 미치는 변인들이다.

교육과정 실행과 관련한 초기 연구 결과를 살펴보면 크게 '제도적인 동기부여', '학교장의 지도력', '교사 특성' 등이 강조되었다.[45] '제도적인 동기부여'란 교육과정 실행을 담당하는 교사들의 헌신을 가능하게 하는 학교의 체제를 의미한다. 학교 체제의 형성은 교육 당국의 정책과 그 학교를 지원하는 교육청 담당자의 지도력과 밀접한 관련을 갖는다. 그리고 '학교장의 지도력'은 교육과정을 주도하는 학교장의 효율성이 높으면 높을수록 혁신의 목표가 성공적으로 성취된다는 점에서 중요하다. 또한 '교사 특성'은 교사의 태도와 능력을 포함한다. 교육과정 실행에 가장 강력한 영향을 미치는 교사의 태도는 효능감이다. 교사의 효능감이란 가장 실행하기 어렵고 동기가 결여된 상황에서도 교사로서 성공적으로 실행시킬 수 있다고 믿는 신념이다. 이 신념은 새로운 교육과정 실행 현상에 대해 가장 강력한 영향을 미친다.

한편, 변화를 위한 시간과 기술, 에너지, 지도력, 구성원들의 인식 등이 학교교육의 변화와 혁신을 이끄는 영향 요인이 되기도 한다.[46] 즉 학교 구성원들이 학교교육의 변화를 어떻게 인식하고 있느냐를 주된 관심의 대상으로 삼고 있음을 알 수 있다.

교육과정 실행의 세 가지 관점

이러한 성격을 가지고 있는 교육과정 실행은 교사의 교육과정 실행의 자율성 정도에 따라 세 가지 수준으로 구분할 수 있다. 이것을 충실도, 적응성, 생성적 관점 등 세 가지로 나누어 보면 다음과 같다.[47]

첫째, 충실도 관점이다. 충실도의 관점에서 교육과정은 교사가 계획된 교육과정에 반영된 교육과정 개발자의 의도를 충실하게 수용하여 실행하는 의미이다. 충실도를 강조하는 학자들은 계획된 교육과정을 중요시하며 계획된 교육과정은 그것 자체가 효과적이기 때문에 교사들이 그것을 기꺼이 수용하기를 기대한다. 만약 교사가 이렇게 개발된 교육과정을 부분적으로 활용하거나 변형시킨다면 그 교육과정의 효과성은 반감될 것이라는 입장이다. 따라서 교육과정 실행의 충실도는 첫째, 교육과정은 학교 외부의 교육과정 전문가에 의해 개발되는 것이며, 둘째, 변화란 교사들이 전문가에 의해 개발된 교육과정 혁신을 실천함으로써 일어나는 단선형적 과정이며, 셋째, 계획된 교육과정은 목표가 달성되었는지를 결정함으로써 평가된다는 의미를 가지고 있다.

둘째, 적응성 관점이다. 적응성의 관점에서 교육과정은 학교나 교사가 처한 환경에 따라 적절하게 변형될 수 있다는 의미이다. 즉 교사는 자신이 처한 특수하고 유동적인 상황에 적합하도록 교육과정을 재해석하고 변형한다는 것이다. 교사의 교육과정에 대한 재해석과 변형을 '조정adjustments'[48]이라고 표현하기도 한다. 재해석, 변형, 조정 등 어떤 표현을 사용하든지 간에 이것은 교육과정 개발자와 교실 상황에서 실제로 교육과정을 사용하는 교사에 의해 행해지는 과정이며, 또한 교육과정 계획자와 실행자 사이의 절충과 유연성을 의미한다. 우리나라 교사들이 보편적으로 인식하고 있는 '교육과정 재구성'은 바로 교육과정 실행의 적응성 관점이다.

셋째, 생성적 관점이다. 생성적 관점에서 교육과정은 개발된 교육과정의 실행보다는 교사와 학습자가 교육과정을 만들어 가는 과정을 중요시한다는 의미이다. 이 관점에서 가치 있는 교육과정은 교사와 학생이 학교나 교실에서 실제로 상호작용하면서 갖게 되는 교육적 경험이다. 또한 교사는 국가나 외부의 전문가가 개발한 교육과정을 수동적으로 받아들여 학생에게 전달하는 '전달자'가 아니라 학생과 함께 교육과정을 만들어 가는 '개발자'이자 '연구자'이다. 생성적 관점은 교사와 학생이 교육과정을 교실 수업 상황에서 생성해 가는 것이라고 보기 때문에서, 교육과정은 계획이나 문서의 의미보다는 경험이라는 의미로 해석된다.

표 4-3 교육과정 실행에 대한 세 가지 관점 비교

관점	의미	교육과정 개발 주체	교사의 역할
충실도 관점	계획된 교육과정의 충실한 실행	외부 전문가	수용 및 전달
적응성 관점	학교와 교실 상황에 적합하게 변형, 조정	외부 전문가와 교사	재해석과 재구성
생성적 관점	학교와 교실 수업에서 교육적 경험의 생성	교사와 학생	개발자, 연구자, 교육적 경험의 창출자

교육과정 실행에서 교사가 중요한 까닭

교육과정 실행에서 교사는 왜 중요할까? 교육과정 혁신의 성공 열쇠는 교사의 지식과 역량에 있기 때문이다. 모든 교육 구성원 중에서 교사는 가장 지성적인 역할을 할 수 있으며 그래서 스스로 성찰할 수 있는 힘이 있다. 그 힘이 교육과정 실행과 연결되기 위해서는 혁신의 과정에 참여해야 한다. 또한 자신의 전문성을 향상하기 위한 학습이 동반되어야 한다. 교육과정에 대한 전문성을 갖추고 있을 때 혁신적 교육과정 실행이 가능하다는 점이다.

그런데 실제 학교에서의 교육과정 실행 상황에서는 앞에서 언급한 관점에 따라 교사의 역할이 부각되기도 하고 축소되기도 한다. 교육 당국이 교육과정을 개정하거나 개혁적 교육정책을 추진하고자 할 경우 학교와 교사의 책무성을 강하게 요구하기 마련이다. 이때 교육과정 실행의 충실도 관점이 힘을 얻는다. 이 관점에서는 교사가 창의적이고 다양한 교수·학습 방법을 활용한 수업을 하기보다는 학생의 학업성취도 향상을 위해 교육과정을 충실하게 실행하는 수업을 할 것이라고 기대된다. 그러기 위해서는 교육과정은 매우 정교하고 체계적으로 개발되어야 하며, 이 교육과정을 알리기 위해 대규모의 교사 연수가 동반된다. 이러한 맥락에서 교육 당국은 교사의 교육과정 실행 결과가 과연 국가의 교육정책 목표와 일치하는지 확인하는 과정을 거치며 학교를 통제하는 데 관심을 갖지 않을 수 없게 된다.[49]

그리고 교육과정 실행의 충실도 정도는 교사의 교육과정 실행 능력 수준에 크게 영향을 받는다. 교육 당국이 외부의 전문가를 참여시켜 아무리 체계적이고 질 높은 교육과정을 개발하여 보급한다 하더라도 그 교육과정은 교사가 이해하고 해석한 후에야 학생에게 가르칠 수 있다. 교사가 교육과정을 이해하고 해석하는 능력 수준에 따라 충실도의 관점은 한계가 있을 수밖에 없다. 이것은 교사의 교육과정 실행 능력을 나타내는 적응성 개념이 등장하게 된 배경이 되기도 한다.

적응성 개념이 등장하게 된 다른 이유 한 가지는 국가나 지역 교육청이 주도하는 교육혁신의 실패와 관련이 깊었다. 국가나 지역 교육청이 혁신의 아이디어가 반영된 교육과정을 개발하여 각급 학교에 보급하면 학교교육과 교실 수업은 즉각 혁신되고 개선될 것이라고 생각하였으나 실제로는 그 기대를 만족스럽게 충족시키지 못하였던 것이다.

이후 많은 연구자들이 주목하게 된 사실은 개발된 교육과정이 아니라 교육과정을 실제로 실행하는 교사였다. 적응성은 교사가 교육과정을 재해석하고 변형하여 개별적이고 유동적인 교육 상황에 적절히 대처할 수 있는 교육과정 문해력curriculum literacy의 의미를 담고 있다. 교사의 교육과정 문해력에 따라 교육과정 실행 수준은 매우 다양하게 전개되리라고 짐작할 수 있다.

교사의 교육과정 문해력에 따라 생성적 관점에서의 교육과정 실행 가능성도 예상할 수 있다. 교육과정을 이해하고 실천하는 전문성이 심화될수록 교사가 유의미한 교육적 경험을 창출할 수 있는 교육과정을 개발하는 상황이 가능해진다. 이와 더불어 교사의 교육과정 관련 의사결정이 높은 수준의 자율성을 확보하고 있어야 할 것이다. 이때의 교육과정은 교사의 주관적인 생각과 느낌, 교육적 철학과 가치에 크게 영향을 받는다. 학생의 흥미, 요구, 지각, 느낌, 성장 등에 초점을 두면서 교사와의 상호작용 속에서 갖게 되는 경험을 중심으로 교육과정이 만들어진다. 학생의 성장을 위해 다양한 교육적 경험을 제공할 수 있도록 자율적인 교육과정 실행이 이루어지는 상황이다.

교육과정이 학교와 교실에서 어떻게 재현되며 그것이 어떤 교육적 경험을 학생에게 부여하느냐 하는 문제는, 한 교육과정이 교사들에게 어떻게 이해되고 실행되느냐에 달려 있다고 해도 과언이 아니다. 교육과정을 실행할 때 충실도 관점보다는 적응성 관점이, 적응성 관점보다는 생성적 관점이 교육과정에 대한 교사의 자율성과 전문성을 더 요구하고 있음을 알 수 있다. 교사가 교육과정 실행을 가능하게 만들고, 교육과정 실행을 통해 교사는 자율성과 전문성을 확보할 수 있다.

국가는 과연 교사에게 무엇을 요구하는가?

우리나라에서 교육과정 혁신 정책은 국가교육과정 개정과 그에 따른 교과서 개정을 통해서이다. 2015 개정 교육과정 도입을 앞두고 있는 현재, 교육 당국의 교육과정 정책 담당자들이 남발하고 있는 용어 중 한 가지는 '창의적 교육과정'이다. 학교와 교사에게 창의적 교육과정을 편성하여 운영하라고 요구한다. 창의적 교육과정이 무엇을 의미하며, 어떤 상태인지 아무도 모른다. 만약 이 용어를 제시한 담당자가 '창의적'이라는 용어를 '새로운 것', '다른 것'의 의미로 사용하였다면, 초등학교, 중학교, 고등학교를 막론하고 학교마다 새롭고 차별화된 교육과정을 편성해서 운영하라는 의도였을 것이다.

그러나 교육과정 실행의 충실도 관점에서 보면 창의적 교육과정은 모순이다. 창의적인 교육과정을 말할 수 있으려면 생성적 관점에서의 학교교육과정 실행이 보편화되어야 가능하다. 현재 우리나라 학교교육 상황에서는 불가능한 측면이 더 많다. 그 이유는 자명하다. 교과별로 제시된 성취 기준, 경직된 수업 일수와 연간 교과별 수업 시수, 초등학교 주요 교과의 국정 교과서 체제, 중·고등학교의 검정 교과서 체제, 국가 또는 교육청의 단위 학교에 대한 관료적 접근, 교원 인사제도 등이 단위 학교의 '창의적 교육과정'을 제한하고 있기 때문이다.

충실도 관점이 효과적일 경우는 국가 수준의 교육과정 정책이 전국의 모든 학교에 단기간에 적용될 필요가 있을 때뿐이다. 그러나 이러한 상황도 교육과정 정책이 정책 개발자에 의해 수립되는 순간까지만 유효하다. 교육과정 정책의 궁극적 목적이 학생의 성장과 발달을 위한 것이라고 한다면, 그 정책은 모두 학교와 교사를 매개로 하여 실행될 수밖에 없다. 특히 교육과정 정책은 행정 정책과 그 성격이 다르다. 행정 정책은 추진 목표를 정해 놓고 일정한 기간 동안 목표 달성 결과를 달성했는지 양적으로 평가할 수 있으나, 교육과정 정책은 그 결과가 언제, 누구에게, 어떻게 나타났는지 평가하기가 매우 어렵기 때문이다.

우리나라 각급 학교의 교육과정 실행 수준이 현재 어느 수준인지도 판단하기도 쉽지 않다. 세 가지 상태의 실행 수준이 공존하고 있을 것이며, 상황에 따라서는 한 학교의 경우에도 한 가지 이상의 실행 수준이 혼재되어 있는 상태일 것이다. 교육과정에 대한 접근 방식이 교사마다 달라서 충실도 관점을 선호하는 교사, 적응성 관점을 선호하는 교사, 생성적 관점을 선호하는 교사가 있을 것이고 그에 따른 실행 수준이 다르기 때문이다.

4. 맺는말:
교육과정 개발과 실행에 대한 발칙한 상상

교육과정, 수업, 평가가 일치되면 어떻게 될까?

우리나라는 교육과정에 관한 의사결정이 국가에 집중되어 있고, 교육과정 개발과 실행이 이원화되어 있다. 따라서 교사가 교육과정을 어느 수준으로 이해하여 실행하고 있느냐 하는 것은 교육과정 개발의 논리와 동등하게, 때에 따라서는 그보다 더 강조되기도 한다. 개발된 교육과정이 생명력을 얻는 것은 학교교육에서 교사에 의해 실행될 때이기 때문이다. 교사는 교육과정 개발과 실행의 이원론적 접근에서 벗어날 필요가 있다.

또한 개발한 교육과정을 실행할 때는 재구성 또는 계획으로서의 교육과정을 실제 수업에서 실천하고 평가하게 된다. 이 세 가지를 어떤 관점에서 어떻게 접근하느냐 하는 것은 교사에게 매우 중요한 문제이다. 교육과정, 수업, 평가는 서로 독립된 것일까 아니면 일치시킬 수 있는 것일까?

논리적으로 생각한다면 교육과정, 수업, 평가가 '한 몸', 즉 일치된다는 것은 불가능하다. 교육과정은 교육과정이고, 수업은 수업이며, 평가는 평가이기 때문이다. 교육과정 전문가, 수업 전문가, 평가 전문가가 각각 있으며, 이 전문가들의 학문적 논리는 매우 타당하다. 교육의 목적과 가치, 학습자의 성장과 발달, 교육 현상과 문제들을 논리적으로 정당화시킬수록 학문적 정체성 확립에 도움이 되겠지만 실제 교육 현상과 동떨어지게 되는 문제를 낳기도 한다. 교육과정, 수업, 평가 영역의 학자들에게 교육과정, 수업, 평가를 일치하도록 할 수 있느냐는 질문을 하면 어떤 반응을 보일까? 그들은 십중팔구 각 영역의 학술적 의미를 먼저 밝히라고 하고, 연구 방법과 절차의 객관성을 따지며, 논리적 해석을 요구할 것이다. 즉, 세 가지가 함께 일치되어 논의되어야 하는 정당성에 쉽게 동의하려 들지 않을뿐더러 그 필요성을 느끼지 못할 것이다.

그런데 실제 교육이 이루어지는 맥락에서는 가능한 경우가 더 많다. 교사는 교육과정, 수업, 평가를 일련의 흐름, 즉 한 몸으로 인식하고 실천해야 의미가 있다고 주장할 것이다. 이때 교육과정은 가르치고 배우는 내용이자 교육 활동을 위한 계획이 되며, 수업은 학생의 경험이 일어나는 시·공간을 제공하는 것이고, 평가는 교육과정과 수업의 흐름 속에서 교사는 물론 학생의 성장과 발달을 돕기 위한 피드백이 된다. 교사에게 세 가지는 연계되지 않으면 안 될 대상들이다. 심지어 연계의 차원을 넘어 '한 몸', 즉 '일치'의 상태를 주장하기도 할 것이다. 교육과정, 수업, 평가가 일치된다는 것은 어떤 의미일까? 교사가 교육에 대한 진지한 성찰과 사유를 통해 교육과정을 깊게 이해하는 일이 선행되어야 할 것이다. 그리고 교사의 권위나 교육 내용 전달에 집중하기보다는 학습자 중심의 철학을 반영한 수업을 실천해야 할 것이다. 또한 결과보다는 과정 중심의 평가를 통해 학생의 전인적 성장을 돕는 평가를 해야 할 것이다. 이것은 교육과정, 수업, 평가를 하나의 연속된 교육 활동으로 바라보고자 하는 철학이 반영된 것이다.

교육과정, 수업, 평가가 일치하여 '한 몸'이 된다는 것이 어떤 상태인지 설명할 수만 있다면 논리적 설명이 미흡하더라도 학교교육에서는 가능한 일일 수도 있다. 교육과정, 수업, 평가가 일치되었을 때의 교육 상태가 매우 바람직하고 가치 있다고 정당화된다면 어떤 누구도 그것을 부정하려 하지 않을 것이다.

교육과정, 수업, 평가가 일치되면 일어나는 현상

교육과정, 수업, 평가가 일치되면 다음과 같은 특징을 갖는다.

첫째, 학생 중심의 맞춤형 교육이 가능하다. 학생 중심의 맞춤형 교육이란 인간의 자연적 심리 발달 과정과 일치하는 교육을 하기 위한 것이다. 학생의 성장과 발달을 고려하여 교사가 효과적인 교수 전략을 세우고, 진정한 배움이 일어나도록 학생들의 다양한 학습 필요에 맞추는 것이다. 이는 교사가 학생이 중요한 아이디어와 기능을 습득해 가는 과정, 핵심 아이디어와 기능을 이해하였음을 드러내는 방식, 그리고 복잡한 학습 환경 등을 조정하는 제반 노력을 의미한다.

둘째, 학습자 중심 수업이 용이해진다. 수업이 학생의 배움을 추구하도록 한다는 것은 수업을 보는 근본적인 관점의 변화를 요구하는 것이다. 교사의 교수 행위 중심에서 학생의 학습 행위, 즉 배움으로의 전환이 그것이다. 이것은 학생이 교사나 또는 동료 학생들의 도움, 때에 따라서는 스스로 성장할 수 있는 기회를 수업 중에 경험하도록 하는 것이다. 교사는 촉진자이면서 안내자로서 역할을 수행하기를 기대한다. 바람직한 학습이 일어나도록 교사가 학생에게 어떤 참여 경험을 어떻게 제공할 것인가에 초점을 맞추고 있다.

셋째, 학생이 수업의 주도권을 가지게 된다. 학생이 수업의 주도권을 갖는다는 것은 학습의 주도권을 스스로 발생시키고 유지시킨다는 의미이다. 학생은 교사의 일방적 지식 전달을 받는 수동적인 존재가 아니라는 가정이 필요하다. 능동적인 학습을 하기 위해서는 학생 스스로 학습 활동에 참여함으로써 가능해지는 것이다. 성공적인 학습자는 새로운 지식을 기존의 지식과 의미 있는 방식으로 결합할 수 있다. 지식은 개인이 환경과 상호작용하면서 맥락을 이해하고 의미를 재구조화하여 획득되는 것이며, 이것은 학생의 적극적이고 능동적인 참여가 없이는 불가능하다.

넷째, 교과 내용과 학생의 경험 통합이 용이해진다. 일반적으로 통합이란 전체를 이루는 독립적 부분 요소를 관련짓거나 조화로운 관계를 이루어 가도록 하는 과정이라고 할 수 있다. 통합 현상은 인간의 본성으로 인간은 여러 가지 형태의 지식과 경험을 총체적으로 파악하려는 경향이 있다. 교육 내용으로서 교육과정, 경험으로서의 수업, 가치 판단으로서의 평가가 일관성 있고 조화롭게 진행될 경우 이러한 지식과 경험의 통합은 총체적 성격을 띨 것이다.

다섯째, 과정 중심 평가로의 전환이 가능해진다. 평가를 바람직한 교육 활동에 대한 가치 판단의 과정이라고 한다면, 학생의 상대적 서열을 가리는 결과 중심 평가에서, 한 명 한 명의 성장 과정을 조명하는 과정 평가로의 전환이 절실하다. 학생의 학업성취도는 과제를 스스로 또는 동료와 협력하여 수행해 내는 문제 해결 과정이 부각될 때 진정한 향상이 가능하다. 교육과정, 수업, 평가 일체화는 이러한 과정 평가가 가능하도록 만들어 주는 시스템이다.

여섯째, 교사의 교육과정 재구성 역량이 신장된다. 교사의 재구성 역량이 신장된다는 것은 교육과정 재구성 의미가 교육 내용의 배열, 재배치, 첨가, 삭제 등의 좁은 의미에서, 수업과 평가의 연계성을 강화하는 의미로 확장됨을 의미한다. 교육과정, 수업, 평가에 대한 높은 안목과 실천력은 교사의 총체적 역량을 드러내는 의미를 갖는다.

일곱째, 학교가 교육과정 중심 조직으로 전환될 수 있다. 교육과정, 수업, 평가가 한 몸이 되도록 노력한다는 것은 학교의 역량이 학생의 성장과 발달을 최우선에 둘 때 가능해진다. 학교는 교육과정, 수업, 평가가 실천되는 공간이며, 이 실천이 효과적으로 수행되도록 지원할 수 있는 인적·물적 시스템을 구성할 필요가 있다.

1. Ornstein, A. C. & Hunkins, F. P.(2004), Curriculum: foundations, principles and issues(4th), Boston: PEARSON, 241쪽을 참고하였다.
2. Tyler, R.(1949), Basic principles of curriculum and instruction, Chicago: University of Chicago Press, 84~85쪽을 참고하였다.
3. Bruner, J. S.(1978), The process of education(16th ed.), Harvard University Press, 52~54쪽을 참고하였다. 브루너의 나선형 교육과정은 계속성과 계열성의 원리 두 가지를 모두 포함하고 있다. 학생이 높은 학년으로 진급할수록 그에 따라 교과의 기본 개념, 일반적인 아이디어를 중심으로 지식의 구조를 파악하면서 점점 어렵고, 추상적인 내용을 학습하도록 교육과정을 조직하고 있기 때문이다.
4. Tyler, R. 위의 책 85쪽을 참고하였다.
5. 계열성은 현대 교육과정 설계에서 가장 중요한 내용 조직 원리이다. 교과의 성격상 계열성이 뚜렷한 과학, 수학은 물론 언어, 예술 교과에서도 계열성의 원리를 적용하고 있다. 이 계열성의 이론적 근거는 피아제의 인지발달 이론이다. 타일러 시대까지 언급되었던 계열성보다 훨씬 논리적인 차원에서 논의되기 시작하였다. 심리학자인 브루너가 피아제의 인지발달 이론에 근거하여 계열성을 확대 해석한 것은 당연한 것이었다. Bruner, J. S. 위의 책 33~48쪽에서 브루너는 '학습 준비성(readiness for learning)'을 설명하기 위해 피아제의 인지발달 이론을 원용하고 있으며, 여기에서 나선형 교육과정의 아이디어를 소개하고 있다.
6. Ornstein, A. C. & Hunkins, F. P. 위의 책 242쪽을 참고하였다.
7. 1960년대에 타바는 이미 교육과정이 분절되어 있고, 파편화되어 있음을 비판하였다. 그녀는 교육과정이 학생에게 단편적인 정보를 제시하는 일에 그친다면 학생들은 지식은 물론 자신이 살고 있는 세상을 통합된 상태로 인식하지 못할 것이라고 지적한 바 있다.
8. Ornstein, A. C. & Hunkins, F. P. 위의 책 244쪽을 참고하였다.
9. Ornstein, A. C. & Hunkins, F. P. 위의 책 245쪽을 참고하였다.
10. Bruner, J. S.(1978), The process of education(16th ed.), Harvard University Press.
11. Bruner, J. S. 위의 책 33쪽에서 인용하였다.
12. Dewey, J.(1990), John Dewey: The school and society & The child and the curriculum, Chicago: The University of chicago press, 161~178쪽을 참고하였다. 참고한 부분은 듀이가 3년간 시카고 대학 실험학교를 운영한 후 작성한 후기이다. 원 제목은 'Postscript: Three years of the University Elementary School'이다.
13. Dewey, J.(1997), Experience and education, New York: A Touchstone book, 73~74쪽에 인용하였다.
14. Dewey, J. 위의 책 74쪽에서 인용하였다.
15. Dewey, J. 위의 책 83쪽에서 인용하였다.
16. Ornstein, A. C. & Hunkins, F. P. 위의 책 256쪽을 참고하였다.
17. Schubert, W. H.(1986), Curriculum: Perspective, paradigm and possibility, New York: Macmillan Publishing Company, 318쪽에서 인용하였다.
18. Young, R. E.(1990), A critical theory of education: Habermas and our children's future, PEARSON. 이정화·이지헌 옮김(2003), 『하버마스, 비판이론, 교육』, 서울: 교육

과학사, 143쪽에서 인용하였다.

19. Young, R. E. 위의 책 200~203쪽을 참고하였다. 하버마스는 언어 능력과 의사소통 능력을 구분하고 있다. 의사소통 능력은 현실의 문제를 타당하게 해결하기 위해 판단 과정에서 발휘될 수 있는 것이다. 타당한 판단이란 궁극적으로 개인적 과정이 아니라 사회적 참여에서 생기고 적절한 규범적·정서적 상황에 의해서 비로소 가능해진다. 그래서 하버마스는 담론적 교수 모형을 강조한다. 교사와 학생은 이 모형에서 담론의 규칙을 생산, 재생산한다. 이 담론을 경험한 학생은 타자와 자신과의 관계의 정의와 진실성에 대해 책임을 지는 능력을 키울 수 있다.

20. Ornstein, A. C. & Hunkins, F. P. 위의 책 261쪽을 참고하였다.

21. Taba, H.(1962), Curriculum development: Theory and practice, Harcourt Brace Jovanovich, INC, 409~410쪽을 참고하였다.

22. Schubert, W. H. 위의 책 236쪽에서 참고하였다.

23. Ornstein, A. C. & Hunkins, F. P. 위의 책 266쪽을 참고하였다.

24. Ornstein, A. C. & Hunkins, F. P. 위의 책 200쪽을 참고하였다.

25. Marsh, C. J. & Willis, G.(2007), Curriculum: Alternative approaches, ongoing issues(4th ed.), Upper Saddle River, NJ: PEARSON, 308~309쪽을 참고하였다.

26. Marsh, C. J. & Willis, G. 위의 책 308쪽에서 인용, 참고하였다.

27. Schwab, J. J.(1973), The practical 3: Translation into curriculum, The School Review, 81(4), 501-522, 502~504쪽에서 참고하였다.

28. 소경희(1996), 「현대교육과정이론에 나타난 지식관의 문제」, 이화여자대학교 대학원 박사학위논문.

29. Ornstein, A. C. & Hunkins, F. P. 위의 책 216~226쪽을 참고하였다.

30. 권낙원·민용성·최미정(2008), 『학교교육과정 개발론』, 서울: 학지사, 64쪽에서 인용하였다.

31. Tyler, R.(1949), Basic principles of curriculum and instruction, Chicago: University of Chicago Press. 타일러는 Judd와 Dewey의 진보적 사회 이론과 Piaget의 학습이론에 큰 영향을 받았다. 타일러는 미국 진보주의 교육학회(PEA)가 진보주의 교육의 가능성을 열고 확산하기 위해 추진한 프로젝트인 '8년 연구'(1933~1941)의 연구 책임자였다. 연구 결과 중 핵심 내용을 정리하여 『교육과정 수업의 기본 원리』로 발간하였다.

32. Taba, H. (1962), Curriculum development: Theory and practice, Harcourt Brace Jovanovich, Inc, pp. 345-379.

33. Wiggins, G & McTighe, J.(2005), Understanding by design(2nd ed), Alexandria, VA: Association for Supervision and Curriculum Development.

34. Ornstein, A. C. & Hunkins, F. P. 위의 책 204쪽에서 인용하였다.

35. Walker, D. F.(1971), A naturalistic model for curriculum development, The School Review, 80(1), 51-65.

36. Schwab, J. J.(1969), The practical: A language for curriculum, The School Review, 78(1), 1-23.

37. Walker, D. F.(1971), A naturalistic model for curriculum development, The School Review, 80(1), 51-65.

38. Walker, D. F. 위의 논문 58쪽에서 인용하였다.

39. Marsh, C. J. & Willis, G. 위의 책 82쪽에서 인용하였다.

40. Print, M.(1993), Curriculum development and design(2nd ed.), NSW: Allen & Unwin, 84쪽에서 인용하였다.

41. 권낙원·민용성·최미정(2008), 『학교교육과정 개발론』, 서울: 학지사, 76쪽에서 인용하였다.

42. 교육과정 실행이라는 용어는 학교 조직, 교육 프로그램, 교사교육, 교육과정 개정, 사회 시스템 등 국가 수준의 교육과정 정책을 혁신할 때 주로 사용된다. 교육과정 혁신은 구성원, 제도, 프로그램, 지역사회 등 다양한 요인들에 의해 영향을 받기 때문이다.

43. Fullan, M. G.(1999), Change forces: The sequel, London: Falmer.

44. Marsh, C. J., & Willis, G. 위의 책.

45. McLaughlin, M. W. & Marsh, D. D.(1978), Staff development and school change, Teacher College Record, 80(1), 69-94.

46. Parsons, C.(1987), The curriculum change game, London: Falmer Press.

47. 교육과정 실행에 대해 Fullan과 Pomfret이 '충실도 관점(fidelity perspective)'과 '과정적 관점(process perspective)'이라는 용어를 처음으로 사용하였다. 이후 Marsh와 Willis(2007)는 위의 책에서 Fullan과 Pomfret의 정의를 중심으로 교육과정 실행의 개념을 충실도와 적응성의 개념으로 나누었으며, 사용한 용어가 다를 뿐 의미는 동일하다. Fullan과 Pomfret의 연구 결과 출처는 다음과 같다. Fullan, M. G. & Pomfret, A.(1977), Research on curriculum and instruction implementation, Review of Educational Research, 47(1), 335-397.

48. Snyder, J., Bolin, F. & Zumwalt, K.(1992), Curriculum implementation, In P. W. Jackson(Ed.), Handbook of research on curriculum(pp. 402-435), New York: Macmillan.

49. 2009 개정 교육과정이 도입될 당시 총론에서 처음 등장한 학년군, 교과군 개념 설명과 각론에서 성취 기준의 개념 설명과 안내를 위해 교육 당국 및 교육청 차원의 대규모 연수가 꼬리에 꼬리를 물고 이어졌다.

5장
교육과정과 학교, 그리고 교사

학교는 역사적으로 교육적인 체(sieve)의 역할을 하는 기관으로 기능해 왔다. 즉 학교교육 단계가 점점 올라가면서 조금이라도 더 유능한 학생을 우선적으로 선발하는 방식으로 학생들을 분류해 왔다. 그래서 시험을 통해 학생이 현재보다 더 높은 수준의 교육을 받을 기회를 열어 주거나 반대로 닫아 버리는 역할 수행에 점점 더 익숙해지고 있다.[1] 그러나 학교는 학생들에게 제공하는 프로그램이 없이는 기능할 수 없다. 학교는 학생, 교사, 직원, 학부모들이 참여하도록 교육적 행위, 다양한 수단, 구체적인 프로그램 등을 제공해야만 한다. 이러한 행위와 프로그램을 계획하고 평가하는 것이 학교와 교사의 역할이다. 그런데 학교, 교육과정, 교사 사이에는 보이지 않는 긴장의 공간이 있다.

인간관계에서 상처받지 않는 것은 기본적으로 불가능해.

인간관계에 발을 들여놓으면 크든 작든 상처를 받게 되어 있고,

자네 역시 누군가에게 상처를 주게 되지.

아들러는 말했네.

"고민을 없애려면 우주 공간에서 그저 홀로 살아가는 수밖에 없다."

하지만 그것은 불가능하지.

_기시미 이치로·고가 후미타케

#시나리오

김○○ 혁신교육이 도대체 뭐죠?

이○○ 교육을 보는 관점을 좀 달리해 보자는 거지요?

김○○ 몰라서 묻는 것이 아니라, 자꾸 저 위에서 누군가가 시켜서 하게 되는 것 아닙니까?

최○○ 너무 원론적이에요. 선생님들이 아무것도 안 하고 있는 것도 아니잖아요.

문○○ 다른 학교에서는 이미 평가를 많이 바꿨어요. 우리 학교만 옛날 평가 방식이에요.

김○○ 그렇게 따지면 바꿀 일이 한두 가지가 아니죠. 혁신한다고 모든 것을 다 바꿔야 하나요? 지금도 하고 있는 것이 얼마나 많은데.

최○○ 선생님들만 희생하고 힘들게 하는 게 혁신이라면 동의하기 어렵습니다.

고○○ 교실에서 어린 학생들과 씨름하다 보니 시야가 좁아진 것은 사실이에요. 다른 것은 모르겠는데 일단 혁신교육이 교사에게 넓은 시야를 가지라는 메시지를 주는 것은 참 잘하는 일이라고 인정하고 싶어요.

문○○ 이 부장님이 보셔서 알겠지만 우리 학교 교육과정 바꿀 곳이 참 많아요. 솔직히 어디서부터 손대야 할지 모르겠어요.

이○○ 3, 4년 전 내용이 그대로 있기도 해요. 저는 혁신이 일단 불필요한 것을 버리는 일이라고 생각합니다. 일단 비워야 새로운 것을 채워 넣을 수가 있거든요.

고○○ 참 좋은 말씀입니다. 채워 넣기 전에 먼저 버렸으면 해요.

송○○ 학교교육과정에 아이들을 위한다고는 하지만 정작 아이들을 위한 것은 구체적으로 없는 것 같아요. 없는 것은 아니지만 그렇다고 있다고 할 수도 없고. 새로운 생각을 담는 것이 쉽지는 않을 것 같아요.

이○○ 저는 교사들이 이 시점에서 무엇보다 현재의 교육 모습에 대해 비판적으로 생각하고 스스로 성찰해야 한다고 봅니다. 그것이 출발점이라고 생각해요.

1. 교육과정 실천 공간으로서의 학교

학교는 관료 조직인가 교육공동체인가

학교 조직의 특성은 사회구조의 한 가지 유형이다. 단위 학교, 지역사회, 교육 당국의 정책 사이에서 교육 시스템을 형성하고 학교와 지역사회를 연결시켜 구조화하는 기능을 한다. 또한 학교의 업무 수행에 영향을 미치는 관료주의 문화나 교사 개인의 독특한 행위 유형을 만들어 내기도 한다. 단위 학교의 조직에는 유형이 있다. 여기에는 전통적인 학교 운영 시스템, 교사의 업무 분장, 교실 관리, 수업을 위한 다양한 관리 기능 등이 포함된다. 조직 유형에는 앞에서 예시한 것처럼 명확하게 규정할 수 있을 정도로 일반화된 기능도 있지만 학교마다 형성된 독특한 문화 때문에 일반화할 수 없는 기능도 있다.[2]

학교 조직의 특성 측면에서 살펴보면 학교에서 교사가 수행하는 업무 또는 일work 은 중요한 의미를 갖는다. 교사의 행정 업무는 비교적 명확하게 규정되어 있는 반면, 학교에서의 교육과정의 개발과 운영, 수업, 평가와 관련한 일은 그 범주가 명확하지 않은 경우가 많다. 행정 업무의 성과는 측정 가능하나 교육 활동의 성과는 쉽게 측정할 수 없기 때문이다. 특히 교육 활동에서 교사가 느끼는 이 모호함은 교육과정 운영 과정에서 행정적 업무와 중복되어 더욱 심화된다. 단순 반복 행정 업무, 특정 교육 활동을 위한 기획, 수업 그 자체, 수업을 위한 교재 재구성, 평가와 관련된 제반 활동(평가 실시, 평가 결과 학부모 공지 및 학생 반응에 피드백 등), 학생 생활지도 그리고 다시 이와 관련된 행정 업무 등이 꼬리에 꼬리를 물고 이어져 있다. 그래서 교사는 학교 조직에서 요구하는 다양한 일을 쉼 없이 수행하고 있으나 '나는 전문가인가', '나는 전문적인 일을 하고 있나' 하는 물음을 계속 던지고 있는 것이다.

행정 업무 중심의 학교는 관료적 조직의 특성을 보인다. 학교 조직의 관료적 체제는 학교 구성원 간의 잠재적 대립 가능성을 크게 만든다. 지시와 통제, 하향적 의사결정 체제는 교사의 자율적 결정권, 교육 활동의 동기와 욕구를 유도하지 못하기 때문이다. 학교의 내적 변화와 외부의 교육개혁 정책이 발전적으로 조직화되려면 학교 구성원의 기능과 역할을 적절히 조정해야 한다. 그런데 학교에서의 교사의 기능과 역할 체제는 행정 조직처럼 높은 수준으로 체계화되어 있지 않다. 학교는 이를 업무 분장으로 표현하는데, 해마다 바뀌는 경우가 많고 연속적이지 않다.

서지오바니는 학교의 조직 구조는 느슨해서 각각의 부분들이 독립적으로 기능한다고 지적한다.[3] 예를 들어, 교사는 교실에서 홀로 일하고, 서로 무슨 일을 하고 있는지 타인이 알 수가 없는 구조를 만들어 낸다. 설정된 학교 목표가 실제 교실 수업에 반영되고 있는지 검증해 줄 수 있는 장치도 존재하지 않는다. 따라서 느슨하게 구조화된 학교 조직에서는 직접적인 장학이나 엄격한 관리적 기능이 효과적으로 실행되기 어렵다. 장학을 수행하고자 하는 교장, 교감이 교사의 정서적 반발에 직면하는 경우가 많은 까닭이 여기에 있다. 그는 교사들이 엄격한 조직 관리 시스템보다는 공동체의 가치, 신념, 규범 등에 의해 더욱 확고히 연결된다는 점을 고려해야 한다고 밝히고 있다.

어떤 조직이든 지속적인 혁신이 필요하다. 변화와 혁신 없이는 생존할 수 없기 때문이다. 그래서 조직은 스스로 혁신하기 위해 다양한 실험을 한다. 실험을 통해 지속적인 성장 동력을 확보하고 변화 과정에서 조직의 특성을 안정된 구조로 유지하기 위해 노력한다. 학교가 성공적인 조직이 되기 위해서는 여기에 규율과 자기 혁신의 능력을 포함해야 한다. 규율은 학교의 철학과 비전에 대한 구성원들의 공감, 가치 부여, 그리고 이를 실천할 수 있다는 신념으로 이루어진다. 또한 자기 혁신은 급격한 속도와 다양한 방식으로 진행되는 사회 변화를 창조적으로 수용할 수 있는 조직문화와 구성원의 역량으로 이루어진다. 이것은 학교교육 개혁이 학교 조직문화 개선을 전제로 가능하다는 점을 암시하고 있는 것이다.

교육과정 운영도 '일'이 되는가

한국 학교의 일상을 살펴보면 '일터'로서의 학교 모습과 '교육'으로서의 학교 모습이 겹친다. 일터로서의 학교 조직은 교사에게 일을 요구하겠지만, 교육으로서의 학교 조직은 교사에게 공동체의 비전과 가치 실현을 요구할 것이다. 현재의 학교 상황은 어떠한가? 학교는 여전히 행정·관리적 업무에서 자유롭지 못하다. 학교는 대량 생산 시스템을 갖춘 공장에서 단순 반복적인 일을 수행하는 조직이 아님에도 불구하고 때로는 교사에게 효율적이고 반복적인 업무 수행을 요구하기도 한다. 업무의 효율성만을 강조하게 되면 학교 조직은 체제 순응주의적, 수동적인 공간으로 변질될 수 있다. 학교가 이러한 관료적 조직으로 변해 가는 것을 좋아하는 교사는 아마 한 명도 없을 것이다. 다수의 교사는 학교가 시대 가치를 실현하고 올곧은 교육 철학을 가지며 유사한 신념을 함께 실현하는 사람들이 모인 유기적인 조직이기를 바랄 것이다.

학교를 이해하기 위해서는 학교 안에서 생활하고 있는 교사를 먼저 이해해야 하고 교사가 학교를 어떻게 바라보고 있는지를 분석하는 일이 필요하다.[4] 교사 또한 대부분의 사회조직의 구성원처럼 자신들을 둘러싼 일상의 구조와 관습에 적응하며 신념과 행위를 형성해 간다. 일반적인 조직에 소속된 구성원들은 조직 내에서 요구하는 적합한 태도와 행위에 대해 공통된 가정assumption을 공유함으로써 현실을 규정한다. 그리고 구성원 간의 의사소통이나 타인의 관찰을 통해 일work의 의미를 바꾸어 간다. 교사 또한 매일매일의 상호작용을 통해 어떻게 일을 명명하고 체계화하는지를 배우고 이 과정을 경험함으로써 일과 관련하여 어떻게 행동해야 하는지를 습득하게 된다. 교사 또한 일에 의해 일상을 통제받지만, 행정 업무와 교육과정 운영, 즉 일터로서의 '일'과 교육 활동으로서의 '일' 사이에서 혼란을 경험하곤 한다.

이쯤에서 몇 가지 물음들을 제기할 수 있다. 교사는 교육과정 개발과 운영을 행정적 '일'로 생각하고 있지는 않은가? 국가 또는 지역 수준에서 요구하는 사회적·정치적 환경 요인들과 끊임없이 상호작용해야 함에도 불구하고 학교 '일'을 관습적으로 수행하고 있지는 않은가? 일하는 방식은 관료주의의 전통적인 형식성에 빠져 있지 않은가? 또한 학교는 교사의 변화 욕구를 수용하며 공동체의 비전과 가치를 제시하고 있는가? 학교는 사회적 조직으로서 자기 혁신의 구조를 형성하고 지속적으로 발전하고 있는가?

이 물음들에는 학교에서의 교육과정 운영이 교사 개인의 기능적 역량 차원으로만 해석되고 있지는 않은지, 그리고 교사가 배제된 채 사회적 조직으로서의 학교 기능만 강조되고 있지는 않은지를 검토해야 한다는 요구가 담겨 있다. 학교는 가르치고 배우는 공동체의 공간이지 행정 업무가 우선되는 공간이 아닌 것이다. 교육하는 공동체가 되기 위해서는 교육과정 편성과 운영 과정에서 드러나는 교사의 무관심, 오해, 성공 경험 부재와 같은 부정적 이미지, 그리고 부정적 이미지를 조장하는 학교 조직문화의 관료적 권위주의, 수동성, 교육개혁에 대한 무관심과 저항 등을 극복해야 한다. 이러한 이미지들은 아직 한국의 학교문화에 잔존하고 있다. 공동체 구성원으로서 교사와 조직으로서 학교가 서로 유기적 협력 관계를 맺지 못하면 학교에서의 교육과정 운영은 교사에게는 행정적 업무, 학교에게는 형식적 문서로 남게 될 것이다.

2. 학교와 교사의 정서

학교 변화에 대한 교사 정서의 복합성: 저항과 자율 의지

로티[5]는 교사의 정서를 몰입, 신념, 그리고 선호의 세 가지 요소로 구분한다. 몰입한다는 것은 동일 조직 내 구성원들이 주어진 환경에서 유의미하지 않은 부분은 무시하고 특정한 부분에만 관심을 보이는 것을 말한다. 또한 신념은 직업의 종류에 따라 다양하게 표출된다. 특정 직업군에 속한 구성원들은 자신들에게 중요한 의미를 갖도록 행위의 결과를 설명해 주는 이론을 개발한다. 그리고 직업이 다르면 일을 기획할 때 선호하는 방식도 달리 나타난다. 로티가 제안한 세 가지 교사의 정서는 교사의 은유metaphor와 그 은유가 나타내는 역할을 통해 좀 더 복잡한 양상으로 확대된다. 즉, 교육과정 개발자, 교육과정 실행가, 교육과정 연구자, 수업 전문가, 교육 기획자[6] 등으로 표현할 수 있다. 이러한 표현은 교사 역할과 일work의 중층적 특성을 보여 준다. 몰입, 신념, 선호와 같은 정서 요소들은 교사의 역할과 일에 투영되어, 교사의 지식과 실제적 경험이 학교교육 활동의 전문성과 관련을 맺도

록 촉매 역할을 한다.

한편, 하그리브스[7]는 교사를 사회적 학습자로 인식하고자 한다. 교사를 사회적 학습자로 인식한다는 것은 단순히 변화에 대한 교사의 대처 능력과 별개로 변화에 대한 교사의 욕구가 있음을 인정하는 것이다. 그러나 하그리브스는 교육개혁과 개선을 위해 마련된 대부분의 정치적·행정적 정책 기제들은 교사의 내적 변화 욕구를 종종 무시하거나 반영하지 못한다고 지적한다. 이러한 까닭에 교육 당국의 개혁 정책과 변화하고자 하는 교사의 욕구가 불일치하는 현상을 보이는 것이다. 일반적으로 학교교육 개혁 정책들은 교사가 변하도록 강요하거나 압박하는 외적 수단으로 작용한다. 이것은 교사를 교육개혁의 동반자가 아니라 개혁의 대상으로 인식하는 결과를 낳는다. 또한 학교를 내적 필요성에 의해 교육개혁을 추구하는 공동체로 보지 않는다. 이것 역시 학교를 교육개혁의 대상으로 보는 오류를 낳는다. 교사와 학교가 교육개혁 정책(대표적인 예가 교육과정 자율화 정책이다)을 외부의 압박과 통제로 인식하고 있는 것은, 오랜 기간 동안 학교 조직이 공통된 비전과 가치, 그 학교만의 교육 철학 수립에 몰입할 수 있는 여건에 노출되지 못했거나 성공 경험이 부재했기 때문이다.

푸코의 말을 빌리면 교사가 개혁의 대상이 될 경우 일반적인 정서적 반응은 외부 권력에 대한 저항이라고 주장한다. 또한 개인주의와 고립 현상은 '적당한' 자기표현과 침묵을 통해 내면화되는 과정을 겪는다.[8] 교사의 교실 고립주의 현상은 교사 정서의 독특한 단면 중 하나이다.[9] 자신의 학년이나 학급에 관련된 일이 아니라면 공동체 조직으로서의 학교 업무나 활동에 큰 관심을 두지 않는다. 또한 학교 조직의 공통 사안과 학급의 업무가 갈등을 빚을 경우 학급 업무를 우선한다. 교사 대부분은 학교 운영 관련 협의회나 각종 위원회 참여, 교육과정 개발, 지역사회와의 관계 형성 등의 일보다는 홀로 해결할 수 있는 수업 준비, 학생·학부모 상담 관련 일을 우선 처리한다. 교사로서의 근원적 책무를 '교실' 영역으로 제한한다. 이러한 경향은 교사를 학교라는 공동체의 구성원이라기보다는 조직 시스템의 일부분이며, 교육 당국의 관료적 지배를 수용하도록 고용된 소극적인 사람으로 규정하도록 만든다.

이렇듯이 교사의 ·태도와 행위는 학교의 조직문화를 어떻게 수용하느냐에 따라 독특하게 형성된다. 교육부나 교육청의 개혁 정책에 대한 교사의 무관심 또는 '교실 열기'와 같은 교사의 적극적 개선 노력은 매우 대조적으로 관찰된다. 그리고 교사의 태도와 행위는 학교문화, 공동체의 이상, 정치적 이해와 권력관계에 투영되기도 한다. 고립, 개인주의 또는 협력, 개방과 같은 복잡한 교사 정서는 학교교육 개혁 과정에서 조직과 구성원 간의 갈등 요인 또는 자율 의지의 발현 요인으로 나타난다. 교사가 학교 조직에서 몰입하고 있는 대상과 영역, 그리고 만들어진 신념은 교사 정서의 다양한 측면을 규정한다고 볼 수 있다. 교사는 발달하고 끊임없이 학습하는 반면, 지체되고 학습하지 않기도 한다. 자신이 속한 조직에서 그 조직의 변화와 혁신에 주도적으로 참여하는 능동적·자율적 주체이기도 한 반면 변화를 거부하며 수동적·타율적 주체가 되기도 한다.

교사의 신념과 교육 목표 공유: 난점과 가능성

교사의 전문성은 학교교육과정 개발과 운영 과정에의 참여와 역할, 기여도, 그리고 그 과정을 경험하면서 획득한 지식과 관련이 깊다. 교사는 학교의 비전과 교육 철학에 공감하고 이를 실천하고자 노력하며 자신의 신념 체계를 구축한다. 이와는 달리 학교의 문화가 교사의 신념을 만들어 내기도 한다. 그 신념 체계는 학교 조직의 특성으로 자리 잡는다.[10] 교사의 신념의 상실은 곧 학교 조직의 특성을 상실하는 것과 같다. 신념이 없으면 학교와 그 학교 구성원들의 교육 활동 수준은 일상적이고 평범한 수준을 뛰어넘지 못한다. 교사 개인이 소유하고 있는 신념을 합산하여 학교 조직 전체의 공통 신념을 추출할 수 있다고 가정하는 것은 수리적으로는 가능하나 논리적으로는 불가능한 일이다. 개인의 신념이 조직의 공통 신념으로 형성되거나 발전하는 경우는 드물다. 교사의 신념 체계는 학교의 조직문화로부터 영향을 받아 형성되는 경우가 더 많기 때문이다.

그런데 학교에서의 교사의 일상적 삶은 위의 주장과 거리가 있어 보인다. 교사는 학교 외의 다른 공간으로부터 교실을 구분 짓고 자신을 보호할 수 있는 경계선에 큰 의미를 부여한다. 교사는 이 경계선이 허물어지는 것을 싫어한다. 자신이 가르치는 학생을 제외한 타인들을 자신의 경계선 안에 발을 들여놓는 낯선 외부인으로 취급하는 경향이 있다. 이러한 규정은 타인을 잠재적 장애물로 생각하는 암묵적 신념 체계를 형성한다. 학교에서의 어떤 행위가 수업과 직접 관련 없는 것이라고 판단할 경우 그 행위를 무시하거나 실천하지 않는다. 교사가 가장 이상적이라고 생각하는 것은 자신이 가르치고 있는 학생과의 지속적이고 생산적인 상호작용이며, 이것 외에는 큰 의미를 부여하지 않는다. 학교의 공통 업무에 대해서는 부정적이며, 그 일을 하게 되면 자신에게 가장 중요한 환경인 '교실'로부터 에너지와 주의력을 빼앗기는 것으로 인식한다. 여기에서 교사의 주된 신념으로 드러나는 것은 교실이 하나의 공간으로서 경계선을 갖고 보호받을 수 있을 때 교사의 주의력이 발현된다고 믿는 것이다.[11] 성찰 없는 일상의 반복에 의한 업무 수행 무기력, 교과나 학년별 할거주의, 교실 고립, 구성원 간의 불신 등이 학교교육 개혁 과정의 장애물로 자리 잡기도 한다.

또한 관리자의 리더십 유형에 따라 학교문화 형성이나 공동체 내부의 질서가 상이해지기도 한다. 학교 공동체의 윤리적 규약이 잘 지켜지지 않을 경우 교사는 예측 가능한 상황 판단을 하지 못하고 일관된 교육 행위를 하기도 어렵게 된다. 특히, 단위 학교의 교육 목표 설정 과정에서 드러나는 양상 중 한 가지는 다수 교사의 합의에 의한 의사 결정 과정을 밟기보다는 교장, 교감 또는 소수의 업무 담당 교사의 견해가 주로 반영되는 폐쇄적 의사결정이 발생한다는 것이다. 이것은 다수 교사의 학교교육 목표에 대한 무관심, 학교교육과정에 반영된 학교 철학, 교사의 일상적인 수업 간의 간극을 만들어 내는 주된 원인이 된다.

이러한 난점을 극복하기 위해서는 먼저 교사가 단위 학교의 비전 설정 및 교육 철학 수립 과정에 참여하는 일이 선행되어야 한다. 이 과정에 참여해야 학교 구성원 모두가 동일한 결과를 성취하기 위한 목표의식 공유가 가능하다. 또한 학교 조직 구성원으로서 공유된 가치와 신념을 갖게 되면, 교사는 자신의 정체성, 그리고 무엇을 어떻게 성취해야 할 것인지를 명확하게 깨달을 수 있게 된다. 일단 교사가 이러한 가치와 신념을 공유한 상태가 되면 그 가치와 신념은 학교 공동체의 규약으로서 기능을 하게 되고, 그 규약은 공동체로서의 학교 조직의 결속력을 다지는 근간이 된다.[12] 보이지 않는 구성원 간의 규약은 공동체가 구성원 개개인에게 의지하고 있으며, 구성원 개개인 또한 공동체에 의지하고 있음을 설명해 준다.

따라서 학교장은 학교의 공동 목표 설정을 위해 교사 간 협력 관계를 조장하여 최선의 대안 선택이 가능하도록 여건을 조성해야 한다. 그리고 교사를 격려하여 스스로 비전과 가치를 달성하도록 해야 한다. 그리고 학교를 집단지성의 힘collective endeavour이 발휘될 수 있는 여건이 충만한 공간으로 조성해야 한다. 이러한 조건이 충족될 때 교사는 학교의 목표를 공유할 수 있는 가능성이 높아진다.[13] 교사 또한 학교의 비전과 철학을 공유하고, 자신의 내적 신념 체계로 내면화할 수 있도록 노력해야 한다.

또한 교사가 가지고 있는 긍정적 신념과 가치 체계는 학교교육과정에 대한 전통적 이미지를 바꿀 수도 있다. 학교장이나 부장교사가 다수 교사의 숙의 과정을 거치지 않고 설정한 학교교육 목표에는 이를 실제로 실천할 교사 개개인의 변화 의지와 신념이 포함되어 있지 않을 가능성이 높다. '교육과정 전달자'로서의 교사 관점에서는 교육과정 개발 참여에 대한 필요성이 크지 않았다. 그러나 '교육과정 개발자'로서의 교사 관점에서는 수업 전문가뿐만 아니라 적극적인 교육과정 해석자요 구성자로서의 역할이 요구된다. 학교를 개선하기 위한 목표의식 공유와 변화에 대한 신념은 학교교육과정을 개발하는 과정에서 가장 중요한 추동력이다.

더 나아가 소수의 유능한 대표자에 의해 만들어진 완벽한 대안보다 집단 구성원들의 합의와 절충을 통해 만들어진 대안이 효과적일 수 있다는 점을 고려해야 한다. 이것은 교사의 교육과정에 대한 자기 결정권 확대와 관련되어 있다. 다수 교사의 견해가 수렴되고 존중되는 논의 구조는 이를 뒷받침한다. 교사는 자신의 아이디어가 학교교육과정 개발 과정에서 채택되거나 심도 있게 논의되는 것을 경험할 때, 명료한 목표의식을 갖게 되고, 긍정적인 신념 체계를 형성할 수 있다.

3. 교사는 누구인가

교사는 간 공간의 거주자[14]

아오키는 교사가 교실에서 만나는 두 개의 교육과정 세계를 '계획으로서의 교육과정'과 '생생한 경험으로서의 교육과정'이라고 언급했다. 그리고 교사의 교육적 상황을 두 개의 교육과정 세계 사이에서 거주하는 일로 규정했다. 그의 관점에서 '계획으로서의 교육과정'은 교육부나 교육청 같은 교실 밖의 전문가들에 의해 개발되어 교실의 교사에게 주어지는 교육과정이다. 그리고 '생생한 경험으로서의 교육과정'은 교사와 학생이 얼굴을 맞대고 학교와 교실에서 함께 경험하는 상황적 세상이다. 다시 말해 전자는 국가의 법적·제도적 책임을 져야 하는 교사로서 이해하고 있는 교육과정이고 후자는 교육적 존재 양식을 갖는 교사로서 학생과 함께할 때만 드러날 수 있는 교육과정이다.

이처럼 교사는 성격이 다른 두 개의 교육과정 수평선 사이에 살고 있으나, 양쪽 세상에서 들려오는 모든 것을 귀 기울여 들어야 하는 처지에 있다. 결국 교사는 형식적인 계획으로서의 교육과정과 학교와 교실 안의 생생한 경험으로서의 교육과정 사이에서 낯섦과 간극을 느끼게 된다. 아오키는 이를 '긴장'으로 표현하였다. 그는 교사의 긴장 속에서의 삶은 교육적 존재로서의 삶의 질에 좌우된다고 밝힌다.

그런데 교사의 긴장이 항상 부정적인 것은 아니다. 그 긴장 속에는 새로운 가능성이 담겨 있다. 교사는 긴장을 통해 문제 해결을 위한 새로운 생각과 과감한 행위를 시도할 수 있다. 이 긴장이 교사로서의 정체성을 확인해 주고 존재론적 양식을 규정한다. 그 긴장 속에는 압박감, 스트레스, 절망, 그리고 도전감, 자극, 희망 등이 뒤섞여 있다. 긴장의 공간은 긍정과 부정, 희망과 절망, 결합과 분열, 확신과 모호성의 공간이며 스스로의 의지에 따라 평범하거나 또는 창조적인 공간으로 바뀔 수도 있다.

이 긴장의 공간에 거주하는 교사는 교육과정을 어떻게 생각하고 있을까? 일부 교사는 계획으로서의 교육과정을 충실하게 재현하려고 할 것이다. 그의 관점에서 이러한 교육과정 실행은 교실 밖 타인의 존재론적 양식을 무비판적으로 수용하여 기술적으로 전달하는 것이다. 여기에는 교실 상황과 학생의 생생한 경험이 빠져 있다. 그러나 자신의 존재론적 양식에 따라 교육과정 공간을 창조적으로 만들어 가는 교사는 학생과 함께 만들어 내는 교육적 경험의 생생함을 살려 간다. 아오키는 교사가 이 공간의 틈새를 넘나들면서 교사로서 자신의 존재론적 정체성을 찾기를 요구한다.

이러한 맥락에서 아오키는 교사가 간 공간에 위치해 있는 것을 긴장을 제거하는 문제가 아니라 긴장과 함께 거주하는 문제로 보고 있다. 교사가 계획으로서의 교육과정과 경험으로서의 교육과정을 이분

법적 시각으로 보려는 관점에서 벗어나기를 원하고 있다. 그는 교사가 하나의 교육과정을 위해 다른 하나를 포기하는 것이 아니라 새로움을 창조하는 기회로 만들고, 객관적 텍스트와 현상적 경험 사이에 존재하는 불안정성을 가능성으로 채우기를 희망하고 있다.

교사는 반성적 실천가

교사 성찰에 대한 듀이와 쇤의 견해

교사연구는 1980년대 까지는 효과적인 수업과 효과적인 교사 특성에 대한 연구가 주된 흐름이었다. 이후 1990년대에는 많은 연구자들이 교사의 사고 과정에 주목하였다. 특히 교사의 성찰적 사고와 수업에서의 성찰reflection 과정에 대한 연구 결과들이 많았다. 듀이와 쇤은 이 분야 연구에 철학적·이론적 기반을 제공한 인물들이다.

먼저 듀이는 사고, 사유, 의식 등을 분리하며 논의하였으며, 성찰적 사고가 교육의 목적이 되어야 함을 강조했다. 또한 능력심리학에 기반한 형식도야 이론을 비판하며, 사고의 기능과 범주를 논리적으로 밝히고자 하였다. 그가 제시한 반성적 사고의 다섯 단계는 현대 교육에서 여전히 활용되고 있으며, 사고력은 연습과 훈련, 긍정적 태도를 통해 신장할 수 있다는 신념이 있었다.

듀이는 『사고하는 방법』에서 사고하는 태도의 중요성을 강조한다. 그의 주장에 의하면 특정한 분야에서 전문가인 사람은 다른 분야의 다른 문제를 특별한 탐구 과정을 거치지 않고 단순화하여 해결할 수 있는 안목이 있다. 이러한 일이 가능하기 위해서는 평소에 사고하는 방법을 탐구하고 실험하는 태도를 길러야 한다. 방법적 지식을 획득하기 위해서는 연습이 필요하다. 그는 성찰의 과정에 열린 마음, 책임감, 성심성의와 같은 특별한 태도가 필요하다고 주장한다.[15] 이상적인 교사는 자신의 교육 활동에서 사용하는 교육 이론과 신념에 대하여 계속적으로 검토하고 숙고하는 습관이 있는 교사이다.

신중한 사람은 단순히 생각이 많은 사람이 아니다. 진정으로 신중한 사람은 논리적이며 성찰할 수 있는 사람이다. 신중한 사람은 성급하지 않으며 주변의 현상을 맹목적으로 바라만 보지 않는다. 곰곰이 숙고하여 문제 해결을 위한 증거와 가정들을 비교하고 균형 잡힌 해결 방안을 찾는다. 모든 성찰적 사고는 관계성을 감지하는 과정이다.[16] 듀이는 자신의 사고에 대해 성찰적으로 접근할 수 있는 스스로의 의지를 중요시했다. 특히 교사는 매일 사고하고 실천하는 데 깊이 새겨 두어야 하는 수단적 쟁점, 그리고 도덕적, 기술적, 사회·정치적 쟁점에 대해서도 성찰적인 자세를 가질 필요가 있다고 하였다.[17] 듀이는 도덕적인 교사와 성찰적인 인간을 동일한 의미로 생각한다. 즉, 가치로운 교육 행위를 하는 교사는 자신의 행위에 대해 성찰함으로써 전문가가 될 수 있다는 것이다.

듀이 이후 성찰의 개념을 깊게 논의한 연구자는 쇤이다. 그는 이른바 전문적 지식은 기술적 합리성technical rationality의 관점에서 한계성을 맞이하였으며, 기술적 합리성의 문제는 바로 목표에 집착하는 데 있다고 보았다. 목표가 고정되어 있고 명료할수록 인간의 행위를 위한 의사결정은 목표의 도구로 전락한다는 입장을 지지하며, 자신의 실천

이론을 증명했다.

우리가 일상생활에서 어떤 행위를 스스로 그리고 직관적으로 할 때는 특별한 방식으로 지성을 발휘한다. 종종 우리는 평소에 잘 알고 있었으나 이것을 말로 표현하고자 할 때 그것이 무엇인지 정확하게 말할 수 없을 때가 있다. 그것을 묘사하려고 할 때 갑자기 당황하거나 묘사했다 하더라도 묘사한 것이 매우 적절하지 못하다는 사실을 깨닫는다. 우리의 앎은 우리가 하는 행위의 패턴이나 감정 속에 은연중에, 암묵적으로 녹아 들어가 있다. 다시 말해 우리의 앎은 우리의 행위 속에 있다고 말하는 것이 옳을지도 모른다. 이와 유사하게 전문가의 일상적인 삶도 '행위 중 암묵적 앎' 속에 있는 것이다. 유능한 전문가도 항상 현재 관찰하고 있는 현상을 이성적으로 완벽하게 묘사하지 못한다. 과학적인 연구로 검증된 이론이나 기술을 활용할 때도 암묵적인 인지 과정을 통해 암묵적 판단 과정을 거치기 마련이다.[18] '재빨리 대응해야 해', '항상 정신 차리고 있어야 해', '직접 해봐야 알지'와 같은 표현들은 행위에 대해 생각할 수 있는 것뿐만 아니라 행위 중의 행위에 대해서도 생각할 수 있다는 것을 암시하는 것이다.[19]

이러한 지식의 관점에서 쇤은 학교에서의 교육 활동 특히 수업을 불확실성이 가득한 행위로 규정한다. 불확실성이 증가할수록 개인의 구성적 사고 과정이 절실히 요청된다. 그는 학교의 교사가 국가에 의해 정해진, 가르치지 않으면 안 되는 지식을 가르쳐야 하는 상황을 영양 성분을 섭취하게 하는 영양 전문가의 행위라고 비유한다. 배운 지식 즉 음식을 먹은 후에는 잘 섭취했는지 평가를 통해 확인한다는 것이다. 교육과정은 다양한 정보와 기능이 담긴 메뉴이고, 각각의 수업 계획이 식당에서 음식이 식탁에 차려지듯 제공되는 것이다.[20] 그는 교사가 실천적 전문가라면 이러한 상황에서 탈피해야 할 것을 주문한다. 교사가 문제 해결을 하는 데 있어 부적절한 판단을 했다면 다른 해결책을 찾거나 문제를 다시 재구조화하여 상황 해결을 위한 행위를 마땅히 해야 하는 것이다.

듀이와 쇤의 공통점은 전문적 지식을 계발하기 위해서는 사고에 대한 개인의 의지와 실천성이 필요함을 강조한다. 그러나 듀이가 서구 철학에서 강조하는 사고의 계열적 논리성과 합리성을 중요시한 것에서 알 수 있듯이, 그에게 있어 성찰적 사고는 본능과 충동에 대립되는 과학적·합리적 사고를 의미한다. 이와 달리 쇤은 지식의 암묵성, 직관, 가치 판단을 강조한 것에서 볼 수 있듯이, 그에게 있어 성찰적 사고는 전문가의 실천적 직관과 암묵적 지식을 의미한다. 이것은 지식의 성격을 바라보는 두 학자의 관점의 차이라고 볼 수 있다.

교사 성찰에 대한 현대적 의미 재해석

앞에서 살펴본 듀이와 쇤의 성찰에 대한 개념은 교사의 전문성 개발과 효과적인 수업을 위한 핵심 요소로 받아들여지고 있다. 이후 여러 학자들이 교사의 성찰 또는 수업 성찰의 의미를 개념화할 때 그 개념들의 토대가 되었다. 성찰은 교사 사고 과정의 한 단면을 보여 주는 것이다. 그 과정에는 교사가 주도하는 교육개혁의 실현이라는 중요한 메시지가 담겨 있다. 그런데 철학자들이 논의하는 일반적인 성찰과 교사의 성찰이 다른 점이 있다. 교사의 성찰은 학교교육 활동, 그리고 교실 수업 상황이라는 특수성과 구체성을 전제로 진행된다는 점이다.

교사는 왜 성찰해야 하는가? 이 질문은 철학적이면서 실제적이다. 교사는 항상 자신의 상황, 행동, 관행, 효율성, 그리고 교육적 성과를 점검하여야 한다. 성찰적이란 말은 스스로에게 본질적인 질문을 한다는 뜻이다. 예를 들면, '나는 무엇을 하고 있으며, 왜 그렇게 하고 있는가?'와 같은 질문들이다. 따라서 '성찰적'이란 교사의 개인적인 요구 분석 과정이며, 지속적인 자기 조정 과정이며, 교육 행위의 효율성에 대한 만족도 점검 과정이다. 모든 평가가 다 그러하듯이, 성찰도 형식적이어야 하고, 주기적이어야 하며, 구성적이고, 철저해야 한다.[21]

판 메넌은 성찰을 교사의 수업 행동과 관련지어 개념화하였다. 그는 교사의 성찰이란 "교사가 가르치는 과정에서 의사결정하는 것이며 자신의 수업을 분석하고 비평하는 과정"이며, "행위에 대한 대안을 결정하는 과정으로서 숙고를 함축하고 있다"라고 했다.[22] 그의 개념 정의에 의하면 성찰은 수업 개선을 위한 교사의 끊임없는 의사결정 과정이다. 반면 로스는 "합리적인 선택을 하고 자신의 선택에 책임지는 능력을 수반하는, 교육적 문제에 대해 사고하는 방식"으로 성찰을 정의하였다.[23] 로스는 판 메넌보다 다소 일반적인 수준에서 성찰을 정의한다. 판 메넌이 성찰을 교사의 수업 중 행동과 매우 밀접하게 연결 짓고자 하는 노력을 하는 반면, 로스는 수업뿐만 아니라 수업 외적인 상황에까지 확대시키고 있다. 로스가 주장하는 교사의 합리적 선택이란 비단 학생의 학습 지도 상황에만 국한되지는 않는다는 것이다. 교사는 수업 외에 교육과정 운영, 학교 공동체의 공통 관심 사항, 행정적 업무, 학부모와의 관계, 학생 생활지도, 관리자 및 동료 교사와의 관계 설정 등에 있어서도 이러한 성찰적 판단 과정을 필요로 한다는 것을 강조한다. 구체적인 수업 상황에 국한하였든 좀 더 일반화시켰든 간에 판 메넌과 로스의 성찰에 대한 관점은 학교의 다양한 문제 해결을 위한 교사의 사고 과정과 의사결정을 매우 중요하게 생각하고 있음을 알 수 있다.

이와는 달리 슐만은 반성이란 "교사가 수업에서 일어났던 일을 되돌아보고 사건, 감정, 성과들을 재구성해보고, 재실행하며, 생각해 내는 것으로 이는 전문가가 경험에서 배우는 일련의 과정"이라고 정의하였다.[24] 슐만은 숙련된 교사의 교직 경험과 그 경험에서 비롯되는 독특한 교사만의 전문성에 주목한다. 슐만은 쇤과 흡사하게 성찰을 통한 교사의 사고 과정과 행동을 전문성의 입장에서 접근하고자 한다.

판 메넌과 로스는 성찰을 교사의 사고 과정으로 개념화하고자 하며, 슐만은 고도화된 전문성으로 개념화하고자 한다. 성찰을 교사의 사고 과정에 초점을 두고 바라볼 것이냐 아니면 교사의 전문성에 초점을 두고 바라볼 것이냐 하는 문제는 성찰에 대한 개인의 관점이다. 여기에서 간과해서는 안 될 것은 성찰은 교사 사고 과정의 한 가지 독특한 유형이며, 이러한 사고 과정을 통해 교사는 문제 상황에 적합한 의사결정을 한다는 것이다. 그리고 이러한 의사결정은 교사가 자신의 행동을 결정짓기 위한 근원이 된다는 것이다. 교사의 행동은 교육과정 계획과 그에 따른 수업 상황에서 가장 논리적이고 구체적으로 드러난다. 교사의 성찰은 보다 나은 수업을 위한 교육과정 의사결정의 반추이며 교사가 자신의 전문성을 축적할 수 있는 기회를 제공한다.

교사 성찰과 전문성: 참여 집단, 수준, 절차

교사의 수업 성찰이 교사의 전문성을 신장시킨다는 주장은 많은 연구 결과에서 입증된 바 있다. 그러나 수업 성찰이 교사의 어떤 전문성을 신장시켰느냐에 대한 판단은 교사가 어떠한 반성 과정에 참여하였느냐에 따라 다소 상이한 결과를 보인다. 교사가 참여하고 있는 성찰 집단의 특성, 성찰의 수준, 성찰의 절차에 따라 나누어 살펴보면 다음과 같다.

첫째, 교사의 수업 성찰은 교사가 참여하는 소집단 구성원의 특성에 따라 참여 효과가 달라질 수 있다. 일반적으로 소집단 토의 및 동료와의 협의 과정 참여는 교사의 태도 변화에 긍정적인 영향을 미치는 것으로 알려져 있다. 소집단 토의와 동료와의 협의는 개인적 경험에 머무를 가능성이 있는 교사의 수업 경험이 타인과 공유됨으로써 좀 더 객관화된 실체로 논의될 수 있음을 보여 준다. 이와 같은 연구 결과와는 달리 굿먼[25]은 이 과정에 참여한 교사의 성찰이 경험과 확신이 투철한 경력 교사에게만 일어나는지 혹은 예비 교사나 신규 교사에게도 일어나는지에 관해 불명확하다고 지적하였다. 특히 굿먼은 예비 교사나 신규 교사들의 경우 성찰적인 교사가 되는 것에 대해 너무 자신이 없어하거나 불안해하였다고 밝히고 있다. 즉 소집단 토의에 참여하고 있는 구성원이 어떤 특성을 가지고 있는가에 따라 교사의 수업 성찰 참여 효과가 다르게 나타날 수 있다.

둘째, 교사의 성찰 수준을 분류한 대부분의 연구에서는 교사의 성장 능력의 향상을 목표로 삼고 있다. 이를 위해 성찰 능력을 측정하거나 분류하는 데 관심이 많다. 수업 성찰은 성찰의 내용과 질에 따라 달라질 수 있다는 점에 주목하고 있는 것이다. 연구자들은 저널 쓰기와 자서전 쓰기와 같은 비평적 수업 성찰 참여 경험이 교사의 성찰 수준을 심화시키고 이것이 교사의 전문성에 영향을 미친다는 것에 동의하고 있다.[26] 그러나 비평적 수업 성찰은 개인적 차원의 성찰에 국한되는 경우가 많으며 특히 성찰의 내용과 질에 따라 수업 성찰의 수준도 영향을 받을 수 있다. 교사가 행하는 성찰의 내용은 교사가 처한 문제 사태에 따라 매우 다양하다. 또한 성찰을 어느 수준에서 심사숙고하고 있는지도 명확하게 드러내기 힘들다. 일반적으로 교사들은 넓은 의미에서 교육적 담화를 시도하려고 하기 때문이다. 즉, 교사는 저널 쓰기와 자서전 쓰기와 같은 비평적 수업 성찰 과정에 참여할 때 구체적인 수업 전략이나 수업 기술에 대한 언급보다는 교육 전반에 걸친 자신의 견해를 드러내고자 하는 경우가 많다.

또한 단순히 더 높은 수준의 성찰을 추구하는 방향으로 교사를 이해하고자 하는 것에 우려를 표명하는 학자들도 있다. 교육 실천에 대해 직설적으로 표현하는 것이 결코 낮은 수준의 성찰이 아니며 교육 실천의 현장성, 즉시성, 실제성과 거리가 있는 고차원적 표현이 더 높은 수준의 성찰이 아닐 수도 있다는 점을 고려해야 한다. 성찰의 수준을 구분하여 위계화하는 것은 교사의 성찰 수준을 평가하는 수단이 될 수 없다.

셋째, 앞에서 살펴보았듯이 교사의 성찰 수준을 파악하는 것은 쉽지가 않다. 따라서 교사의 성찰 절차에 관심을 갖는 연구자도 많다. 성찰의 절차를 연구하는 하는 이유는 앞서 고찰한 성찰 내용의 수준 탐구에 대한 한계에 기인한다.[27] 반성 내용에 대한 일련의 수준을 수립하려고 할 때 가치문제가 개입되게 되며 연구자마다의 가치 지향이 서로 다르기 때문에 동일한 수준을 만들기 어렵기 때문이다.

코타겐 등은 교사의 성찰 절차를 다섯 가지 단계의 모형으로 제시한 바 있다.[28]

그림 5-1 ALACT 모형

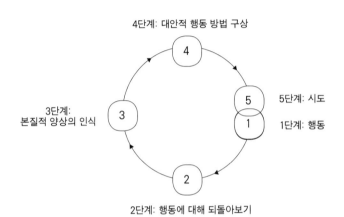

이 모형은 교사의 전문성 개발을 나선형 순환 구조로 설명하고 있다. 나선은 행동의 과정, 그 행동으로부터의 학습 그리고 행동의 개선과 또 다른 학습 등을 포함한다. 하나의 완전한 나선형 순환은 앞의 〈그림 5-1〉과 같은 다섯 단계로 구성된다. 1단계는 구체적 행동을 한다. 수업의 상황에서 일어나는 간단한 행동이거나 복잡한 행동일 수도 있다. 2단계는 행동을 되돌아보는 과정이다. 일반적으로 당황스러운 일이나 예상하지 못한 일이 일어났을 때 또는 목표가 쉽게 달성되지 않았을 경우 일어난다. 3단계는 어떤 측면에 특별히 초점을 두어 행위 실패 원인이 무엇인지 사고한다. 4단계는 3단계의 사고의 결과로 다른 적합한 방법을 대안으로 선택한다. 5단계는 대안을 시도하는 것이다.

교사의 성찰 절차를 모형으로 제시한 학자는 코타겐 외에도 많다. 절차에 대한 모형은 학자마다 다양하고 조금씩 차이는 있지만 결국 성찰의 절차가 교사의 실천 능력과 직접적으로 관련되어 있으며 교사의 수업 전문성을 향상시킨다는 의도는 분명하다. 또한 교사가 자신의 실천 행위에 대해 성찰적으로 탐구하는 순환적 과정은 전문가로서의 교사로 변화해 가도록 하는 것으로 볼 수 있다.

4. 맺는말:
학교와 교사를 이해하는
올바른 방식은 무엇일까

교사는 교직 생활의 전 기간을 통하여 자신의 가치관, 신념, 태도, 교수 기술, 지식 등을 끊임없이 변화·발달시켜 나간다. 교사는 학교, 교육과정, 수업, 학생, 학부모, 정책과 제도 등 학교교육에 영향을 미치는 많은 것들 가운데 중요한 행위자이며 중재인이다. 독특한 점은 교사의 가치관, 신념, 태도, 지식 등은 순전히 이론적이지도 실제적이지도 않으며 오히려 양자의 공동 작용에 의해 형성된다는 것이다. 개혁자, 행정가, 연구자가 교실 변화와 교육개혁을 촉진시키기 위해 교사와 함께 일하고자 한다면, 교사가 학교라는 공간에서 무엇을 경험하고 있는지, 교실에서 어떻게 행동하며 느끼고 있는지, 개인적·전문적 발달을 통해 그 위치에 어떻게 이르렀는지를 이해하는 것이 중요하다.

앞에서 살펴본 교사에 대한 여러 학자들의 견해와 이론들은 한국의 학교와 교사들을 이해하는 데에 몇 가지 시사점을 준다.

첫째, 교사는 창의적인 교육과정 해석자가 될 수 있는가?

학교에서의 교육과정 실행은 교사의 교육과정 해석이 선행되어야 한다. 교사는 텍스트로서의 교육과정을 자신의 수업 상황에 맞게 새롭게 해석하고 재구성하는 사람이 되어야 한다. 교육과정의 해석적 실행자로서 교사는 비로소 교사의 정체성과 교육적 존재 양식을 확인할 수 있다. 이를 위해서는 먼저 교육과정의 개념적이고 이론적인 세계에서 벗어나서 교실 안의 일상적인 삶의 경험에 관심을 가져야 한다. 이것은 교사가 교육과정 전달자나 재생자가 아니라 교육의 과정을 변증법적 과정으로 이해하는 것을 의미한다. 다른 하나는 교육과정의 기술공학적 논리에 집착하지 않아야 한다. 투입-산출 패러다임에서는 외부 전문가가 잘 만든 교육과정을 교사가 충실하게 가르치면 아무런 문제가 없었다. 그러나 교육과정을 복잡한 대화의 문제로 인식하면 교육과정은 교실에서 전개되는 교사와 학생의 삶에 생기를 불어넣어 주는 일이 된다.

둘째, 교사의 전문성을 판단할 수 있는 근거는 무엇일까?

교사 연구의 주요한 결과 중 한 가지는 교사 의사결정의 부적절성과 이를 극복하기 위한 대안 제시이다. 즉, 초임 교사와 경력 교사의 비교 연구, 전문가 교사expert teacher[29]의 인지 과정 연구, 교사의 교육과정과 수업에 대한 지식 활용 연구 등이다. 이 연구들은 교사가 의사결정과 문제 해결에 적합한 지식을 획득하고 있느냐와 함께 어떤 인지적 과정을 거쳐서 그러한 결론에 도달하고, 실제 상황에서 얼마만큼 적합한 행위와 판단을 하느냐를 중요하게 다룬다. 전문가들은 특수화된 영역 지식을 활용한다. 전문가는 일반적인 문제 해결 기술을 활용함에 있어서 단순히 효율적일 뿐만 아니라 고도로 체계화된 지식에 근거하여 문제를 분석하고 가설을 설정한 후 검증하는 과정을 거친다는 것이다. 교사도 마찬가지이다. 교사 사고 과정 연구에 의하면 전문가 교사는 특수화된 영역 지식[30]을 가지고 있고 실제로 이 지식을 학교와 교실의 문제 해결에 활용한다고 알려져 있다. 교사가 교육과정, 수업 또는 교육 문제 해결에 관한 이론적 전문성을 갖추고 있을수록 교육에 대한 이해와 인식의 수준이 달라질 수 있다고 추론할 수 있다. 그리고 이론적 전문성을 통해 실제적 전문성은 완성도가 높아질 것이다.

셋째, 교사가 스스로 연구자가 될 수는 없을까?

교사의 성찰 능력과 전문성은 단기간에 완성되고 끝나는 것이 아니다. 교사가 학교에서 성장해 가는 과정을 장기간에 걸쳐 구체적으로 보여 주는 연구가 필요하다. 그래서 많은 연구자가 교사를 대상으로 교사 연구를 시도하였다. 그러나 연구자가 교사를 관찰하면서 관찰과 면담으로 사고 과정을 드러내는 데에는 한계가 있다. 또한 연구 대상 교사의 교육과정 운영, 수업, 학생지도 과정을 장기간에 걸쳐 관찰하는 것은 현실적으로 매우 어렵다고 볼 수 있다. 따라서 이러한 점을 보완하기 위해 교사 자신이 연구자가 되어 자신의 학교에서의 삶을 장기간에 걸쳐 연구해 본다면 훨씬 의미 있는 일이 될 것이다. 즉, 학교와 교실에서의 삶을 스스로 되돌아보면서 문제점을 인식하고 대안을 제시하는 성찰적 실천인으로서 교사 그리고 연구자로서의 교사가 된다면 이보다 더 좋은 일은 없을 것이다.

넷째, 교사뿐만 아니라 학생의 변화 모습도 함께 고민할 수는 없을까?

교사의 전문성 신장과 성장은 교사의 성찰 수준이나 태도, 특정한 수업 기술이 변한 것을 확인하면서 알 수 있다. 그러나 교사에게 있어서 의미 있는 변화가 학생들에게도 의미 있는 변화인지를 확인하는 과정이 필요하다. 즉, 교사의 변화가 의미 있는 변화인지를 확인하기 위해서 학생들의 학업성취도, 수업 참여 동기와 태도, 문제 해결 능력, 학교와 교실에서의 삶 등이 함께 긍정적으로 변화해야 한다. 학생의 변화와 성장 모습에서 교사의 변화와 성장 모습을 발견할 수 있기 때문이다.

다섯째, 학교가 교사의 개인적 성장을 유도하는 창의적인 공간이 되어야 하지 않을까?

교사는 개성이 강하고 지성적이다. 그리고 한 명 한 명의 잠재력은 매우 뛰어나다. 이러한 특성으로 인해 학교에서의 공동체성이 결핍되기도 한다. 당연히 교사는 동료 교사와 협력을 통해 교수과정에 대한 이해를 증진하고 학생의 학습 개선을 위해 헌신과 노력을 지속적으로 해야 할 것이다. 이와 더불어 교사 개개인의 잠재적 능력이 최대한 실현될 수 있는 기회도 보장받아야 한다. 학교에서의 교사 전문성 논의는 주로 수업 전문성 또는 교육과정 전문성에 국한되어 있다. 물론 이것이 교사의 전문성의 본질이다. 그러나 자칫 교사 전문성이 왜곡되고 축소되어 학교라는 좁은 공동체 내에서만 전문가가 되기를 요구할 수도 있다. 학교의 경계를 가능한 한 넓혀 사회와의 네트워크를 다양하게 형성하고 전문적인 학문 영역과 대화할 수 있어야 한다. 학교는 교사 한 명 한 명의 잠재력을 최대한 발현시켜 주는 공간이 되어야 한다.

1. Eisner, E. W.(1985), The educational imagination: On the design and evaluation of school programs(2nd ed.), New York: Macmillan Publishing company, 39~40쪽에서 인용하였다.
2. Bidwell, C. E. & Dreeben, R.(1992), School organization and Curriculum, In P. W. Jackson(Ed.), Handbook of research on curriculum(pp. 345-362), New York: Macmillan, 346쪽에서 참조하였다.
3. Sergiovanni, T. J.(2006), The principalship, Boston: Pearson, 207쪽에서 참조하였음.
4. Rosenholtz, S. J.(1991), Teachers' workplace: the social organization of schools, New York: Teachers college press, 3쪽에서 참조하였다.
5. Lortie, D. C.(1975), Schoolteacher: the sociological study, Chicago: The University of Chicago Press, 162쪽에서 참고하였음. 몰입, 신념, 선호의 원어는 각각 'preoccupations', 'beliefs', 'preferences'다.
6. 90년대 많은 연구자들은 교사를 다양한 은유로 표현하였다. 교사의 역할과 정체성을 확립하고자 하는 의도는 전문성과 연결되는 결과를 낳았다. 참고할 주요 문헌은 다음과 같다. '교육과정 개발자'는 Clandinin, D. J. & Connelly, F. M.(1992), Teacher as curriculum maker, In P. W. Jackson(Ed.), Handbook of research on curriculum(pp. 363-401), New York: Macmillan. '교육과정 실행가'는 Ben-Peretz, M.(1990), The teacher curriculum encounter: freeing teachers from the tyranny of texts, Albany: State University of New York. '교육과정 연구자'는 Hollingsworth, S.(1995), Teachers as researchers, In L. W. Anderson(Ed.), International encyclopedia of teaching and teacher education(2nd ed.)(pp. 16-19), Pergamon. '수업 전문가'는 Hoyle, E.(1995), Teachers as professionals, In L. W. Anderson(Ed.), International encyclopedia of teaching and teacher education(2nd ed.)(pp. 11-15), Pergamon. '교육 기획자'는 Carlgren, I.(1999), Professionalism and teachers as designers, Journal of Curriculum Studies, 31(1), 43-56.
7. Hargreaves, A.(1995), Realities of teaching, In L. W. Anderson(Ed.), International encyclopedia of teaching and teacher education(2nd ed.)(pp. 80-87), Pergamon. 80쪽에서 참고하였다.
8. Zembylas, M.(2003), Interrogating "teacher identity": emotion, resistance, and self-formation. Educational Theory, 53(1), 107-127, 115~116쪽, 그리고 119쪽에서 인용하였다.
9. 교사 고립 현상에 대한 분석은 Lortie의 위의 책과 더불어 많은 학자들이 지적하고 있다. 교사 고립 현상은 비단 한국뿐만 아니라 외국의 많은 나라 사례에서도 어렵지 않게 관찰할 수 있다. 이혁규 교수의 책 『한국의 교육 생태계』, 서울: 교육공동체 벗, 103~106쪽에는 고립적 교사문화에 대한 상세한 이야기가 담겨 있다.
10. Sergiovanni, T. J. 위의 책 15쪽에서 참조하였다.
11. Lortie, D. C. 위의 책 169~170에서 인용하였다.
12. Sergiovanni, T. J. 위의 책 328쪽에서 인용하였다.

13. Rosenholtz, S. J. 위의 책 15쪽에서 인용하였다.

14. '간 공간의 거주자로서의 교사'는 캐나다의 교육과정 학자 Aoki의 표현이다. 그는 교육과정 연구가 현상학적 관점을 수용하고, 뿌리내리며, 발전하도록 하는 데 큰 기여를 하였다. 이 표현은 다음의 그의 논문에 실려 있다. Aoki, T. T.(2005), Teaching as indwelling between two curriculum worlds in W. F. Pinar & R. L. Irwin(eds.), Curriculum in a new key: The collected works of Ted T. Aoki(pp. 159~165), Mahwah: Lawrence Erlbaum Associates. 본문의 내용은 159~163쪽에서 인용하였다.

15. Dewey, J.(1933), How we think: A restatement of the relation of reflective thinking to the educative process, Lexington, MA: D. C. Heath and Company, 29~33쪽에서 참고하였다.

16. Dewey, J. 위의 책 75~77쪽에서 참고하였다.

17. Zeichner, K. M.(1983), Alternative paradigms of teacher education, Journal of Teacher Education, 34(3), 3-9, 6쪽에서 인용하였다.

18. Schön, D. A.(1983), The reflective practitioner: How professionals think in action, NY: Basic Books, Inc. 49~50쪽에서 인용하였다. Schön은 행위 중 성찰(reflectin-in action)을 설명하기 위해 앞의 암묵적 상태를 중심으로 논의를 전개한다. 암묵적 지식(tacit knowledge)은 Michael Polanyi가 창조한 말이다. 1962년에 발간한 그의 책 Personal Knowledge: Towards a post-critical philosophy, The University of Chicago Press를 참고하기 바란다.

19. Schön, D. A. 위의 책 54쪽에서 인용하였다. 쇤은 책에서 '행위 중 성찰(reflecting-in-action)'을 나타내는 말로 'thinking on your feet', 'keeping your wits about you', 'learning by doing'을 사용하였다.

20. 학교에서 가르치는 지식을 '영양 성분'이라고 비유한 사람은 Israel Scheffler임을 Schön은 본문에서 밝히고 있다.

21. Cruickshank, D. R.(1987), Reflective teaching: The preparation of students of teaching, Reston, VA: Association of Teacher Education, 87쪽에서 인용하였다.

22. Van Manen, M.(1991), Reflective and pedagogical moment: The normativity of pedagogical thinking and acting. Journal of Curriculum Studies, 23, 507-536. 논문 511쪽에서 인용하였다. Van Manen은 1977년에 발표한 논문 Linking ways of knowing with ways of being practical. Curriculum Inquiry, 6, 205-228에서 최하위 수준의 기계적 반성(technical reflection)에서부터 해석적 반성(interpretive reflection), 그리고 가장 높은 단계인 비판적 반성(critical reflection)으로 수업반성을 위계화하였다. 이처럼 수업반성을 위계화된 수준으로 접근하는 것이 타당한지, 그리고 위계화된 수업반성은 교사의 반성 수준을 심화시키는지에 대한 논의를 확산시켰다.

23. Ross, D. D.(1989), First steps in developing a approach, Journal of Teacher Education, 40, 22-30, 논문 22쪽에서 인용하였다.

24. Schulman, L. S.(1987), Knowledge and teaching: Foundations of the new reform, Harvard Educational Review, 57(1), 1-22. 논문 19쪽에서 인용하였다.

25. Goodman, J.(1984), Reflection and teacher education: A case study and

theoretical analysis, Interchange, 15(3), 9-26.

26. 교사의 성찰을 비판적으로 접근한 Dinkelman 연구 결과를 살펴볼 필요가 있다. Dinkelman, T. D.(1997), Critically reflective teacher education in secondary social studies: A pre-service case study, Dissertation Abstracts International, 58(10).

27. Korthagen 등의 연구 결과에서 참고하였다. Korthagen, F. A., Ksels, J., Koster, B., Lagerwerf, B., & Wubbels, T.(2001), Linking Practice and Theory, NJ: LEA. 조덕주 외 옮김(2007), 『반성적 교사교육: 실제와 이론』, 서울: 학지사.

28. Korthagen 등이 제시한 절차 모형은 위의 책 124쪽에서 인용하였다. ALACT는 각 각 Action, Looking back on the action, Awareness of essential aspects, Creating alternative methods of action, Trial을 의미한다.

29. 전문가 교사는 우리나라의 수석교사 또는 학교와 교실의 문제 해결에 경험이 많고 뛰어난 능력을 가진 교사라고 볼 수 있다. 경력이 높을수록 전문가 교사의 특성을 갖게 될 가능성은 높아지지만 경력과 전문성은 반드시 비례하지 않는다. 교사 발달의 개인차로 인해 개별 교사의 전문성 수준을 판단하는 일은 매우 어렵다.

30. 특수화된 영역 지식은 'domain-specific knowledge'을 말한다. 전문가 교사와 초임 교사의 사고 과정은 질적으로 다르다는 의미이다. 참고한 연구 논문은 다음과 같다. Housner, L. D., & Griffey, D. C.(1985), Teacher cognition: Differences in planning and interactive decision-making between experienced and inexperienced teachers, Research Quarterly for Exercise and Sport, 56, 46-53.

6장
학교교육과정
개발 이야기

A초등학교의 교육과정 개발 이야기는 2014년 4월부터 2015년 2월 사이 약 10개월간 학습공동체를 통해 진행된 학교교육과정 만들기 사례이다. 8명의 교사로 구성된 '학교교육과정 개발팀'은 정기적으로 학습하며 학교교육과정을 개발하였다. 학습공동체 운영과 개발 과정을 녹음·전사한 텍스트, 면담 자료, 참여 교사가 기록한 회의록을 바탕으로 자료를 정리하고 분석한 내용이 담겨 있다. 이 사례 연구를 시작할 때쯤 A초등학교가 속해 있는 지역의 교육청에서는 학교 혁신과 교사 전문성 계발의 주요 방안으로 학교의 교사 학습공동체를 수년간 강조해 오고 있었다. A초등학교도 이 흐름에 동참하고 있던 상황이었다. A초등학교의 교육과정 개발 이야기에는 참여 교사 8명의 교육과정에 대한 생각과 그 생각의 흐름이 드러난다.

교육과정 개발에서 교사의 참여를 배제하는 것은

교육과정이 실행되는 교육적 상황에서

외부자에 의해 고안된 교육과정이라는 제품을

그대로 학습자에게 전달하는 수단으로 교사를 전락시키는 것이며,

교육과정이 이루어지는 현상의 측면에서

교육적 상황을 추상화하는 과오를 범하는 결과를 초래하게 된다.

_ 엘바즈, F.

시나리오

이○○ 교육과정 워크숍이면 워크숍이지 교육과정 워크숍에 정년 퇴임식을 같이 하게 되면 이게 뭡니까?

문○○ 그렇다고 전 교직원 모이는 행사를 여러 번 하기도 힘들잖아요, 예산 문제도 있고.

이○○ 전 정말 당황했어요. 교장선생님께서 그렇게 말씀하시니…….

최○○ 지금 하시려는 워크숍, 이 부장님 계획대로 꼭 해야 하나요? 전체 선생님들 의견을 모은 것도 아니잖아요.

이○○ 이제 의견 수렴해야죠.

최○○ 선생님들이 워크숍 한다고 하면 작년처럼 하겠지 하고 생각하고 계실 것입니다. 학교교육과정 만든다고 액션러닝도 좋고 분임토의도 좋은데 선생님들이 과연 잘 참여하실까요?

김○○ 저도 일단 동의하기는 했어도 선생님들이 할 수 있는 수준으로 해야지 이렇게 힘들게 프로그램을 짜면 안 되지 않아요? 지금 상황으로는 시간적으로 봐도 다 하기 힘들 것 같은데.

이○○ 학교가 바뀌려면 교육과정을 항상 먼저 생각해야 해요. 여태 우리가 관례적으로 해오던 것들을 과감히 버리기도 하고 바꾸기도 해야죠.

고○○ 정년식도 중요하지. 이 부장 눈에는 교육과정만 보일지 모르지만 학교장 입장에서는 우리가 생각하지 못하는 것도 하나하나 챙겨야 하는 법이에요. 이 부장만 너무 앞서가는 경향이 있어요.

1. '학교교육과정 개발 이야기'를 이해하기 위한 몇 가지 개념들

숙의가 학교교육과정 개발에서 중요하게 된 까닭

숙의 개념의 등장

4장에서 밝혔듯이 숙의deliberation는 슈왑이 1960년대 후반까지 진행된 교육과정 연구를 비판하고 자신의 실제성 이론을 제시할 때 언급한 개념이다. 슈왑의 이론이 교육과정 연구자들 사이에서 널리 받아들이게 된 것은 그가 주장한 '절충적 기예arts of eclectic'가 교육과정 연구 분야에서 이론과 실제 간의 간극을 좁혀줄 수 있는 대안이 될 수 있었기 때문이다. 당시에 그가 제안한 '절충적 기예'라는 개념은 이론 자체의 약점인 불완전성과 부분적 특성으로 인한 편협한 시각으로부터 벗어나게 해 주며 교육과정이 안고 있는 실제적 문제를 해결하기 위해 다양한 이론들을 결합하도록 도움을 주었다. 즉 절충적 기예는 이론과 실제를 연결해 주는 훌륭한 접근 방법이 되어 교육과정을 실제적 관점에서 연구하는 연구자나 교사들로부터 큰 환영을 받았다.

그럼에도 불구하고 슈왑이 활동했던 1960년대와 1970년대에 이루어진 대다수의 국가 수준 교육과정 개발 프로젝트는 여전히 타일러의 이론에 근거한 선형적 접근 방식이 대세였다. 선형적 접근 방식이란 교육과정을 개발할 때 먼저 교육 목표를 설정하고, 그에 따른 학습 경험이나 교육 내용을 선정하며, 학생의 학습 경험을 조직한 후 평가하는 과정이 직선적으로 이루어진다는 뜻이다. 선형적 접근 방식에 따른 교육과정 개발은 매우 광범위하게 퍼져 있는 상태였고 다수의 교육과정 개발자들도 이러한 현상을 당연한 것으로 생각할 정도였다.

워커는 교육과정 개발의 자연주의 모델을 제안하면서, 슈왑의 숙의 개념을 심화하고 실제 교육과정 개발에 적용할 수 있도록 구체화한 인물이다. 워커는 1970년대와 1980년대 초반까지 진행된 대규모 프로젝트에 다수 참여하였다. 당시 대규모 프로젝트들은 대부분 타일러 옹호론자들의 교육과정 개발 방식을 따랐다. 프로젝트에 참여하면서 그가 느꼈던 점 한 가지는 다양한 배경을 가진 교육과정 개발자들이 결코 선형적인 순서대로 의사결정을 내리지 않는다는 것이었다. 한 가지 쟁점에 대한 최종 결정은 결국 강력하게 자신의 견해를 주장하는 누군가가 자신의 견해를 양보하거나 포기해야 하는 상황에서 일어나고 있음을 알게 되었다.

이후 워커는 타일러의 접근 방식과는 달리 교육과정을 개발하는 그 순간 개발자들이 실제로 무슨 일을 하고 있는지에 더 관심을 갖게 되었다. 즉, 교육과정이 어떤 모습이어야 하는가에 대한 대답을 찾기보다는 어떻게 해야 그러한 대답에 도달할 수 있는가 하는 질문을 해결하기 위해 노력하였다. 워커의 관점에 동의하는 연구자들은 교육과정 개발을 좀 더 넓은 시각으로 바라보면서, 교육과정이 당면한 문제와 해결 방법은 다양하므로 단일하고 완벽한 교육과정을 찾는 일은 무의미하다는 관점을 확대해 나갔다. 이러한 맥락에서 숙의는 지리학자가 지형도를 만들 때 직접 답사하며 만들듯이 교육과정 개발의 과정을 수순대로 보여 주는 중요한 역할을 하게 되었다.

숙의 개념의 확장과 학교교육과정 개발에의 적용

맥커친[1], 리드[2] 등은 교육과정 개발 과정에서 숙의 개념을 확장하고 교육과정 의사결정자들의 숙의적 접근을 옹호한 대표적인 인물들이다.

특히 리드는 슈왑이 밝힌 교육과정 공통 요소commonplaces, 즉 교사, 학습자, 교과, 환경을 교육과정의 숙의적 관점에서 논의하였다. 네 가지 교육과정 공통 요소는 타일러의 네 가지 위계적 질문[3]과는 달리 실제 교육과정 구성물이다. 실제적 교육과정 문제 탐구를 위한 숙의는 이들 요소들 간의 상호 관련성을 다루는 일이다. 리드는 슈왑이 제시한 숙의적 관점의 본질은 교육과정의 문제의식이 실제적이라는 사실이며 또한 숙의는 실제성을 밝히는 방법론이라는 사실을 확인하는 것에 있다고 하였다. 특히 그는 효과적인 학교교육과정이 구성되기 위해서는 교사, 학생, 교과, 환경 등에 의해 묘사된 모든 경험들을 하나로 모아, 직면한 교육과정 문제를 제도적·실제적으로 해결할 수 있는 실행 가능한 계획을 어떻게 만들 것이냐를 중요하게 생각해야 한다고 보았다.

한편, 교육과정 전문 연구자뿐만 아니라 교사의 교육과정 개발 과정에서의 숙의도 연구자들의 주목을 받게 되었다. 교사의 숙의는 학교교육과정을 개발하는 과정에서 교과 교육과정의 내용 선정과 학기, 월, 또는 주 단위 프로젝트 운영 방법을 논의하는 주된 의사결정 방식으로 기능한다. 학교교육과정 개발 상황에서 드러난 교사의 숙의 관련 연구 결과를 살펴보면 다음과 같다.

먼저 디에네스와 코넬리[4]는 중학교 과학교사 7명을 대상으로 교사의 교육과정 숙의를 서술적 설명으로 밝힌 연구에서, 교사 숙의 행위의 인지적 측면(교육 목적의 명확화, 숙의적 사고의 한계 설정, 숙의가 일어나는 사고 과정)과 교사의 상호작용 기술의 발달을 고찰하였다. 그들은 숙의적 사고는 교육 활동의 계획에서 요구되는 신중한 의사결정, 절충적인 관점, 상황에 따라 문제 제기를 할 수 있는 태도, 그리고 이러한 전반적인 흐름에 대한 이해에서 비롯된다고 밝혔다. 그들의 관심은 교사 주도 학교교육과정 개발이며 교사는 이러한 과정을 통해 개발된 교육과정을 효율적으로 실행하였다고 보았다.

다른 사례로 3명의 4학년 교사들이 사회과와 과학과의 주간 교육과정을 계획하는 과정에서 경험한 교육과정 숙의를 질적 사례 연구로 수행한 것이 있다.[5] 이 연구는 교사가 자신이 실행할 교육과정을 개발하는 일에 동료와 함께 참여하며 숙의를 경험하였고, 이 과정에서 교육과정 개발뿐만 아니라 만남을 통한 관계 형성에서도 큰 가치를 두게 되었음을 강조하고 있다.

우리나라 연구자들의 연구 결과로는 초등 3학년 통합 교육과정 구성 및 단원 개발을 시도하면서 교육과정 구성 방법 측면에서 해결책을 모색해 가는 숙의 절차에 초점을 두었으며 연구자들이 문제점들을 재고찰하는 반성적 측면을 중시한 사례가 있다.[6] 또 다른 연구에서는

"즐거운 학교생활"이라는 통합 교과 단원들을 초등 교사들이 통합적으로 재구성하는 과정에서 집단 숙의가 전개되는 모습과 특징을 드러내고자 하였다. 교과 통합 과정에서 나타나는 내용 측면의 쟁점과 숙의 과정에서 나타나는 절차적 측면의 쟁점을 중심으로 논의한 것이다.[7]

지금까지 살펴본 여러 학자의 견해와 사례를 정리해 보면, 1970년대와 1980년대에는 숙의를 통한 교육과정 개발 방식은 교육과정 전문 연구자만의 전유물이라고 해도 과언이 아니었다. 그러나 숙의를 통한 교육과정 개발은 학교교육과정 개발에 참여하는 교사에게도 동일하게 적용될 수 있다는 인식이 널리 퍼지게 되었다. 실제로 유의미한 연구 사례 등이 이를 뒷받침하고 있다. 숙의는 교육과정 구성과 개발에 참여하는 교사에게 새로운 공적 소통의 도구로서의 역할을 부여할 수 있다. 교육과정에 대한 관점 형성, 대안 제시, 논증, 대안 선택과 같은 과정은 학교교육과정이 개발되는 상황에서도 똑같이 요구된다. 학교교육과정의 개발은 학교 구성원들의 끊임없는 의사결정의 과정을 거치므로, 교육과정 개발이 교사 간 전문적인 대화의 기회라고 한다면 이것은 교사에게 매우 중요한 것이다. 이때의 대화와 소통은 숙의의 의미로 해석하는 것이 가능하다.

교사와 학습공동체

교사 학습공동체의 의의

교사들이 대화와 소통을 통해 학교교육과정을 개발하기 위해서는 그러한 대화와 소통이 가능한 시스템이 필요하다. 물론 학교에는 교사 간 대화와 소통을 위해 공식적 또는 비공식적으로 다양한 장치가 있지만, 여기에서 의미하는 것은 학교교육과정 개발을 위해 얼마나 '전문적'일 수 있느냐의 문제이다. 즉 교사들이 학습할 수 있는 시간과 공간의 확보, 그리고 참여 교사들의 몰입을 유지할 수 있는 기제가 필요한 것이다.

이러한 관점과 관련된 것으로 교사 학습공동체가 있다. 교사 학습공동체는 학교를 관료주의 조직에서 공동체주의 조직으로 전환하고자 하는 학교 개혁의 노력과 관련되어 있다. 1990년대 초반에 시도된 교육개혁의 시기에 교사 지도성, 동료의식, 학교 재구조화, 교사 전문성 문화, 권한 위임 등을 다룬 연구들에서 언급되면서 그 의미가 확대되고 다양해지기 시작했다. 주로 교사 교육 분야에서 많은 연구자들이 학습공동체가 어떤 역할을 하고 있는지를 밝히는 연구가 많았으며, 학습공동체 형성이 대부분 학교교육 개혁에 도움이 되었다는 믿음이 컸다.

교사 학습공동체는 대체로 사회학자들이 부여한 전통적인 의미와 교사 발달 및 학교 개혁 연구자들이 부여한 의미로 구분할 수 있다. 먼저, 전통적인 의미의 공동체를 다음의 다섯 가지를 충족시킬 때 형성되는 역동적 통일체로 규정할 수 있다.[8] 첫째, 집단이 공동 실천에 참여하고, 둘째, 상호 의존하며, 셋째, 공동으로 의사결정을 하고, 넷째, 집단을 개별적 인간관계의 단순한 합산보다는 더 큰 의미 단위로 생각하며, 마지막으로 집단이 자신은 물론 타 집단의 좋은 삶에도 헌신하는 것이다. 공동체 형성 과정의 키워드는 '조화로움의 달성', '소통', '의사결정과 관리', '갈등 관리와 공동체 재생' 등이다.[9] 공동체의 일반적인 의미에는 사회 공동체의 의미가 포함되어 있다.

이와는 달리, 공동체를 학교 개혁 또는 교사 전문성 발달 측면에서 논의할 때에는 학교교육 체제 안에서 좁은 의미로 언급되는 경우가 많다. 이 맥락에서 리버만은 학생들을 더 잘 교육할 수 있도록 스스로를 교육하기 위해 공동의 노력에 참여하는 전문가 집단이라고 규정한다.[10] 이것은 네트워크를 통한 교사 간 관계 맺음으로 개개인의 구성주의적 공동체성을 강조한 것이다. 학교 개혁이나 교사 전문성 발달을 다루는 연구를 고찰해 보면 '공동체', '동료의식', '협력', '공유', '상호작용', '관계' 등과 같은 용어들이 혼용되어 사용되고 있음을 알 수 있다. 전문적 학습공동체는 앞에서 언급된 개념들의 상호 관계 속에서 다루어지는 경우가 많다. 베스트하이머[11]는 교사 학습공동체의 특성을 '공유된 신념', '상호작용과 참여', '상호 의존성', '소수 의견에 대한 배려', '유의미한 관계성'으로 제시하였다. 그녀가 공동체의 의미를 명확하게 정의하지 않고 다섯 가지 특성으로 제시한 것은, 공동체의 목적과 형성 방법에 관한 다수의 연구물들을 고찰한 결과 합의된 명확한 개념을 찾을 수 없었기 때문이다.

관련 연구자들의 연구 결과에서 '동료의식', '신념의 공유', '소속감', '참여', '협력', '협동', '연대'와 같은 용어들을 사용하여 학습공동체를 폭넓게 설명하는 것으로 볼 때 학습공동체를 단일한 개념으로 정의하는 일은 어렵다.[12] 그래서 교사 전문성 발달 관점에서 주로 활약하는 연구자들은 자신들의 연구에서 공동체의 특성과 의미를 사회학적 일반론 관점으로부터 교사의 전문성 발달의 의미로 의도적으로 제한하기도 한다. 왜냐하면 교사에게 학습공동체란 학교라는 특수한 공간과 시간에서 형성되어 유지되는 성격이 강하고, 공동체 구성원으로서 교사는 다양한 가치관, 교육관, 세계관을 지니고 있다는 사실을 고려하지 않을 수 없기 때문이다.

교사 학습공동체의 특성

최근 학습공동체는 우리나라뿐만 아니라 교육개혁을 시도하는 외국에서도 교사 발달의 주요한 수단으로 광범위하게 수용되고 있다. 앞에서 언급했듯이 베스트하이머가 밝힌 학습공동체의 특성과 여러 연구자의 견해를 종합하여 학습공동체를 크게 참여와 상호작용, 동료의식, 관계성 문화, 협력적 학습의 네 가지 특성으로 분류하여 고찰하면 다음과 같다.

첫째, 학습공동체는 참여와 상호작용이 요구된다.

교사가 학교에서 공동체 학습 과정에 참여하는 것은 동료 교사와의 학습을 통해 자신의 교육과정 지식을 넓히고 수업을 개선할 수 있는 기회를 갖기 위한 것이다. 학습공동체에서의 교사의 학습은 불규칙적, 미온적 참여에서 규칙적, 적극적 참여 상태로 옮겨 간다.[13] 교사가 다른 생각과 가치를 가지고 있는 동료와 상호작용하는 것은 전문적 영역에 대한 전문적 대화의 필요성을 충족시키는 일이다. 이것은 교사 학습의 사회화 과정이다. 사회적 학습 과정을 통해 교사가 학습공동체에 참여하는 것은 기존 공동체 구성원들이 이미 형성해 놓은 이해 수준과 사고방식에 비추어 자신의 이해 수준과 사고방식을 끊임없이 검토하는 것이다.

둘째, 학습공동체는 동료의식을 중요시한다.

동료의식collegiality은 일상생활을 함께하는 교육자의 본질적 경험을 나타내는 동질성이다. 이것은 학교 공동체 외부에 존재하는 사람들에게는 보이지 않는 것이며 내부에 존재하는 사람들을 하나로 묶어 주는 역할을 한다.[14] 교사의 학습공동체 유형을 동료의식 형성 정도를 준거로 일반적으로 세 가지로 개념화할 수 있다.[15] 첫째, 학교 자체의 단일 공동체, 둘째, 교과별 공동체, 셋째, 유사한 생각을 가진 교사들끼리의 소모임 공동체 등이다. 어떤 수준이든지 교사는 실천적 학습공동체의 일원으로서 참여하여 활동하게 된다. 학교 내에 작은 학습공동체 또는 교사 팀이 형성될 경우 동료의식 수준이 높아 실천을 공유하고, 수업 개선에 지속적인 노력을 기울여 궁극적으로 학생의 학업 성취에도 긍정적인 영향을 미친다. 규모가 작을수록 동질성을 쉽게 확보할 수 있다.

셋째, 학습공동체는 관계성 중심의 조직문화에 영향을 받는다.

학습하는 공동체로서 구성원의 참여와 전문적 대화를 위한 상호작용이 가능해지면 좀 더 심화된 형태의 학습공동체 유지 기제의 필요성이 증대된다. 즉, 교사 간의 관계성을 어떻게 향상시킬 것인가의 문제이다. 학습공동체의 발달과 성장은 학교 조직문화와 불가분의 관계에 있으며, 학교가 가장 효과적일 경우는 비전과 가치를 공유하는 학습공동체가 제 역할을 할 때이다. 전문적인 탐구가 가능하고, 교사들이 기꺼이 위험을 감내하며, 리더십을 재고할 수 있는 학교 풍토가 형성되면 그 학교는 비로소 교사들이 전문성을 향상할 수 있는 토대를 구축해 간다. 교사들이 학습공동체에 참여함으로써 학교라는 일터와 학교라는 삶이 빚어내는 관계적 구조를 이해하게 되면서 개인과 조직의 긍정적인 관계 설정이 가능하게 된다.

넷째, 학습공동체는 교사 간 협력적 학습을 조장한다.

웽거[16](1998)는 교사들이 학습공동체 활동에서 보여주는 협력의 개념을 실천 공동체community of practice를 주창하는 학자들의 사회 학습 이론에 비추어 설명한다. 이른바 공동체주의자들로 불리는 이들은 한결같이 공동체에 참여한 구성원들이 서로의 관심사를 공유하고, 정기적인 상호작용을 맺으며, 현실을 개선하기 위한 지속적인 학습이 이루어져야 함을 강조한다. 실천 경험 반성과 그 경험의 공유를 위한 교사 협력은 중요하다. 이러한 맥락에서 살펴보면, 협력은 공동체의 구성원 한 명 한 명을 동일한 목적 달성을 추구하는 집합적 전체의 일부분으로 여기며, 공동체의 목적과 구성원 개개인의 목적이 공유되어 있는 상태라고 볼 수 있다. 공동체는 구성원들의 협력적 노력에 의해 유지되는 상호 의존적 시스템이다.

지금까지의 논의를 정리해 보면, 교사는 자신의 성장을 위해 학습공동체를 형성하여 참여하고, 이를 유지하는 데 필요한 동료의식을 강화시키며, 관계성 중심의 학교문화를 형성하고, 교사 간 협력을 시도한다. 이러한 노력들은 수업 개선을 활성화시키고 교사의 전문성 담론에 많은 시사점을 준다.

여기에서 한 발 더 나아가 교사 학습공동체를 학교교육과정 개발을 위한 관점에서 해석할 필요성도 있다. 학습공동체를 통한 교사 학습이 궁극적으로 교육과정에 대한 폭넓은 논의로 이어져야 한다는 의미이다. 교사는 교육 목표를 설정하고 내용을 선정·조직한 후 이를 수업에서 실천하고, 평가하는 일련의 교육 흐름을 조정하는 총합적인 안목을 형성해야 한다. 이것은 교사가 학습공동체에서 학교교육과정 개발 담론을 생성하고 동료 교사와 함께 교육과정을 설계하며 실행에 참여하게 될 때 가능한 일이다.

2. 문제의식

우리나라 학교교육과정 개발 과정에서
숙의의 가능성은 있을까

숙의적 관점에서 보면 교육과정은 계획, 문화적 재생산, 경험 등의 의미보다는 실제적 기예practical arts의 견해를 취한다. 기예란 교육과정의 난제를 발견하고 그것들에 대해 숙의하여 해결 방안을 창안해 내는 것이다. 제도화된 계획과 현실의 실제가 만나는 지점이 바로 숙의적 관점의 교육과정이 잉태되는 곳이다.[17]

숙의적 관점의 본질은 교육과정 문제는 실제적이라는 것이며 숙의는 이 실제적 사태를 해결하기 위한 방법론이라는 가정에 있다. 따라서 숙의적 관점의 교육과정 개발을 논의할 때는 구체적인 교육과정 사례에 관심을 갖게 된다. 그 까닭은 계획과 통제로 인한 편협성 논란을 완화시키고, 이론적 법칙과는 달리 절충적 기예에 의해 발현되는 다양성과 독특성에 주목할 수 있기 때문이다.

우리나라에서 학교교육과정을 개발할 때는 국가교육과정을 기반으로 지역 교육청의 지침에 따라 학교교육 철학과 목표 수립, 교과 교육과정 재구성, 수업과 평가 계획 등을 내용으로 구성하되, 지역의 여건과 학생의 특성, 학부모의 요구를 고려해야 한다. 학교교육과정이 이러한 위계 관계 속에서 다양한 요소를 고려하여 개발될 때 교육과정의 숙의적 관점은 유용한 접근법이 될 수 있다.

맥커친[18]은 숙의가 교육과정 개발 과정에서 핵심적인 과정이라고 말한다. 숙의는 교육과정 개발, 즉 목표 설정, 편성, 운영, 평가 등 전 과정에 모두 해당한다. 교육과정 개발이 교육과정 이론가나 전문 연구자에 의해 수행될 경우 대부분 숙의의 의미는 이들의 의사결정 절차나 방식의 의미로 국한된다. 그러나 단위 학교에서의 교육과정 개발은 필연적으로 수업과 관련성이 높다. 따라서 교사에게 숙의란 교실 수업 상황을 고려하여 학교 구성원의 가치와 철학을 반영하는 의사결정 과정으로 볼 필요가 있다.

실제 학교에서 교육과정 숙의 상황은 어떠한가

학교에서 실제로 진행되고 있는 교육과정 개발 과정은 어떠한가? 교사들은 학교교육과정을 개발할 때 타일러가 강조한 것처럼 '교육 목표'를 교육과정 개발의 출발점으로 삼으면서 순서대로 교육과정 요소를 개발하고 있는가?

앞에서 언급한 연구 결과 중 한 가지는 학교에서의 교육과정 개발은 구성원 간의 끊임없는 대화의 과정이며 그 대화의 수준은 구성원이 만들어 낸 학교문화로부터 큰 영향을 받는다는 사실이다. 그래서 숙의를 단위 학교의 문화적 맥락과 구성원의 사회적 취향이라는 두 가지 관점에서 설명하는 것도 매우 설득력을 갖는다.[19]

첫째, 숙의의 의미는 단위 학교의 여러 가지 문화적 맥락에 의해 규정된다. 그들은 숙의 과정에 영향을 미치는 요인으로 학교의 교육과정 관련 의사결정 시스템, 고유한 학교 교육 철학의 존재 여부, 교사 중심 또는 학생 중심의 교수·학습 분위기, 교육 내용과 학생들의 일상적 삶의 관계 짓기, 학부모와 지역사회의 교육적 요구 등과 같은 문화적 맥락 요인이 있음을 밝혔다. 복잡한 사회적 관행, 학교의 제도적 관습, 구성원들이 빚어내는 교육적 상징들이 의미를 구성하게 하고 그것이 실제 교육 상황에 적용될 수 있도록 고려하면서 어떻게 견고한 교육과정을 만들 것인지를 고민하는 일이다.

둘째, 숙의의 의미는 그 과정에 참여한 구성원들이 형성하고 있는 사회적 취향에 의해 규정된다. 다시 말해 숙의에 참여하는 개개인이 소유하고 있는 정치적 의제agendas를 고려해야 한다. 숙의 참여자들은 자신들이 관련을 맺고 있는 형식적 또는 비형식적 집단, 그리고 그 집단이 빚어내는 계급적 특성의 상태를 심리적으로 진술하게 된다. 따라서 숙의란 역동적이고 다양한 현대 사회에서 어떻게 학생들이 가치 있는 행위를 하도록 교육과정을 구조화할 것인가를 결정하는 문제로 귀결된다. 또한 어떤 종류의 지식과 어떤 지식의 관점이 그 과정에 참여하도록 이끄는지, 우리가 신뢰하는 타인의 의제, 아이디어, 가치 등은 무엇에 근거하고 있는지, 타인의 관점과 자신의 관점이 어떻게 일치하게 되는 것인지를 드러내는 일에 집중하게 되는 것이다.

교육과정 문제의식의 실제성을 확보할 수 있을까

사실 현재도 교육과정 개발 과정에 교사가 참여하는 것에 대한 부정적인 입장과 긍정적인 입장이 맞선다. 전자는 교사의 교육과정 개발 전문성 미흡, 연구와 개발 시간의 부족 그리고 교육과정 개발은 국가적 차원에서 접근할 때 효율적이라는 입장이다. 후자는 아무리 잘 만들어진 교육과정도 교사가 학교와 교실에서 실행하지 않으면 아무런 의미가 없다는 입장이다.[20] 이러한 양 입장의 차이는 교육과정 현상을 보는 시각, 또는 교육과정 개발 과정에 대한 기본 관점의 차이에서 유래한다. 하지만 교육과정의 실제성을 주장하고 있는 슈왑[21]의 입장에서 보면 교사의 교육과정 개발의 참여에 대한 갈등의 여지는 없다. 교사는 슈왑이 중요시하는 교육적 실제에서의 중심적 역할을 수행하고 있고 그 실제에서 일어나는 복잡하고 다양한 상황에 대처할 수 있는 실제적 지식을 가지고 있기 때문이다. 이것은 교사가 학생과 교과 그리고 환경과의 상호작용 속에서 일어나는 빈번한 문제들을 처리할 수 있는 능력과 자질을 가지고 있다는 의미이다.

엘바즈는 이러한 실천적 또는 실제적 지식에 대해 다음과 같이 정의하고 있다.

실제적 지식은 우선적으로 학생의 학습 방식, 흥미, 요구, 장점과 어려움 그리고 수업 기술의 축적과 교실 운영 기술의 경험을 포함한다. 교사는 생존과 성공을 위하여 학교와 사회구조가 무엇을 요구하는지를 안다. 교사는 학교가 한 부분으로 속해 있는 지역사회에 대해 알고, 지역사회가 용인하는 것과 그렇지 않은 것에 대한 감각을 갖고 있다. 이러한 경험적 지식은 교과, 아동 발달, 학습, 그리고 사회 이론과 같은 영역에 대해 교사가 갖고 있는 이론적 지식에 의해 영향을 받는다.[22]

교육과정 개발에서 교사의 참여를 배제하는 것은 교육과정이 실행되는 교육적 상황에서 외부자에 의해 고안된 교육과정이라는 제품을 그대로 학습자에게 전달하는 수단으로 교사를 전락시키는 것이다. 그리고 교육과정이 이루어지는 현상의 측면에서 교육적 상황을 추상화하는 과오를 범하는 결과를 초래하는 것이다. 그러므로 교사를 교육과정 개발의 참여자로 고려하는 것은, 슈왑이 실제성을 추구하고 교육과정의 공통 요소 간의 상호작용을 교육과정으로 규정하는 관점에서는 당연한 것이다.

이러한 맥락에서 몇 가지 질문을 할 수 있다. 현재 우리나라 교사는 학교교육과정 개발 과정을 어떤 방식으로 인식하고 있는 것일까? 국가교육과정 체제에서 우리나라 교사의 교육과정 개발 전문성 논의는 제한적이었다가, 교육과정 자율화 이후 활발해지는 경향을 보이기도 하지만 여전히 충분하지 않다. 워커[23]가 일찍이 밝혔듯이 숙의는 지리학자가 지도를 만들 때 직접 답사하며 만들듯이 교육과정 개발의 과정을 수순대로 보여주는 중요한 역할을 하게 되었다. 그렇다면 과연 숙의적 관점은 우리나라 교사가 인식하고 있는 학교교육과정 개발 참여와 논의에 실질적인 도움을 줄 수 있을까? 또한 우리나라 교사가 인식하고 있는 교육과정 개발의 문제점은 타일러 이론에 근거한 선형적 접근 방식 때문이었을까?

숙의적 관점을 중심으로 A초등학교의 교육과정 상황을 보며 저자 스스로 제기한 이러한 질문들은 숙의가 학교교육과정 개발을 위한 대안적 접근이 될 수 있다면 왜 현재 학교에서 활성화되지 못할까라는 궁금증으로 발전하게 되었다. 학교 내부 시스템의 문제인지, 교사의 전문성 부족 때문인지 아니면 학교교육과정 개발을 어렵게 만드는 다른 근본 원인이 있는 것인지 밝혀 볼 필요가 있었다. 이러한 질문을 하면서 우리나라 교사의 학교에서의 삶과 대화 속에서 학교교육과정 개발이 차지하는 비중이 어느 정도인지, 교사에게 어떤 의미로 해석되고 있는지를 고찰하는 것부터 시작해야 한다는 결론에 도달하였다.

리드는 숙의적 관점의 본질을 설명할 때 교육과정의 문제의식이 실제적이라는 사실을 애써 강조한 바 있다.[24] 특히 학교교육과정이 효과적으로 구성되기 위해서는 교사, 학생, 교과, 환경 등에 의해 묘사된 모든 경험들을 하나로 모아, 직면한 교육과정 문제를 제도적·실제적으로 해결할 수 있는 실행 가능한 계획을 어떻게 만들 것이냐를 중요하게 생각해야 한다고 보았다.

리드의 견해처럼 우리나라 교사에게도 교육과정 문제가 실제적이라면 그것은 곧 공적 자아로서 자신의 존재를 규정하고 학교에서의 교육과정 문제, 즉 교육과정 개발과 같은 문제를 자신의 삶의 일부분으로 끌어 들여와야 함을 의미한다. 그렇게 되면 교사는 학교에서의 교육과정 개발이 자신의 문제임을 인식하게 될 것이다.

또한 스스로 또는 동료 교사와 어떤 관계를 맺으며 어떻게 문제를 해결하는지 그 과정을 중요하게 받아들이게 될 것이다. 그러나 교사가 학교교육과정 개발 문제를 자신의 삶 속의 일부분으로 투영하여 그 과정에 실제로 참여하는 것은 쉽지 않다. 학교에서의 교사의 삶은 분절적이며 고립되어 있고 자신의 경계선 지키기에 익숙한 만큼 이를 해체해 줄 수 있는 기제가 필요하기 때문이다.

학습공동체는 해결 방안이 될 수 있을까

웽거[25]의 학습공동체에 대한 주장은 앞에서 언급한 문제적 견해에 한 가지 시사점을 제공한다. 즉 교사의 학교에서의 삶의 분절성, 고립, 경계선 지키기에 대한 집착 등을 해체시킬 수 있는 기제로서 교사 학습공동체의 가능성이다. 그는 교사 학습공동체를 실천공동체 community of practice로 규정하고 공동체 내에서의 실천적 경험의 상호작용을 강조하였다. 그리고 주된 상호작용 방식 중 한 가지를 교사들의 진지하고 전문적인 대화로 보았다. 그는 성공적인 학습공동체 내 교사들은 교육과정과 수업, 그리고 학교의 다양한 의사결정 사안을 전문적 대화로 해결해 왔다는 사실에 주목한 바 있다. 일찍이 워커[26]가 교육과정 숙의의 주된 역할을 의사결정의 관점을 형성하고 선택적 대안을 고안해 내며 구성원 간 진지한 논증을 하는 것으로 규정했던 것으로 볼 때, 교사 학습공동체에서의 전문적 대화는 숙의를 닮아 있다.

그러나 교사 학습공동체는 학교 내에서 숙의가 활성화될 수 있도록 도움을 주는 시스템일 뿐, 학습공동체에 참여하는 교사가 그것에 특정 가치를 부여하여 적극적으로 참여하기 전까지는 어떠한 의미도 가지고 있지 않다. 중요한 것은 교사가 그 시스템 속에서 과연 어떤 대화와 협력적 활동을 할 수 있고, 그 협력적 활동이 무엇을 위해 형성되고 운영되는가가 중요하다. 교사에게 가장 실제적인 문제가 교육과정을 개발하고 운영하는 일이라면 교육과정을 개발하는 그 순간 개발에 참여하고 있는 교사들이 실제로 무슨 일을 하고 있는지에 관심을 쏟아야 하는 것은 자명하다.

워커가 밝혔듯이, 교육과정이 어떤 모습이어야 하는가에 대한 대답을 찾기보다는 어떻게 해야 그러한 대답에 도달할 수 있는가 하는 질문을 해결하기 위해 노력해야 한다는 것은 현재 우리나라 교사의 학교교육과정 개발 상황에서도 유효하다. 이 해결 과정에 교사 한 명 한 명이 참여하며 역할을 수행할 때 교육과정 문제는 교사에게 실제적인 문제, 자신의 문제가 된다. 이때 비로소 숙의적 관점에서의 교육과정 개발은 교육과정 개발의 과정을 수순대로 보여 주는 역할을 할 수 있는 것이다.

지금까지의 논리가 타당하다면 교사의 실제적인 교육과정 문제 인식, 그리고 그것을 해결하기 위한 참여가 필요하다는 문제의식에서 한 단계 더 나아가야 할 것이다. 학교에서의 교육과정 개발은 타인의 문제가 아니라 곧 교사 자신의 문제이며, 개인의 문제가 아니라 학교라는 공동체의 문제임을 인식할 필요가 있다. 그리고 학교교육과정 개발이 개인의 문제임과 동시에 공동체의 문제가 되기 위해서는 교사가 그 과정에 동료와 협력적으로 참여해야 한다는 당위성이 성립된다.

이러한 관점에서 접근할 때 숙의는 교육과정 구성과 개발에 참여하는 교사들의 공적 소통의 방식이 될 수 있으며, 학습공동체는 숙의가 가능하도록 만들어 주는 학교 내 시스템으로서 역할을 할 수 있다. 학습공동체에서의 관점 형성, 대안 제시, 논증, 대안 선택과 같은 대화 과정은 학교교육과정이 개발되는 숙의 상황에서도 똑같이 요구된다. 교사는 학교교육과정 개발에 참여하면서 끊임없는 의사결정의 과정을 경험하므로, 학습공동체에서의 교육과정 숙의는 교사의 성장과 학교교육과정 개발에 중요한 의미가 있다고 판단하였다.

3. 연구 방법

A초등학교와 연구 참여자

A초등학교는 경기도 Y시에 있는 32학급 규모의 학교로 2001년에 개교하였다. 아파트 단지로 둘러싸인 도시형 학교로서 학업 성취 수준이 높은 편에 속해 학생들의 기초학력 미달 비율이 0%에 가깝고, 학부모의 학교교육 관심도가 높은 반면 학교 민원 사례가 많은 편이다. 2년 전에는 해마다 학년 후반기에 개최하던 재능 발표회가 학부모 사이에서 과열 양상을 띠어 문제가 되자 폐지하기도 하였다. 여교사의 비율이 남교사에 비해 월등하게 높고, 학교장은 공모형 교장으로 교직원, 학부모와 소통하기 위해 노력하는 스타일이다.

개발 과정에 참여한 교사는 8명이며 모두 A초등학교가 학교교육과정 개선을 위해 자체 조직한 학습공동체 구성원이다. 이○○은 학습공동체 팀장으로, 교육과정 전공 박사 학위를 가지고 있으며, 교육과정 부장이다. 교육청의 교육과정 편성·운영 지침 작업에 수년 동안 참가하였다. 문○○은 현재 교무부장으로 경력 27년의 교사이며, 2014년 A

초 교육과정을 기획하고 제작하였다. 고○○은 경력 28년의 교사로 전임 학교에서 교무부장을 지낸 바 있으며, 현재 A초 교사 연수 업무를 맡고 있다. 김○○은 4학년 부장교사로 경력 18년의 교사이다. 배○○은 5학년 부장교사로 경력 15년의 교사이며, 전임교에서 다수의 현장 연구 경험과 주제 중심 통합 교육과정 개발에 관심을 가지고 실천하고 있다. 송○○은 6학년 부장교사로 경력 23년의 교사이며, 다양한 교과 연구회 활동 경력을 가지고 있다. 장○○은 경력 7년의 교사이며, 교육과정 석사 학위를 가지고 있으며, 프로젝트 학습을 위한 교과 재구성을 선호한다. 최○○은 경력 14년의 교사로 체육 교과를 전담으로 가르치고 있다.

참여 교사들은 이른바 T/F팀의 성격이 강하였고, 대부분 자발적으로 참여하였다. 무엇보다 비교적 다양한 교직 경력을 가진 교사들로 구성되어 학교 조직문화, 교직 경력 발달 단계별 학교교육과정 개발 참여 경험 유무, 직책상 핵심 역할 수행, 그리고 학교교육과정에 대한 개인별 통찰이 다르게 나타날 수 있는 장점이 있다.

자료의 수집과 분석

자료 수집은 2014년 4월부터 2015년 2월 사이에 실시되었다. 주된 자료 수집 방법은 참여관찰과 심층면담이다. 참여관찰 자료는 연구자가 주기적 학습공동체와 교육과정 워크숍 등에 참여하면서 보고, 듣고, 느낀 점을 참여관찰 일지 형태로 기록하였으며, 협의 과정에서 있었던 사건을 가능한 한 상세히 기록하기 위해 서술적 관찰 방법도 일부 병행하였다. 심층면담 자료는 학교교육과정 개발팀 소속 교사와의 공식적·비공식적 면담 결과를 활용하였다. 공식적 면담은 면담 대상 교사와 시간과 장소를 미리 약속한 후 준비한 질문을 활용하여 연구의 중·후반기에 주로 진행하였다. 참여 교사 8인 각각 3회 1시간 정도 (총 24시간) 소요되었다. 이때 구조화된 질문지를 원칙으로 사용하면서, 상황에 따라 비구조화된 방식을 활용하여 면담자와 가능한 한 자연스럽게 대화 형식으로 진행시키기 위해 노력하였다. 면담 내용은 면담 대상자의 허락하에 녹음하고, 녹음 결과는 전사하여 분석 자료로 활용하였다. 비공식적 면담은 주로 공식적인 학습공동체 협의 시간이 아닌 점심시간이나 쉬는 시간 또는 학습공동체, 워크숍 등이 운영된 후의 대화를 중심으로 수시로 기록 또는 녹음하였다.

자료 분석은 자료 전사, 자료 분석 체계 개발, 자료 정리 및 사례 추출, 결론 도출 과정을 거쳤다. 자료를 주제별로 분류하기 위해 주제별 약호화coding를 한 후 주제별 파일을 만들어 나갔다. 구체적인 자료 분석 절차는 다음과 같다. 첫째, 전사 자료와 면담 자료, 회의록을 반복적으로 읽으면서 연구 참여 교사들의 플랫폼에서 나타나는 교육과정 문제의 쟁점들을 총체적으로 이해하고자 하였다. 둘째, 쟁점화된 교육과정 문제의 특성을 가장 잘 드러낸다고 생각되는 주요 영역을 추출하였다. 주요 영역은 혁신교육, 교육과정 개발, 교사 협력, 그리고 학교 조직문화이다. 셋째, 영역별 특징을 가장 잘 드러낼 수 있는 사례들을 추출하고 재조직하였다. 추출된 주요 요소는 교육과정 자율성, 변화, 교육과정 관점, 교육과정 쟁점, 공동체 학습, 동료의식, 갈등 조정, 합의 등이다. 넷째, 주요 요소 및 사례들을 재검토하면서 영역별 특성을 가장 잘 드러낼 수 있는 주제어를 선정하였다.

워커가 1971년에 자신의 논문에서 제시한 교육과정 개발의 자연주의적 모델은 플랫폼, 숙의, 설계의 3단계이다. 그런데 A초등학교 교육과정 개발에서 참여 교사들의 숙의 과정을 분석하기 위해서는 좀 더 구체적인 절차가 필요하였다. 숙의 과정 분석 틀을 김평국[27]은 강령, 쟁점 확인, 쟁점 심의, 합의로 제시하였고, 노이에[28]는 공감하기, 일치된 의견 부각하기, 관점 설명하기, 관점 변화 드러내기, 일치된 의견 조정하기, 합의하기의 여섯 가지 장면으로 제시하였다. 하지만 실제 숙의 과정에서는 때에 따라서 특정한 장면이 생략되거나 통합되기도 하는 등 단계적으로 진행되지는 않는다. 따라서 김평국과 노이에 모형을 변용, 종합하여 A초등학교에 적합하게 숙의 절차를 반영한 분석의 틀을 만들었다.

그림 6-1 A초등학교 교육과정 개발에서 숙의 과정 분석의 틀

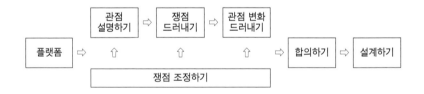

4. 교사 학습공동체 형성 과정

학습공동체 구성하기

학교교육과정 개발을 위한 학습공동체 운영의 첫 단계는 공동체 팀 구성이다. 본 연구의 학습공동체는 6명의 부장교사와 2명의 일반 교사로 구성되어 있다. 교육과정과 관련 있는 모든 집단의 대표들이 참여하지 않았지만, 연구의 시작점부터 개발자들은 학교교육과정 개선이라는 신념과 아이디어를 어느 정도 공유하고 있었다고 볼 수 있다.

A초등학교 교육과정 개발을 위한 학습공동체 운영은 대체로 월 2회 매주 목요일에 이루어졌다. 수업 후 오후 3시 30분부터 6시까지 약 2시간 30분 정도 논의하는 시간을 가졌다. 논의 시에는 교육과정 이론이나 교육과정 정책 이해를 위한 공동 학습이 병행되었다. 팀장인 이○○ 교사의 주도로 타일러, 워커 등의 교육과정 개발 이론과 국내 학자들의 이론, 그리고 교육청의 혁신교육 장학 자료와 정책 등을 분석했다. 방학 중의 모임은 주로 오전에 이루어졌다. 여름방학 중에는 각종 연수와 출장이 겹쳐서 요일을 상황에 맞게 변경하여 운영하였다.

겨울방학 중에는 1월은 운영하지 않았으며, 2월에는 집중 작업을 위해 주 2~3회 협의 시간을 가졌고, 때에 따라서는 밤늦게까지 회의나 작업이 이루어지기도 하였다.

플랫폼 형성[29]

A초등학교 교육과정 개발 논의의 출발점은 2014년 3월 전체 교직원 회의에서 2015년 혁신학교가 되기 위해 2014년 교육과정의 문제점을 발견하고 수정·보완 하면서 더 나은 교육과정을 미리 준비하자는 다수 교사의 의견과 합의에 따라 구성된 것이다. 8명의 교사들이 학습공동체의 필요성을 인식하고 학습공동체를 통해 교육과정을 개발하겠다고 한 것은 워커의 표현을 빌리면 플랫폼의 형성이라고 할 수 있다.

2014년 A초등학교 교육과정은 교사들이 보지 않는 교육과정, 교육과정부장 교사 1인이 편집해서 만들어 낸 교육과정, 교실의 실제 수업과 일치하지 않는 문서로서만 존재하는 교육과정이라는 이미지를 가지고 있었다. 그리고 개발팀 구성원들은 이러한 문제점을 극복하고 학생의 삶과 성장 중심의 학교교육과정 개발, 그리고 개발자들의 교육과정 개발 전문성을 높이기 위한 관련 이론 학습이라는 두 가지 목적에 어느 정도 인식을 공유하고 있었다. 혁신학교라는 외적 요인과 새롭고 더 나은 교육과정을 개발할 필요가 있다는 내적 요인이 결합하여 이전과는 다른 시도를 하게 된 것이다.

쟁점 조절하기

A초등학교 교육과정은 플랫폼이 서로 다른 구성원의 합의하에 만들어진 하나의 공통된 플랫폼을 토대로 만들어진 것은 아니었다. 자신 또는 타인의 플랫폼을 선택하기 위한 노력이 없었던 것은 아니었지만 결과적으로 교육과정의 최종 결과물을 결정하는 것은 현실적으로 학교장의 권한에 많은 영향을 받았다. 그리고 A초등학교 교육과정 개발 과정에서 숙의는 개발자의 다양한 의견과 갈등을 표출하고 조정할 수 있도록 하는 중요한 위치를 차지하고 있었다.

학교교육과정 개발은 내용 영역과 주제 선정, 그리고 내용을 선정·조직하는 교과 교육과정 개발과 달리 주로 학교의 교육 목표 설정, 중점 교육 활동 선정, 학년별 교육과정 재구성 방향, 교수-학습 전략, 학생 평가 방식 선정에 주안점을 두었다. 숙의의 과정에서 개발자들은 자신의 경험과 전문성을 바탕으로 국가교육과정, 교육청의 지침, 교과 교육과정, A초등학교 학생과 학부모의 교육 요구 설문 결과 등을 분석하여 개발의 방향을 논의하였다.

중요 내용을 숙의하는 장면들은 개발자들 간의 복잡한 대화이자 자신의 교육과정 관점을 설명하는 과정이었다. 그 과정에서의 대화는 끊임없는 교육과정 목표 확인과 수정, 그리고 실행 과정에서 얻게 되는 다양한 교육적 담론의 형성과 변화였다.

설계하기

숙의의 목적은 설계이지만 설계를 위해 다시 숙의를 거치는 복잡한 대화와 의사결정 과정이 수시로 일어났다. 일치된 의견이 등장하여 관점을 형성하게 되면, 그 관점이 다시 변화하여 조정을 거친 후 개발자 간 합의하는 과정이 여러 차례 반복되어 일어났다. 개발 과정에서 개발팀은 네 가지 원칙을 지키려고 하였다.

첫째, 교사 개개인 또는 학년별 의견을 충분히 수렴하려고 노력하였다.

둘째, 학교장과 교직원회는 팀으로서 8명의 개발자에게 학교교육과정 개발의 권한을 최대한 부여하기로 하였다.

셋째, 교육과정 개발팀을 구성하고 이를 학습공동체로 운영하였다.

넷째, 학교의 교육 목표, 중점 교육 활동, 교과 교육과정 재구성, 학생의 수준과 흥미를 고려한 교수-학습, 평가 방식 재설정, 구성 요소 간의 연계성을 강화하고자 하였다.

이 설계에서 가장 중요하게 생각했던 것은 학교의 교육 목표 설정과 그에 따른 중점 교육 활동 선정, 그리고 교육과정 재구성 방식이었다. 학교의 교육 목표 설정의 경우 대체로 학교장의 학교 경영 철학이 그 학교의 교육 목표가 되는 현실과 차별화하여, 다수 교사의 의견 수렴 과정을 사전에 충분히 거친 후 개발팀이 중심이 되어 개발하는 방식을 선택하였다. 중점 교육 활동은 교육 목표에 드러난 교육 가치와 교육 철학을 구체화할 수 있는 활동을 선정하려고 하였으며, 교육과정 재구성은 체험학습을 중심으로 주제 중심 교과 통합을 주된 방식으로 정하였다.

5. 숙의의 형성과 전개

교육과정 개념의 불일치

학교교육과정 개발팀은 초기 학습공동체 활동에서 교육과정, 교육과정 개발, 교육과정 재구성 등에 대한 개념, 이론, 과정 등에 대해 학습과 토론을 병행하였다. 그럼에도 불구하고 토론 과정에서 지속적으로 견해의 차이가 노출되었다. 최초의 갈등 지점은 교육과정 개념이었다. 연간 학사 일정 수립, 교과별 연간 시간표 배열, 교과별 시수 배정, 창의적 체험활동에 각종 행사나 교육 활동 배정, 교과 내용, 교육과정 재구성 등 다양한 교육과정 관련 개념들이 개인별 이미지 형태로 형상화되어 있어 혼란스러운 대화 상태가 유지되었다.

> 문○○   학사 일정은 내가 할 일이지만 교육과정은 이 부장이 해
> 야지.
> 이○○   그 말씀이 아니라…… 제가 드리고 싶은 말씀은…….
> 문○○   교육과정부장이 체험학습이랑 평가랑 그리고 통지표까지

하는 것이 맞지.

이○○ 아니 잠깐만요. 제가 드리는 말씀은 일은 제가 하는데요 학교교육과정을 개발하는 것은 그런 것이 아니라 좀 크게 접근해야 합니다.

김○○ 제가 보니까 이○○ 부장이 말하는 교육과정이랑 교무부장님이 말하는 개념이 조금 다른 것 같아요.

최○○ 맞아, 나도 그런 생각을 했는데…… 작년에 만들었던 교육과정은 어떻게 되는 건가요? 내용은 별 차이 없고. 선생님들이 보지도 않을 텐데.

송○○ 보니까 이 부장님은 계속 목표를 좀 새롭게 세우고 교과서가 아니라 교사가 뭔가 재구성을 해서 수업을 해야 그것이 아이들한테 도움이 되는 교육 내용이 된다고 말씀하시는 것 같아요.

이○○ 그렇습니다. 연간 시간표 작성했다고 해서 교육과정 다 했다고 봐서는 안 된다는 거죠. 그리고 교과서 내용으로 수업하는 것이 잘못된 것은 아니지만 교과서만 가지고 수업하기에는 애들도 선생님들도 수업하기가 힘드시잖아요.

장○○ 아마 4, 5, 6 학년에서는 교과들을 서로 연계시켜서 관련 있는 내용들을 중심으로 주제로 만들어서 프로젝트 재구성을 많이 시도해야 할 거예요.

고○○ 그러니까 구체적으로 우리가 해야 할 일이 무엇인지 먼저 정해야 하지 않겠어요? 그래야 진척이 있지 계속 자기 생각만 말해서는 오늘 퇴근도 못 하겠네.

_4월 10일 녹음 전사 기록

A초등학교에서 교육과정을 개발하는 일은 '학교의 일 년 교육 계획을 세운다', '저 위에서 누군가 만들어 낸다'고 이해되고 있었다. 교사가 주체가 되어 '교육과정을 개발한다'는 표현은 공감을 얻기 어려웠다. 이○○ 부장이 학교교육과정을 개발한다고 제안했을 때 개발팀 내 구성원 대부분은 교사 스스로 또는 외부의 시선에 의해서 위축되고 소극적인 모습을 보였다. 또한 이 일에 참여하는 교사들의 인식 속에는 사실상 위계적 도식이 자리 잡고 있었다. 새로운 교육과정 모습이나 틀이 이미 '저 위'에서 정해져 내려오는 것이고, 자신들은 구체적인 실무 작업을 할 뿐이라는 것이다.

학교교육과정을 개발하는 일이 다수 교사들의 합의와 판단, 의지가 반영되는 일이라기보다는 학교장이 독자적으로 설정한 학교 경영 방향을 반영하는 일이고, 일부 교사들은 그러한 방식에 적지 않은 불만과 어려움을 호소해 왔지만 실제로 그 일을 수행하는 상황이 되었을 때는 혼란스러움을 느끼고 있었던 것이다. 학교교육과정 개발은 '나와 우리'가 하는 일이 아니라 '저 위에서 그들'이 하는 일로 여겨져 왔음을 짐작할 수 있었다.

그러나 문○○ 교무부장은 견해가 달랐다. 많은 교사들은 그동안의 교육과정이 '저 위'에서 결정된 것이라고 말하지만, '저 위'라고 불리는 사람들이 볼 때는 그것이 단위 학교를 책임져야 하는 의사결정권자의 입장에서 내린 결론이지 특정 인물(예를 들어, 학교장)의 일방적인 판단이라고만 볼 수 없다는 것이다.

> 문○○ 작년에 제가 도맡아서 교육과정을 만들기는 했는데, 교장
> 선생님이 혼자 결정했다기보다는 직간접적으로 교사나 학
> 부모, 학생들의 다양한 의견들을 집약적으로 수용하려고
> 노력하신 것 같아요. 사실 교육부나 교육청이 새로운 정책
> 을 내놓을 때마다 바꾸고 특색 있는 교육과정을 만들어야
> 하는데 그것에 대한 부담감도 많으셨어요. 무엇보다 학교
> 장은 책임을 지는 자리라서 겉으로 보아서 좀 틀이 있고,
> 약간 화려하기도 하고, 멋있는 그런 모양새를 갖춘 교육과
> 정을 선호할 수밖에 없지 않겠어요.
>
> ﹣5월 22일 개별 면담 자료

학교교육과정을 개발하는 교사들 사이에 이러한 상반된 견해가 맞
설 때 어떻게 합의가 이루어질 수 있을까? 타일러[30]는 사회 및 학습자
요구, 교과 전문가의 견해 등을 기초 자원으로 하여 교육 목표를 설정
하도록 하고 있는데, 이와 같이 상반된 견해가 팽팽하게 맞서는 상황
에서는 어떻게 판단해야 하는지 언급하지는 않았다. 그동안 여러 해
학교교육과정 개발에 직간접적으로 참여해 온 문○○, 고○○, 배○○,
송○○ 등의 경험에 따르면, 이러한 시각의 차이를 가진 교사들끼리
만나서 협의하고 절충점을 찾아내어 이를 결과물로 만들어 가는 경험
은 거의 없었다. 오히려 어느 한편이 힘을 얻어 힘을 얻은 쪽의 결과가
주로 반영되거나, 학교장이 자신의 교육 철학을 그대로 학교교육과정

에 옮겨 싣는 경우가 대부분이었다. 개발에 참여한 교사들의 교육과정에 대한 견해 차이는 플랫폼의 차이라고 할 수 있었다.

혁신교육에 관한 이해의 틈

A초등학교 교육과정을 왜 개선해야 하는지에 대한 질문에 다수 교사들은 "교육의 본질을 추구하고 학생의 성장을 돕는 교육의 실천"이라고 비슷하게 대답했다. 대한민국 교육이 안고 있는 구조적인 문제, 즉 과도한 경쟁과 서열 중심의 교육, 대학입시 교육으로 인한 초·중등교육의 비정상적인 관행, 그리고 사교육이 정당화되는 현실에서 정작 학생들은 보이지 않는다는 사실에서 그 이유를 찾았다. 이 견해들은 지금 이 시대를 살아가는 대다수의 학생들에게 왜 학교를 다녀야 하는지 그 이유를 현재의 삶과 관련시켜 이해시켜야 함을 대변하고 있다고 본다.

그러나 교육과정과 수업을 개선하여 학교교육의 본질을 추구하고자 하는 욕망은 동일하지만, 어떤 철학과 가치, 접근 방식을 취하는 것이 교육 본질을 추구하는 것인지에 대해서는 교사들 간에 분명한 사고의 경계가 있었다. 혁신교육에 대한 인식 차이는 사고의 경계를 보여 주는 대표적인 사례이다.

혁신교육은 2014년 다수의 진보 성향 교육감 취임 이후 전국적인 공교육 개혁의 흐름 중 하나라고 볼 수 있다. A초등학교가 속해 있는 경기도 지역은 타 지역보다 훨씬 오래전부터 혁신교육 정책이 시행되었고, 학교마다 혁신 정책 실천 강도의 차이가 있지만 교육과정 및 수업 혁신에 대한 담론이 매우 활발하게 진행되고 있었다.

여기에서 혁신교육이란 교육의 구조적 문제를 해결하기 위해서는 가르치는 내용과 가르치는 방식에 대한 철학과 가치를 근본적으로 전환해야 한다는 것이다. 이를 위해 민주적인 학교 체제를 만들고, 교육과정을 재구성할 수 있는 교사 역량을 강화하며, 학생 중심의 수업을 실천하고 이것이 가능한 학교문화가 조성되어야 한다는 전제가 가정되어 있다.

김○○, 최○○는 국가교육과정이 자주 바뀌고, 교육감도 수시로 바뀌는 상황에서 새로운 정책들, 특히 혁신학교 정책이 학교의 혼란만 가중시키고 있다고 주장했다. 교육과정 재구성을 강화하고, 수업을 개선하며, 학생 평가 방식을 다양화하자는 명목하에 잦은 협의, 수업 공개 횟수 및 평가 업무 증가는 교사들에게 부담만 가중시킨다는 것이다. 혁신교육은 기존의 학교교육 시스템을 무너뜨리며 교사를 혁신의 대상으로 삼아 교사의 의욕과 사기를 떨어뜨리고 있다는 것이다.

김○○ 혁신교육이 도대체 뭐죠?

이○○ 교육을 보는 관점을 좀 달리해 보자는 거지요?

김○○ 몰라서 묻는 것이 아니라, 자꾸 저 위에서 누군가가 시켜서 하게 되는 것 아닙니까?

최○○ 너무 원론적이에요. 선생님들이 아무것도 안 하고 있는 것이 아니잖아요.

문○○ 다른 학교에서는 이미 평가를 많이 바꿨어요. 우리 학교만 옛날 평가 방식이에요.

김○○ 그렇게 따지면 바꿀 일이 한두 가지가 아니죠. 혁신한다고 모든 것을 다 바꿔야 하나요? 지금도 하고 있는 것이 얼마나 많은데.

최○○ 선생님들만 희생하고 힘들게 하는 게 혁신이라면 동의하기 어렵습니다.

_4월 24일 녹음 전사 기록

그러나 고○○, 이○○는 혁신교육은 단지 교육을 바라보는 관점을 전환시켜 주는 역할을 할 뿐이며 혁신교육을 한다고 해서 모든 교육 문제가 해결되는 것이 아니라는 점을 강조하였다. 새로운 교육과정을 만든다고 해서 A초등학교 교육이 완전히 달라질 수는 없지만, 교육과정은 변화된 가치와 신념을 담을 수 있는 그릇이므로 지금 중요한 것은 학생들의 삶과 성장이 최우선이라는 가치와 신념을 어떻게 A초등학교의 교육 철학으로 만들어 나가느냐라는 문제의식을 가지고 있었다. 그러기 위해서는 교사들이 끊임없이 성찰하고 높은 책임감을 발휘할 필요가 있다는 견해였다.

고○○ 교실에서 어린 학생들과 씨름하다 보니 시야가 좁아진 것은 사실이에요. 다른 것은 모르겠는데 일단 혁신교육이 교사에게 넓은 시야를 가지라는 메시지를 주는 것은 참 잘하는 일이라고 인정하고 싶어요.

문○○ 이 부장님이 보셔서 알겠지만 우리 학교교육과정 바꿀 곳이 참 많아요. 솔직히 어디서부터 손대야 할지 모르겠어요.

이○○ 3, 4년 전 내용이 그대로 있기도 해요. 저는 혁신이 일단 불필요한 것을 버리는 일이라고 생각합니다. 일단 비워야 새로운 것을 채워 넣을 수가 있거든요.

고○○ 참 좋은 말씀입니다. 채워 넣기 전에 먼저 버렸으면 해요.

송○○ 학교교육과정에 아이들을 위한다고는 하지만 정작 아이들을 위한 것은 구체적으로 없는 것 같아요. 없는 것은 아니지만 그렇다고 있다고 할 수도 없고. 새로운 생각을 담는 것이 쉽지는 않을 것 같아요.

이○○ 저는 교사들이 이 시점에서 무엇보다 현재의 교육 모습에 대해 비판적으로 생각하고 스스로 성찰해야 한다고 봅니다. 그것이 출발점이라고 생각해요.

_4월 24일 녹음 전사 기록

혁신교육에 관한 교사 간의 이해의 틈을 어떻게 메울 수 있을까? 이 견해 차이 역시 앞에서 언급한 플랫폼의 차이였으며, 학습공동체 내 학습과 협의 과정에서 지속적으로 충돌하는 지점이 되었다. 혁신교육에 관한 견해는 교사 개개인의 신념과 가치관에 직접 연관된 것으로서, 단시일에 합의와 절충으로 해결될 수 있는 것이 아니었다. 초기 학습공동체 협의에서는 혁신교육을 지지하는 교사들과 부정적인 교사들, 그리고 미온적인 태도를 보이는 교사가 공존하는 구도가 형성되어 있었다. 지속적인 학습과 토론을 통해 혁신교육을 지지하는 교사들의 플랫폼이 강하게 만들어지는 경향이 나타났으나, 여전히 지지하지 않는 교사들의 견해도 유지되었다.

결국 혁신교육을 지지하는 교사들의 플랫폼에 따라 학교교육과정이 개발되는 양상이 전개됨으로써 하나의 교육과정이지만 그것을 만드는 주체에 따라 서로 다른 교육 철학이 공존하여 담기는 형상이 되었다.

숙의의 걸림돌: 동료성 형성의 심리적 장벽

학교교육과정 개발을 위한 학습공동체가 일단 형성되었지만 본래의 의도에 맞게 유지시키는 일은 더욱 어려웠다. 시간 제약, 냉소적 시각, 빈약한 토론 문화 등이 학습공동체에서의 교육과정 숙의의 걸림돌로 관찰되었다. 이러한 걸림돌들은 대체로 A초등학교가 형성하고 있는 학교문화와 관련이 깊었다. 근무 시간 이후에 학습공동체에 참여한다는 일은 개인적인 책임감과 헌신을 요구하는 일이었으며, 다른 두 가지는 학교 조직에서 각 개인에게 보이지 않는 힘으로 작용하는 잠재적, 심리적 장벽이었다. 특히 학습공동체 내에서 연구하고 협의하는 주제는 논리적인 성격을 가지고 있었고 그에 따라 합리적인 의사소통을 요구하지만 실제로는 팀원 간의 정서적이고 심리적인 관계에 더 많은 영향을 받고 있었다. A초등학교에는 전문적 학습공동체를 형성하는 데 필요한 참여와 소통, 관계성과 협력 같은 긍정적 요인도 존재하지만 그것을 방해하는 요인도 있었다. 그중 타인과의 관계를 맺는 데 있어 갖게 되는 심리적 어려움이 가장 큰 장애 요인으로 관찰되었다.

먼저 교사들은 학교 관리자가 권위적이라고 느끼거나 동료 교사와 갈등을 겪어 적절한 동료성을 형성하지 못할 경우 타 학교로 전출하고자 하는 욕구를 강하게 느낀다. 교사는 근무한 지 2년이 지나면 언제든지 전출을 희망할 수 있다. 이○○는 이것을 '뜨내기 현상'이라고 부른다. 또한 자신이 근무하는 학교 환경에 적응하기 힘들다고 느낄 때 자신의 생존 전략을 나름대로 구축한다. 그것은 '동료에게 까칠하게 대하기', '나를 보호하기 위한 방어막 치기', '깊은 인간관계 맺지 않기' 등의 현상으로 나타난다.

> 이○○ 큰 학교에서는 사실 서로가 낯설어요. 같은 학교에 근무해도 동학년이 안 되면 잘 모르죠. 그래서 처음에는 절대 친절하거나 고분고분하다는 인상을 주면 안 돼요. 성격이 좀 까칠하다는 인상을 풍길 필요가 있어요. 안 그러면 남들이 하기 싫어하는 어려운 업무 주고 또 다른 선생님들이 얕잡아 보거든요.
>
> _5월 22일 개별 면담 자료

또한 학교는 20대부터 50대의 교사가 함께 근무한다. 가치관, 교육관, 인생관 등이 다른 교사들이 동료가 된다. 다양한 연령대의 교사가 동학년에 적절하게 배치되도록 의도적으로 유도하기도 하고 특정 연령대의 교사들끼리 스스로 동학년을 형성하기도 한다. 매년 다음 해 학년 배정 시기만 되면 비슷한 연령대의 마음이 맞는 교사들끼리 삼삼

오오 뭉쳐 동학년을 구성하기를 희망한다. 고○○은 이것을 '끼리끼리 현상'이라고 명명한다.

> 김○○   장단점이 있을 거예요. 마음이 맞는 선생님들끼리 동학년
> 하면 좋은 점도 많아요. 마음이 맞으니까. 학년이 잘 돌아
> 가요. 당연한 거 아니에요? 특히 여자들은 수다로 스트레
> 스 풀어야 되니까.
>
> _7월 10일 개별 면담 자료

> 고○○   지난번 근무했던 학교에서는 좀 심해서 집단으로 학교 일
> 을 거부하기도 했어요. 한 학년이 동일한 목소리를 내니까
> 관리자들이 힘들었지요. 자기들만 편하자고 그러는 거 다
> 보이더라고…… 심했지. 좋아 보이지는 않았어요. 우리 학
> 교에도 몇몇 뭉치는 선생님들이 있는 것 같은데 열심히 잘
> 하는 것 같기도 하고, 글쎄…….
>
> _7월 10일 개별 면담 자료

교사들의 관계적 협력 수준은 소규모 친밀 수준에서 동학년 수준, 그리고 학교 수준으로 순차적으로 발전되어 간다기보다는 경계선이 불분명한 채 혼재되어 있다. 동학년의 동료성 수준을 높이기 위해서는 소규모 교사끼리의 동료성이 먼저 형성될 필요가 있음을 확인할 수는 있었다. 그러나 언제든지 학교를 옮길 수 있다는 점, 연령대와 가치관이 다른 교사들에 대한 배타적 현상 등이 동료에게 쉽게 마음을 열지

못하게 한다. 교사들은 마음이 맞고, 가치관이 비슷하고, 동일한 연령대의 동료들을 찾아 고심하며 해마다 다양한 인적 조합을 만든다. 그래서 최적의 조건이 형성되기 전까지는 동료이지만 동료성을 형성할 수 없는 피상적인 인간관계를 맺는다.

이와 더불어 교사에게 토론은 낯설다. 토론하기 위해서는 동료 교사와 함께 얼굴을 맞대고 대화해야 하고, 대화를 통해 소통하고, 소통을 중심으로 작은 담론들을 형성할 수 있어야 한다. 그러나 교실에 머물면 이러한 번거로움을 없애 준다. 굳이 토론의 공간과 시간에 자신의 에너지를 투자하고 싶지 않다.

미성숙한 교사 토론문화를 지적하는 교사도 있었다. 동학년 협의 시간이 연구자가 기대하는 수준만큼 전문적인 대화가 아니라고 설명하였다. 또한 전체 교사 협의에서 독단적인 발언권을 행사하는 교사가 있으며, 이를 방지하기 위해 토론의 규칙이 필요하고, 공동체 학습 상황에서는 참석한 모든 사람이 균등한 발언을 할 수 있어야 한다는 주장도 있었다.

> 이○○ 사실 연구실에서 선생님들끼리 모이면 수업이나 학생에 대해서 말하기도 하는데 잡담이 더 많지 진지한 토론하기는 힘들어요. 동학년 선생님들이 모인다고 해서 진지한 얘기를 하기는 어렵죠. 머리 아파요. 드라마 본 거, 인터넷 기사나 자기 아들딸 얘기나, 남편 흉보기나 하고…….
>
> _10월 16일 개별 면담 자료

장○○ 겨울 교육과정 반성회 때 한 선생님이 너무 혼자 말하는
        상황이 있었어요. 토론의 룰이나 이런 거가 필요하다는 것
        을 느꼈어요. 자신의 생각만 끝까지 고집했고. 침묵하는
        많은 선생님들. 답답하기도 하고. 목소리가 크면 중요한 것
        같지는 않은 문젠데 그쪽으로 분위기가 넘어가서 별로 생
        산적이지 않은 꼬투리 잡는 말싸움이 되었었죠.

                                    _11월 6일 개별 면담 자료

학교교육과정 개발이 진정으로 의미 있는 작업이 되려면 교육과정
또는 교육과정 개발 이론이 팀원 개개인의 의식적인 삶 속에서 한 부
분을 차지하도록 만드는 일이 필요하다는 사실을 알 수 있다.

매주 목요일을 교육과정 개발팀의 정기적 학습공동체의 날로 지정
하여 운영하였지만, 시기별 운영 편차가 컸다. 또한 학습공동체 모임
자체를 냉소적으로 생각하는 교사들도 있었다. 그동안 학교의 대부분
의 의사결정이 학교장과 소수 부장회의에서 이루어져 왔고 정작 교사
개개인의 작은 목소리가 반영되는 통로는 없었다는 것이다. 개별 교
사에 따라 차이는 있지만 길게는 20년 이상, 짧게는 3~4년의 교직 경
력 기간 동안 쌓여 온 학교장이나 학교 조직의 관료적 문화에 대한 불
만과 불신은 자발성이 전제가 되는 학습공동체 참여에도 영향을 미쳤
다. 이로 인해 어떠한 혁신적인 시도에도 참여하지 않고 부정적인 시
선을 갖기도 한다. 그래서 현재 자신이 소속된 학습공동체에 대해서
도 막연한 불안감을 갖게 되는 원인으로 작용하고 있었다.

김○○ 이전에 이런 경험이 없었다는 것이 잘 참여하지 않게 만드
는 거 같아요. 작년에도 비슷한 모임이 있기는 했는데 하
는 둥 마는 둥 형식적이고, 가 봤자 말하기도 어렵고 말해
봤자 들어주지도 않아서 가능하면 모임에 참여하고 싶지
않았어요.

_6월 5일 개별 면담 자료

또한 초기부터 혁신교육에 부정적인 입장을 보여 온 최○○과 김○
○이 전체 교사 협의 때마다 중요하지 않은 사안에 대해 자주 감정적
인 발언을 하면서 분위기를 갈등관계로 몰고 가고 있다는 견해도 있
었다. 자신의 의견을 고집하며 상대방을 굴복시키려는 경향이 강하고,
타인의 견해를 수용하려는 의지는 부족하다는 것이다. 이○○ 부장은
혁신교육이 강조하는 교사 간 협력, 공동체 의식, 토론 중심의 의사결
정 등은 근본적으로 교사 자신의 철학과 가치를 드러내고 타인의 철
학과 가치를 받아들일 수 있는 심리적 자세가 형성되어야 가능할 것
이라고 했다.

시간 제약, 냉소적 참여, 빈약한 토론 문화 등을 개선하기 위해서는
많은 시간과 노력이 필요하다. 교사의 마음속에 자리 잡은 높고 두터
운 심리적 장벽은 쉽게 허물어지지 않는다. 동료 교사와 진지한 대화
를 할 수 있는 마음의 준비, 타인의 생각을 경청할 수 있는 열린 마음,
팀에 대한 신뢰, 교육과정 개발과 관련한 작은 담론을 수시로 다룰 수
있는 역량 등도 필요하다고 관찰되었다.

다층적 갈등 표출:
교육과정을 통한 교육, 교육을 통한 교육과정

다층적 갈등은 여름 교육과정 워크숍을 통해 드러났다. 학교교육과정 개발팀은 7월의 학습공동체 주요 활동을 여름 교육과정 워크숍 추진으로 정하였다. A초등학교에서 교육과정 워크숍은 복합적인 성격을 갖고 있다. 부서별 추진 사업을 점검하는 관례적 관점과 학교 및 학년 교육과정 운영에 대한 공적 논의의 기회여야 한다는 관점이 공존하고 있었다.

장○○은 2013년 워크숍 때 관련 자료를 많이 준비해 갔으나 실제로 그 자료들을 활용하지 않았고, 출발할 때는 교육과정 워크숍인데 도착하면 공간만 원거리로 이동된 회식자리가 된다고 하였다. 교육과정 워크숍이 형식적으로 운영된다는 지적에 대해 이○○은 교육과정 부장으로서 새로운 방식의 여름 교육과정 워크숍을 2015 교육과정 개발팀이 직접 주관하자고 제안하였다.

협의를 통해 워크숍의 목적을 '모든 교사가 참여하는 학교 교육 철학 세우기'로 하였다. 프로그램 내용은 우리 시대 교육의 위기 진단, 학교와 교사의 진정한 모습 찾기, A초등학교의 문제점, 그리고 이것을 극복하기 위해 학교 목표를 어떻게 설정할 것인가 등이다. 운영 방법은 전체 오리엔테이션, 분임별 주제 토론, 그리고 분임장의 발표와 전체 토론으로 구성되었다.

그러나 이○○ 부장은 워크숍 계획을 학교장과 상의하는 과정에서 의도하지 못한 어려움을 겪게 되었다. 학교장은 8월에 정년을 앞둔 교사의 정년 퇴임식과 친목 행사를 이번 여름 워크숍 기회에 한꺼번에 하도록 하는 요청을 하였다.

이○○ 워크숍이면 워크숍이지 정년 퇴임식을 같이 하게 되면 이게 뭡니까?

문○○ 그렇다고 전 교직원 모이는 행사를 여러 번 하기도 힘들잖아요, 예산 문제도 있고.

이○○ 전 정말 당황했어요. 교장선생님께서 그렇게 말씀하시니.

최○○ 이 부장님 계획대로 꼭 해야 하나요? 전체 선생님들 의견을 모은 것도 아니잖아요.

이○○ 이제 의견 수렴해야죠.

최○○ 선생님들이 워크숍 한다고 하면 작년처럼 하겠지 하고 생각하고 계실 것입니다. 액션러닝도 좋고 분임토의도 좋은데 선생님들이 과연 잘 참여하실까요?

김○○ 저도 일단 동의하기는 했어도 선생님들이 할 수 있는 수준으로 해야지 이렇게 힘들게 프로그램을 짜면 안 되지 않아요? 지금 상황으로는 다 하기도 힘들 것 같은데.

이○○ 학교가 바뀌려면 교육과정을 항상 먼저 생각하고 여태 우리가 관례적으로 해 오던 것들을 과감히 버리기도 하고 바꾸기도 해야죠.

고○○ 정년식도 중요하지. 이 부장 눈에는 교육과정만 보일지 모르지만 학교장 입장에서는 우리가 생각하지 못하는 것도 하나하나 챙겨야 하는 법이야. 이 부장만 너무 앞서가는 경향이 보여.

_7월 3일 녹음 전사 기록

이후 7월 31일 학습공동체는 워크숍 평가회로 진행되었다. 워크숍의 본질이 축소, 조정되는 것을 막고 원칙대로 실천하며 혁신교육을 실현해 보고 싶어 하는 입장과, 관행이라 불리는 기존 학교문화도 의미 있으며 어떤 새로운 가치도 전통적인 학교문화와 현실적 맥락 속에서 변형될 수밖에 없다는 입장이 선명하게 대립하였다.

배○의 말을 빌리면 결과적으로 워크숍에 참여한 A초등학교 선생님들 만족도가 높았다고 했으나, 학교교육과정 개발팀이 의도한 본질적 가치에 대해 깊은 고민을 했는지는 알 수 없다고 했다. 학습공동체 내부 갈등의 씨앗은 수면 아래에서 원래의 형태대로 자리 잡고 있었다.

이 갈등은 9월과 10월의 학습공동체에서 교육과정 이론을 학습하는 과정에서도 숙의의 일면으로 다루어졌다. 장○○은 혁신교육에서 선호하는 이론 중 하나로 맥타이와 위긴스의 백워드 교육과정 설계 모델을 A초등학교 개발 모형으로 선택하고 이와 관련된 심층적 학습을 해야 한다고 주장했다. 배○도 역시 비슷한 맥락에서 삶 자체를 교육과정으로 보는 혁신교육의 관점이 학생의 성장을 위해 필요하다는 인식을 받아들여야 한다고 주장하였다. 이○○ 부장은 타일러의 모델이든 맥타이와 위긴스의 백워드 모델이든 모두 절차에 한정된 것이고 중요한 것은 공동체 팀원 개개인이 얼마나 진지하게 학습에 참여하고 유의미한 경험을 하느냐가 중요하다고 보았다.

반면, 고○○과 문○○은 외국 학자의 개발 이론이 현재 A초등학교

교육과정 개발에 어느 정도 도움을 주는지 알 수 없으며, 지금까지 해 온 학교 현장의 고유한 교육과정 개발 스타일이 있으니 이를 존중해야 한다는 입장을 보였다. 최○○과 김○○은 실제로 도움이 안 되는 교육과정 이론 공부를 학습공동체에서 해야 하는지 여전히 의문이며, 가능한 쉽고 간편한 방식으로 누군가가 정해서 제시해 달라는 입장을 보였다.

> 김○○   백워드 모형이 학생들한테 그렇게 좋다면 왜 다른 학교에 서는 이것을 적용하지 않나요?.
>
> 장○○   이미 혁신학교에서 해 보니 좋았다고 합니다.
>
> 최○○   혁신학교에서 했다고 해서 다 좋은 것은 아니잖아요. 저는 실패한 경우도 같이 소개되어야 한다고 보는데 혁신학교 사례들은 모두 성공한 얘기만 해요.
>
> 이○○   이것을 우리 학교에 적용하려면 전면적인 교육과정 재구 성을 해야 합니다. 평가도 크게 바꿔야 하고요. 우리도 어 려워하는데 선생님들께서 과연 하실 수 있을지…… 어려 울 걸요?
>
> _9월 25일 녹음 전사 기록

파이나는 교사가 단지 교과의 전문가가 되어야만 하는 것은 아니라고 주장한다. 그는 교사가 자기반성, 지성, 간학문성과 박식함이 그들 자신의 주관적이고 사회적인 영역만큼이나 분리될 수 없다는 점을 이해하는 지식인, 그리고 사적임과 동시에 공적인 지식인이 되기를 제안한다. 또한 교사는 실천적 지식인이 되어야 한다. 교육과정에 대한 깊은 안목과 통찰, 그것을 기반으로 한 교육과정 편성, 그리고 수업에서 자신의 철학을 가지고 가르침을 구현해 내는 실천적 전문가이다.[31]

A초등학교 8명의 교사들이 1년간의 학습공동체 참여와 새로운 형태의 워크숍을 경험하면서 얻게 된 것은 무엇일까? 그것은 정기적인 학습공동체 참여를 통해 동료와의 연대감 형성, 개인적 성찰의 시간 확보, 그리고 교사로서의 교육적 자화상을 발견할 수 있는 기회를 갖게 된 것이 아니었을까? 국가 수준 교육과정이나 학교교육과정을 아무런 고민 없이 나열하고 재배치하던 관습으로부터 벗어나 비로소 교육과정 전문가로서의 공적인 지위를 재구축하려는 몸부림이 아니었을까? 좋은 수업을 해 보고 싶다는 작은 소망에서 시작해 수업과 교육과정을 공부하는 학습공동체에 참여하고, 학습공동체 참여를 통해 다져진 소통과 성찰이 몸에 배어 결국 교육과정 워크숍에서 학교교육과정에 대한 전문적인 의사결정을 가능하게 하는 힘을 만든 것은 아닐까?

6. 숙의가 학교교육과정 개발에 주는 숨은 뜻

학교교육과정 낯설게 보기

A초등학교 사례에서 보듯 학교에서의 교육과정 개발은 선형적 절차를 따르지 않는다. 학교 교육 목표 설정, 그리고 그에 따른 교육 내용 구성과 평가 방법 선정 과정이 복합적이고 통합적인 상태에서 논의된다. 목표에 따른 중점 교육 활동 선정, 교육과정 재구성, 평가 방법 선택 등의 과정이 순차적으로 진행되기보다는 교사들이 실천해 왔던 교과 재구성 방식, 교육청의 지침에 따른 평가 방법이 새로 설정하고자 하는 교육 목표와 동등한 수준에서 함께 논의되었다.

이 과정에서 숙의는 교육과정에 포함되어야 할 실제적 문제들을 다루는 추론적 수단을 제공할 뿐 절차적인 단계를 거치지 않는다. 오히려 교사 간의 중층적 상호작용이 순환적으로 일어났다. 누군가가 해왔고 누군가 대신 해 주었던 일이 나의 문제가 되고 내가 해야 할 일이 되었을 때 교육과정 개발은 교사에게 실제적인 문제가 된다. 그러기 위해서는 당연히 존재하고 있는 '교육과정'을 낯설게 보려는 노력이 필요하다.

숙의는 '교육과정 쟁점 조절하기'의 성격을 갖는다

슈왑[32]은 교육과정 논의의 실체가 이론으로부터 실제the practical, 준실제the quasi-practical, 그리고 절충상태the eclectic로 전환될 때 교육의 문제가 새로운 관점에서 해결될 수 있다고 보았다. 절충상태는 비체계적이고 불안정하지만 다양한 방식으로 갈등을 일으키고 있는 이론들의 문제점을 유용하게 바라볼 수 있는 관점을 제공한다.

A초등학교 학습공동체 참여 교사들은 교육과정 이론을 학습하며 교육과정 지식과 교육적 인식의 지평을 넓혔다. 그러나 학습한 교육과정 개발 이론을 실제 학교교육과정 개발에 직접 적용할 수는 없었다. 학습공동체 참여 교사들에게 학교교육과정 개발은 실제적 문제였다. 이 문제를 해결하기 위해 교육과정 이론이 도움을 준 것은 확실하나, 교육과정 이론과 실제 교육과정 개발 사이를 연결해 주는 또 다른 매개체가 필요하였다.

숙의에서 절충적 기예는 참여 교사 간 상충하는 가치와 철학, 이론과 실제를 조정하고 결합하는 접착제 역할을 하였다. 또한 자신들의 선택과 행위의 결과가 문서화된 교육과정이라는 결과물로서 생산될 실제 사태라는 점에서 두려움과 부담감을 느꼈을 때 이를 수용할 수 있도록 하는 완충제 역할을 하였다. 이 측면에서 숙의는 학교교육과정 개발 과정에서 부각되는 교육과정 쟁점을 조절하는 성격을 가지고 있었다.

학교문화는 실제 교육과정 문제를 반영한다

A초등학교 숙의의 걸림돌로 관찰되었던 냉소적 시각, 빈약한 토론 문화는 A초등학교의 문화적 상징이다. 냉소적 시각은 동료 교사에 대한 심리적 장벽이며, 빈약한 토론 문화는 구성원 간 공적 논의 경험의 빈곤이다. 학교가 오랫동안 수직적·관료적 의사결정 문화를 관습처럼 형상화해 온 것을 설명한다. 이것은 8명의 교사가 학교교육과정을 개발할 때 직면하였던 A초등학교의 상황적 세상이다.

그 관습 뒤에는 교사의 주체성 상실이 숨어 있다. 교사는 자신을 객관화하여 교사로서의 공적인 영역에 머무르려고 하기보다는 주관화하여 교실을 사유화하고 사적인 영역에 머무르려는 경향을 만든다. 교실이 교사 개인의 사적인 영역이 될 경우 자신의 주관성이라는 안전지대로 숨어 버릴 수 있다. 이 과정에서 교사는 학교교육과정에 대한 구성원 간 공적 논의와 윤리적 책임을 포기하기도 한다.

숙의를 통한 교육과정 개발은 문화 의존적culture-dependent이다.[33] 모든 실제 교육과정은 그 교육과정이 기반을 두고 있는 공동체의 제도 및 관습과 관련이 있음을 인식해야 한다. 관습, 상징, 가치로 대변되는 학교문화는 구성원들이 창조해 내고 유지시켜 나가며 상황 맥락적이다. 따라서 학교문화는 학교 구성원의 행동과 가치를 조장하거나 제한하고, 구성원들의 사회적 관계를 형성하는 데 영향을 미친다.

긴장과 불안은 학교교육과정 개선 가능성을 낳는다

숙의 과정에서의 긴장과 불안은 갈등을 낳는다. 한편으로 긴장과 불안은 새로움을 낳기도 한다. 숙의는 이 새로움의 가능성을 생성하는 시간과 공간이 될 수 있다. A초등학교의 학습공동체는 교사의 교육과정 지식을 확대하기 위해 다양한 이론을 학습하였으나, 시간 제약, 교육과정 지식의 개인차, 학습 참여 의지 등의 요인으로 인해 학습 내용의 폭과 깊이가 제한적이었다. 팀 구성원 간 전문적 대화가 전개되기 위해서는 개별 학습을 공동 학습으로 전환하는 과정이 필요하며, 팀원을 신뢰하기 위한 개인적 노력이 동반되어야 했다. 무엇보다 견해의 차이로 인한 갈등 상황을 자연스럽게 받아들이고 동료 교사와의 언어적 의사소통을 통해 문제 해결 방안을 조금씩 구성해 나가는 노력이 필요했다.

교사의 숙의적 관점은 교육과정 지식을 기반으로 한다. 교사는 가장 중요한 교육과정 지식 자원이 될 수 있다. 이것은 교사가 교육과정의 제도적 측면과 실제적 측면을 통합해야 하는 독특한 존재라는 사실 때문이다.[34] 교육과정 제도는 때론 교사에게 지식의 전달자나 수업 테크니션의 역할을 부여하기도 하며, 교과·학생·환경 등과 같은 교육과정 구성 요소를 기계적으로, 충실하게 조합해 내도록 요구하기도 한다. 그러나 숙의적 관점에서는 교사가 이러한 역할을 넘어서서 교육과정을 비판적으로 바라볼 수 있는 지식을 갖기를 바란다.

학교에서 교육과정과 관련한 비판적 담론이 활성화되지 못하는 것은 교사의 교육과정 지식의 빈곤 또는 개별적 사고 경향 때문이다.[35]

교육과정 숙의를 위해서는 교육과정에 관한 전문 지식이 필요하다. 그리고 동료와의 적극적 의사소통에 참여하고자 하는 의지도 필요하다. 무엇보다 교사는 교육과정을 국가에 의해 주어지고 고정된 것이 아니라 교육공동체가 집단지성을 발휘하여 만들어 가고 상황에 따라 재구성하여 교실에서 구현해야 할 대상임을 자각해야 한다.

학습공동체는 자생적 힘을 길러야 한다

학교는 교사가 창의적인 학습자로 성장할 수 있도록 자생적 학습공동체를 지원해야 한다. 교사 학습공동체의 기본 가정은 교사가 수업 계획과 실천, 평가 문항 개발, 학생 학업성취도 향상, 교육과정 연구 능력을 향상하기 위한 다양한 활동에서 동료와 함께 할 수 있고 또 그렇게 해야 한다는 것이다. 학교 외부의 외적 지원에 의존하는 학습공동체는 유지하기 힘들다. 본질적으로 단위 학교에서는 학습공동체에 참여하는 교사에 대한 외적 보상이 없는 경우가 많으므로 자기 조직화self-organized된 성격을 갖고 자생력을 키우지 못하면 학습공동체 형성과 운영이 힘들다.[36]

이와 비슷한 맥락에서 교사의 협력적 상호작용은 전문가주의에 대한 허상일 뿐이며, 전문적 학습공동체는 통제되고 측정 가능하며, 자발적이어야 하며, 객관적 성취가 가능한 범위 내에서만 전문적일 수 있다는 비판도 가능하다.[37]

결국 학습공동체에서 교사의 자발성을 확보하기 위해서는 교사 스스로 교육과정의 목적과 필요성을 인식하고 자신의 성장과 학교교육을 혁신하기 위한 성찰이 가장 중요하다고 볼 수 있다. 성찰은 지성인의 가장 큰 비판적 도구이다. 지성인으로서의 교사는 기존의 지배 권력 담론 구조가 생산해 낸 학교문화 구조를 통찰하여 교육의 본질과 가치가 회복될 수 있도록 지속적이고 실천적 노력을 기울여야 한다.

교사의 교육과정 전문성 현재 모습이 보인다

교육과정 연구자들이 교사, 학습자, 교과, 환경을 교육과정의 공통 요소로 수용한 이후, 이들을 숙의적 관점에서 확장하여 논의하였고 그 과정에서 이론과 실천의 중재자로서 교사 역할을 재조명하였다.[38] 교육과정 이론과 실천, 교육과정 정책 추진에서 모두 교사 역할의 중요성을 언급한다. 교사는 교육과정 공통 요소의 한 가지이지만 학교 교육과정을 개발할 때는 다른 요소들을 조정하고 상호작용을 파악하여 재구성해 내는 주체가 되기도 한다. 따라서 전문 연구자들은 문서로서 생산된 교육과정 결과물에 초점을 두기 마련이지만, 교사가 교육과정 개발자로서 행동할 때는 개발한 교육과정이 교실에서 실행되는 상황을 더 중요하게 생각한다.

그런데 교사는 교육과정 개발과 실행 등 넓은 의미의 교육과정 활동에 참여하고 있지만, 숙의를 통한 신중한 선택보다는 무비판적이며 맹종적인 의사결정을 하는 경향[39]이 있다. 또한 홀로 교육과정과 관련한 의사결정을 내리는 특성이 강하며,[40] 동료 교사와 함께하는 집단 숙의의 경험 부족은 교육과정 전문성의 부족으로 연결되기도 한다.

학교문화가 숙의와 학교교육과정 개발에 영향을 준다면, 교사문화는 학교문화에 영향을 준다. 이혁규[41]는 이를 '폐쇄적인 교사문화'와 '고립적 교사문화'로 설명한다. 폐쇄적인 교사문화는 한국 공교육의 형성기에 경험한 감시·감독 위주의 장학 문화와 그에 따른 심리적인 상흔 때문이다. 그는 일본 제국주의 식민 지배 시기 그리고 해방 이후 권위적인 정부 시기에 교사는 소통 불가능하게 칸이 막힌 각자의 교실에서 표준적인 지식을 표준적인 방식으로 전달하면 역할을 다한 것이라는 인식이 형성된 것이다. 또한 고립적인 교사문화는 관리 중심의 학교 운영이 교사와 관리자 모두에게 기능적으로 유익하기 때문이다. 행정·관리 영역의 비대화로 수업과 교육 활동에 집중할 수 없도록 한 문화가 형성되고 역설적으로 이러한 환경에 순응하는 것이 교사 집단과 관리자들에게 암묵적으로 도움이 된다는 인식이 형성된 것이다.

교사의 교육과정 전문성 형성 이면에는 우리나라 학교의 독특한 문화와 그 문화를 통제하는 교사문화가 있다.

7. 맺는말:
학교교육과정 개발은 교사에게 실제적인 문제가 될 수 있을까

학교교육과정 개발은 교사에게 실제적인 문제인가

이 사례 연구의 문제의식은 다음과 같은 질문들을 중심으로 시작되고 진행되었으며 심화되었다. '현재 우리나라 초등학교 교사는 학교교육과정 개발 과정을 어떤 방식으로 인식하고 있는 것일까?', '숙의적 관점은 우리나라 교사가 인식하고 있는 학교교육과정 개발 논의에 실질적인 도움을 줄 수 있을까?', '교사는 학교교육과정 개발을 실제적인 문제로 인식할까?', '학교교육과정의 개발이 교사 자신의 문제이며, 공동체의 문제가 되기 위해서는 어떤 기제가 필요할까?' 하는 것들이었다.

A초등학교 학교교육과정 개발 과정에서 학습공동체의 시간과 공간을 통해 다층적 갈등이 표출되고 전개되면서 숙의가 형성되는 것을 확인할 수 있었다. 참여 교사들은 논증과 토론의 방식으로 자신의 견해를 선택하고 그것을 정당화하기 위해 노력하였다. 그러나 숙의는 사회 심리적인 영역이 아니라 논리적 영역이라고 표현한 워커[42]의 주장

과는 달리 교사 학습공동체에서의 숙의는 심리적인 영역을 포함하는 경우가 많았다. 숙의 참여자들의 논리적인 공적 대화 이면에는 갈등 표출을 통해 자리 잡은 심리적 장벽이 쉽게 해소되지 않기도 하였다.

숙의자 간 의사소통이 가능한 시스템을 구축하지 않으면 학교에서 교육과정 숙의 진행이 어렵다는 점도 확인할 수 있었다. 숙의 이론에는 교육과정 공통 요소들 간의 의사소통을 어떻게 할 것이며, 어떤 지점에서 합의를 이루어야 하는지, 자신의 견해를 주장하기 위해 제시해야 하는 자료는 무엇인지 그리고 이것들을 어떻게 설명하고 활용해야 하는지에 대한 상세한 설명이 부족하다. 숙의는 가시적인 의사소통 구조가 없다. 학교 또는 숙의 참여 교사들은 학교 여건에 맞는 숙의 시스템을 형성해야 한다. 무엇보다 학습공동체와 같은 구조적인 소통 방식을 마련한 후, 충분한 시간과 행정적 지원을 통해 전문적 학습이 동반되어야 정밀한 교육과정 숙의가 가능하다.

교사는 본질적인 가치를 공유하기 위해 노력하는가

가치의 공유는 쉽지 않다. 교사마다 가치관, 세계관, 교육관, 삶의 경험에서 축적된 문제 해결 방식 등이 다르기 때문이다. 이러한 간극을 좁히면서 공통된 목적을 위해 협력하여 과제를 해결하기 위해서는 상당한 노력이 필요하다. 학교교육과정 개발처럼 교사 개개인의 교육관이 충돌할 가능성이 높은 경우에는 더욱 그렇다. 무엇보다 교사 간 신뢰와 유의미한 관계가 형성되어야 학교교육과정 개발 과정에서 본질적 가치 공유가 가능하다.

스트라이크[43]는 학습공동체의 가치를 본질적constitutive 가치와 비본질적non-constitutive 가치로 구분하고, 교사 간 가치 공유의 딜레마를 지적한 바 있다. 실제로 학습공동체 내에서 교사 간 가치가 공유될 수 있는지를 문제 삼은 것이다. 그가 주장하는 본질적 가치 공유는 공동체 조직의 목적에 대한 내적 이해와 관계 형성으로 가능한 것이다. 만약 교사 간 관계 형성이 피상적이라면 가치 공유는 한계가 있을 수밖에 없다.

A초등학교에서는 혁신교육 가치와 기존의 학교, 교사에 내재되어 있는 전통적 가치가 서로 충돌을 일으켰다. 학교 조직 내에 혁신에 대한 무관심과 적극적 의지와 같은 상반된 정서가 공존하고 있었다. 연구에 참여한 교사들 사이에서 혁신교육 가치가 공유되고 그 가치를 중심으로 교육과정이 개발되고 있다고 믿었지만, 실제로는 기존의 전통적 가치도 여전히 공존하였다. 8명의 교사 중 혁신교육 가치를 지지하는 교사에게는 혁신교육이 본질적인 가치이지만, 전통적인 가치를 지지하는 교사에게는 전통적인 가치가 본질적인 가치가 된다. 양자 사이에서 미온적인 입장을 고수하던 교사는 학습공동체 운영 후반기에 혁신교육을 본질적 가치로 수용하려는 의지를 보였으나, 전통적 가치를 지지하는 교사 2명은 자신의 견해를 끝까지 바꾸지 않았다.

외부에서 유입된 가치가 기존의 가치를 대체하고 본질적 가치로 자리 잡기 위해서는 대체되는 가치가 시대적·사회적 요구를 반영하여 탁월한 것이고, 개인은 그것에 공감하고 수용할 수 있는 상태가 되어야 한다. 그리고 학교교육과정 연구팀의 교사뿐만 아니라 모든 학교 구성원의 공감과 이해, 그리고 공유될 수 있는 긴 시간이 필요하다고 분석되었다. 과연 교사는 본질적인 가치를 공유하기 위해 노력하는가? 가치 공유는 매우 어려운 일이다. 이러한 가치 갈등 또는 가치 공유 상황은 학교교육과정 개발 과정에서 수시로 반복되어 일어난다는 사실을 고려해야 한다.

1. McCutcheon, G.(1995), Developing the curriculum: Solo and group deliberation, New York: Longman.
2. Reid, W. A.(1992), The pursuit of curriculum: Schooling and the public interest, Norwood: Ablex Publishing Corporation.
3. 타일러의 네 가지 위계적 질문이란 '학교에서 달성하고자 하는 교육 목표는 무엇인가?', '수립된 교육 목표를 달성하는 데 유용한 학습 경험은 어떻게 선정될 수 있는가?', '학습 경험은 효과적인 수업을 위해 어떻게 조직될 수 있는가?', '학습 경험의 효과는 어떻게 평가될 수 있는가?'이다. 타일러가 『교육과정과 수업의 기본 원리』에서 제시한 이후 이 질문들은 교육과정 개발 상황에서 개발자들이 교육과정 요소들을 순서대로 묻고 따르는 절차가 되었다.
4. Dienes, B., & Connelly, F. M.(1973), A case study of teacher choice and deliberation. paper presented at the annual meeting of the AERA, New Orleans, LA, February(ERIC document reproduction service No. ED 081771).
5. Reid, M. J.(2009), Curriculum deliberations of experienced elementary teachers engaged in voluntary team planning, The curriculum Journal, 20, 409-421.
6. 조정순·김경자(1996), 「주제 중심 통합 교육과정 구성: 숙의 과정」, 『교육학연구』, 34(1), 251-272.
7. 김평국(2011), 「초등 교사의 통합 교과 단원 재구성 과정에서의 집단 숙의 양상」, 『교육과학연구』, 42(1), 151-189.
8. 본문에 언급된 전통적인 관점에서의 공동체의 의미는 Rainer와 Guyton이 Shaffer와 Anundsen의 표현을 빌려 정리한 것이다. 필자가 참고한 자료는 다음과 같다. Rainer, J., & Guyton, E.(1999, April), Coming together-respectfully: Building community in teacher education. paper presented at the annual meeting of the AERA, Montreal, Quebec(ERIC document reproduction service No. ED 441800). Shaffer, C. & Anundsen, K.(1993), Creating community anywhere, New York: Jeremy P. Teacher/Perigee.
9. Shaffer, C. & Anundsen, K. 위의 책에서 인용하였다.
10. Lieberman, A.(1996), Creating international learning communities, Educational Leadership, 54(3), 51-55, 52쪽에서 인용하였다.
11. Westheimer, J.(1999), Communities and consequences: An inquiry into ideology and practice in teachers' professional work, Educational Administration Quarterly, 35(1), 71-105, 74쪽에서 인용하였다. Westheimer는 교사 학습공동체의 개념이 명확하지 않고, 이 용어를 즐겨 쓰는 연구자들도 어떤 것이 교사 학습공동체인지 규정하지 않은 상태에서 사용하고 있음을 비판한 바 있다.
12. 대표적인 교사 학습공동체 연구 결과들은 다음과 같다.
   • Bryk, A. S., Camburn, E., & Louis, K. S.(1999), Professional community in Chicago elementary schools: Facilitating factors and organizational consequences, Educational Administration Quarterly, 35(Supplemental), 751-782.

- Lieberman, A.(1996), Creating international learning communities, Educational Leadership, 54(3), 51-55.
- Little J., Gearhart, M., Curry, M., & Kafka, J.(2003), Looking at student work for teacher learning, teacher community, and school reform, The Phi Delta Kappan, 85(3), 184-192.
- Grossman, P. L., Wineburg, S. & Woolworth, S.(2001), Toward a theory of teacher community, Teachers College Record, 103(6), 942-1012.
- Prytula, M. & Weiman, K.(2012), Collaborative professional development: an examination of changes in teacher identity through the professional learning community model, Journal of Case Studies in Education, 3, 1-19.

13. Printy, S. M., & Marks, H. M. 위의 책 98쪽에서 인용하였다.
14. Lieberman, A. 위의 논문 52쪽에서 인용하였다.
15. Printy, S. M., & Marks, H. M. 위의 책 96쪽에서 인용하였다.
16. Wenger, E.(1998), Communities of practice: Learning, meaning and identity, New York: Cambridge University Press.
17. Reid, W. A. 위의 책 22쪽에서 인용하였다.
18. McCutcheon, G. 위의 책을 참고하였다.
19. Ornstein, A. C., & Hunkins, F. P.(2004), Curriculum: Foundations, principles, and issues(4th ed.), Boston: Allyn and Bacon.
20. 이귀윤(2000), 『교육과정 연구』, 서울: 교육과학사, 228~232쪽에서 인용하였다.
21. Schwab, J. J.(1969), The practical: A language for curriculum, The School Review, 78(1), 1-23.
22. 박현주(1991), 「교육과정의 특성에서 본 '실제성(The Practical)' 이론의 타당성」, 이화여자대학교 대학원 박사학위논문, 81쪽에서 재인용하였다. 원 자료 출처는 Elbaz, F.(1983), Teacher thinking: A study of practical knowledge, New York: Nichols. Elbaz는 교사의 교육과정 개발을 실천적 지식과 관련짓는 다양한 연구를 하였다.
23. Walker, D. F.(1971), A naturalistic model for curriculum development, The School Review, 80(1), 51-65.
24. Reid, W. A. 위의 책에서 일관되게 진술하고 있다.
25. Wenger, E.(1998), Communities of practice: Learning, meaning and identity, New York: Cambridge University Press.
26. Walker, D. F. 위의 논문을 참고하였다.
27. 김평국(2011), 「초등 교사의 통합 교과 단원 재구성 과정에서의 집단 숙의 양상」, 『교육과학연구』, 42(1), 151-189.
28. Noye, D.(1998), Guidelines for conducting deliberations, In J. T. Dillon(Ed.), Deliberation in education and society(pp. 239-248), Norwood.: Ablex Publishing Corp.
29. 플랫폼(platform)은 교육과정 영역에서 일반적으로 '강령'으로 번역되며 정당의 강령처럼 주로 정치적 의미로 쓰인다. 그러나 교육과정 개발에 이 용어를 들여온 워커는 플

랫폼을 교육과정 개발자의 신념과 가치의 체계라고 본다. 즉, 플랫폼은 삶과 교육의 성찰을 통해 얻은 철학적 산물이다. 이런 맥락에서 강령이란 번역어가 적합하지 않다고 판단하여 원어인 플랫폼을 그대로 사용하였다.

30. Tyler, R. W.(1949), Basic principles of curriculum and instruction, Chicago: The University of Chicago Press.

31. Pinar, F. W.(2004), What is curriculum theory? Mahwah, N. J.: Lawrence Erlbaum Associates, Inc. 10쪽에서 인용하였다.

32. Schwab, J. J. 위의 논문을 참고하였다.

33. Reid, W. A. 위의 책 9쪽에서 인용하였다.

34. Reid, W. A. 위의 책 93쪽에서 인용하였다.

35. Young, R. E.(1990), A critical theory of education: Habermas and our children's future. 이정화·이지헌 옮김(2003), 『하버마스, 비판이론, 교육』, 서울: 교육과학사.

36. So, K., & Kim, J.(2013), Informal inquiry for professional development among teachers within a self-organized learning community: A case study from South Korea, International Education Studies, 6(3), 105-115.

37. Servage, L.(2009), Who is the "professional" in the professional learning community? an exploration of teacher professionalism in collaborative professional development settings, Canadian Journal of Education, 32(1), 149-171.

38. Reid, W. A.(1992), The pursuit of curriculum: Schooling and the public interest, Norwood: Ablex Publishing Corporation.

39. van Manen, M.(1977), Linking ways of knowing with ways of being practical, Curriculum Inquiry, 6(3), 205-228.

40. Lortie, D. C.(1975), Schoolteacher: The sociological study, Chicago: The University of Chicago Press.

41. 이혁규(2015), 『한국의 교육 생태계』, 서울: 교육공동체 벗, 100~106쪽을 참고하였다.

42. Walker, D. F. 위의 논문을 참고하였다.

43. Strike, K. A.(1999), Can schools be communities? The tension between shared values and inclusion, Educational Administration Quarterly, 35(1), 46-70.

우리는 어떻게 교육과정을 통해
교육을 더 좋게 만들 수 있을까?

이 책을 쓴 목적은 교사와 교육학도들이 교육과 교육과정에 대해 무엇을 어떻게 생각해야 하는지를 함께 고민하기 위해서였다. 교육과정에 조금이라도 관심을 가지고 있는 사람이라면 곧 교육과정이 정치적인 속성을 가지고 있음을 느꼈을 것이다. 교육과정은 교육적 논쟁이기를 바라지만 그 이면에 정치적 논쟁이 자리 잡고 있다. 그런데 대부분의 경우 교육적 논쟁으로 비쳐진다. 가끔 어떤 교육적 주장에 정치적 색채가 강하게 드리워져 있어 쉽게 그 의도를 알아차리기가 쉬울 때도 있다. 교육이 사회구조와 복잡하게 얽혀 있다 보니 비교육적이며 비상식적인 논리가 교육적으로 정당화되는 상황을 어렵지 않게 목격한다.

교육과정이 정치적 판단으로부터 자유로울 수 있을까? 교육적 판단이나 행위에는 겉으로 보기에 가치중립적인 결정으로 보인다고 하더라도 정치적 판단이 항상 끼어들기 마련이다. 교육과정 개정, 교과서 정책, 그리고 최근의 교육정책 등을 살펴보면 그러하다. 특히 교육과정에 어떤 것을 포함시키고 어떤 것을 배제할 것인가를 결정하는 것은 상당히 강도 높은 정치적인 행위이다. 이러한 결정 행위는 가장 높은 위치에서 결정권을 가지고 있는 중앙정부와 지역 교육의 자치권을 확보하고 있는 시·도 교육청에서 진행되고 있다. 그 결정 행위가 교육적이라는 정당성을 확보하기 위해서는 정치적·사회적 압력에서 상당할 정도로 자유로워야 하며 윤리적이어야 할 것이다.

교사는 어떠한가? 교사도 매일매일의 수업 상황에서 결정 행위를 한다. 교사의 교실에서의 삶 자체가 끊임없는 의사결정이다. 셀 수 없는 딜레마 상황에서 판단하고 실천하며 성찰하고 다시 실천한다. 자신의 삶의 경험과 교육자로서의 전문성에 비추어 최선의 교육 행위를 하기 위해 고군분투한다. 무엇을 위해 그러한가? 교사의 교육과정과 관련한 의사결정은 중앙정부의 정책 담당자나 시·도 교육청의 입장과는 매우 다르다. 바로 눈앞 같은 공간과 시간 속에서 함께 호흡하고 생활하고 있는 학생을 위해서이다. 학생의 올바른 배움과 가치 있는 성장을 위해서이다.

학생의 배움과 성장을 추구하는 교육 행위를 한다는 것은 교육을 보는 근본적인 관점의 변화를 요구하는 것이다. 개별화 교육, 맞춤형 교육, 학습자 중심 교육, 열린 교육 등 표현의 상이성이 있지만 모두 근본적으로 학생이 교육 상황에서 유의미한 지식을 구성하고 정서적으로 안정되며 신체적으로 건강하게 성장하도록 해야 한다는 가정은 동일하다고 할 수 있다. 이것은 인류가 기나긴 세월 동안 축적해 온 존재 방식이며 앞으로도 쉼 없이 수행하지 않으면 안 될 사명이다.

이러한 사명을 가지고 모든 교사는 자신의 교육 행위를 통해 학생들이 배우고 성장해 가기를 간절하게 원한다. 녹록하지 않은 이 시대 대한민국의 삶. 이 어려움 속에서 학교교육이 그나마 사회의 기틀을 합리적이고 윤리적으로 유지하도록 할 수 있는 까닭은 열정을 가지고 헌신하고 있는 교사가 우리 주위에 많이 있기 때문이다.

최근 교육과정 담론 중 한 가지는 역량이다. 2015 개정 국가교육과정은 역량을 담았다. 교육과정을 학생의 역량과 관련지으려는 노력은 세계 각국의 교육개혁의 흐름에서 의미 있게 진행되고 있다. 교육과정에서 역량의 등장 과정을 살펴보면, 초기에는 전통적인 교과 중심 교육에 대한 반작용이 주된 원인이었다. 그러나 보다 근본적인 원인은 탈맥락적인 단순 지식이나 정보의 전달만으로는 학생의 학교 학습 능력이 향상되지 않는다는 사실을 깨닫게 되면서부터라고 해야 옳을 것이다. 교과의 지식이 학습자들의 사고 과정을 자극하여 고차원적인 인지능력을 길러 주지 못하고 암기해야 할 대상으로만 한정된다면 그 지식은 현대 사회에서 쓸모없는 지식일 될 것임은 자명하다. 그래서 역량을 기반으로 한 교육과정은 지식 중심의 전통적 교과 교육과정을 새롭게 바꾸면서 그것의 한계점을 극복하고 통합적, 대안적으로 접근하고자 하는 관점으로 전환하고 있다.

세계의 많은 국가들이 우리나라의 교육과정 총론에 해당하는 부분에서 역량의 필요성과 의의, 내용을 교육과정 편제 이전에 제시함으로써, 역량이 교과교육의 목표와 방향을 인도하도록 하고 있다. 교육과정에 역량의 개념이 등장하면서 시대가 교사에게 또다시 새로운 사명을 요구하고 있다. 앞으로는 기존에 교사가 잘 알고 있던 교육과정의 모습과는 다른 교육과정이 펼쳐질 가능성이 많다. 어떻게 할 것인가?

우선 학교교육과정을 지역, 국가, 지구적으로 네트워크화할 필요가 있다. 여기에는 교사, 학교, 지역사회, 국가가 교육과정 문제에 대해 공통적으로 관심을 기울여야 한다는 전제가 깔려 있다. 학생의 배움과 성장을 위해 공동의 교육과정 프로젝트를 기획하고 이를 실천하기 위해 모든 자원들이 협력해야 한다. 교육과정이 단위 학교, 교실, 교사에 국한되어서는 안 될 것이다.

그리고 교사는 교육과정에 관심을 갖고 교육과정 연구와 실천을 지속적으로 수행해야 한다. 교사는 교육과정 개발자요 교육 기획자이다. 교육과정의 전문성을 확보하기 위한 노력은 곧 교사로서 정체성을 찾아가는 일이다. 교사의 전문성은 곧 교육과정 전문성이라고 해도 과언이 아니다. 그 전문성이 교사에게 교육의 안목을 높여 줄 것임은 틀림없는 사실이다.

이 책에는 현장 교사인 필자가 교육과정을 학문으로서 접한 2005년 이후의 발자취가 고스란히 담겨 있다. 교육과정을 학문적 탐구의 대상으로, 그리고 현장의 교육적 실천 대상으로 삼기 위해 노력하였다. 학문적 탐구 대상으로서의 교육과정의 빛깔과 교육적 실천 대상으로서의 교육과정의 빛깔이 모두 달랐다. 두 세계는 모두 광활하고 깊었다. 늘 필자의 뇌리에서 떠나지 않았던 질문 한 가지는 어떻게 하면 교육과정을 통해 교육을 더 좋게 만들 수 있을까 하는 것이었다. 학교에서 학생들을 가르치며 작은 성과도 있었지만 만족스럽지 못하다. 앞으로 연구자와 실천가로서 필자에게 주어진 사명임에 틀림없다.

삶의 행복을 꿈꾸는 교육은 어디에서 오는가?

교육혁명을 앞당기는 배움책 이야기 혁신교육의 철학과 잉걸진 미래를 만나다!

한국교육연구네트워크 총서

01 핀란드 교육혁명
한국교육연구네트워크 엮음 | 320쪽 | 값 15,000원

02 일제고사를 넘어서
한국교육연구네트워크 엮음 | 284쪽 | 값 13,000원

03 새로운 사회를 여는 교육혁명
한국교육연구네트워크 엮음 | 380쪽 | 값 17,000원

04 교장제도 혁명
한국교육연구네트워크 엮음 | 268쪽 | 값 14,000원

05 새로운 사회를 여는 교육자치 혁명
한국교육연구네트워크 엮음 | 312쪽 | 값 15,000원

06 혁신학교에 대한 교육학적 성찰
한국교육연구네트워크 엮음 | 308쪽 | 값 15,000원

07 진보주의 교육의 세계적 동향
한국교육연구네트워크 엮음 | 324쪽 | 값 17,000원
2018 세종도서 학술부문

08 더 나은 세상을 위한 학교혁명
한국교육연구네트워크 엮음 | 404쪽 | 값 21,000원
2018 세종도서 교양부문

09 비판적 실천을 위한 교육학
이윤미 외 지음 | 448쪽 | 값 23,000원
2019 세종도서 학술부문

10 마을교육공동체운동: 세계적 동향과 전망
심성보 외 지음 | 376쪽 | 값 18,000원

11 학교 민주시민교육의 세계적 동향과 과제
심성보 외 지음 | 308쪽 | 값 16,000원

12 학교를 민주주의의 정원으로 가꿀 수 있을까?
성열관 외 지음 | 272쪽 | 값 16,000원

한국교육연구네트워크 번역 총서

01 프레이리와 교육
존 엘리아스 지음 | 한국교육연구네트워크 옮김
276쪽 | 값 14,000원

02 교육은 사회를 바꿀 수 있을까?
마이클 애플 지음 | 강희룡·김선우·박원순·이형빈 옮김
356쪽 | 값 16,000원

03 비판적 페다고지는 세상을 변화시킬 수 있는가?
Seewha Cho 지음 | 심성보·조시화 옮김
280쪽 | 값 14,000원

04 마이클 애플의 민주학교
마이클 애플·제임스 빈 엮음 | 강희룡 옮김
276쪽 | 값 14,000원

05 21세기 교육과 민주주의
넬 나딩스 지음 | 심성보 옮김 | 392쪽 | 값 18,000원

06 세계교육개혁: 민영화 우선인가 공적 투자 강화인가?
린다 달링-해먼드 외 지음 | 심성보 외 옮김 | 408쪽 | 값 21,000원

07 콩도르세, 공교육에 관한 다섯 논문
니콜라 드 콩도르세 지음 | 이주환 옮김
300쪽 | 값 16,000원

08 학교를 변론하다
얀 마스켈라인·마틴 시몬스 지음 | 윤선인 옮김
252쪽 | 값 15,000원

09 존 듀이와 교육
짐 개리슨 외 지음 | 김세희 외 옮김
372쪽 | 값 19,000원

혁신학교
성열관·이순철 지음 | 224쪽 | 값 12,000원

행복한 혁신학교 만들기
초등교육과정연구모임 지음 | 264쪽 | 값 13,000원

서울형 혁신학교 이야기
이부영 지음 | 320쪽 | 값 15,000원

대한민국 교사, 어떻게 가르칠 것인가?
윤성관 지음 | 320쪽 | 값 15,000원

아이들을 어떻게 가르칠 것인가
사토 마나부 지음 | 박찬영 옮김 | 232쪽 | 값 13,000원

모두를 위한 국제이해교육
한국국제이해교육학회 지음 | 364쪽 | 값 16,000원

● 비고츠키 선집 시리즈 발달과 협력의 교육학 어떻게 읽을 것인가?

생각과 말
레프 세묘노비치 비고츠키 지음
배희철·김용호·D. 켈로그 옮김 | 690쪽 | 값 33,000원

도구와 기호
비고츠키·루리야 지음 | 비고츠키 연구회 옮김
336쪽 | 값 16,000원

어린이 자기행동숙달의 역사와 발달 I
L.S. 비고츠키 지음 | 비고츠키 연구회 옮김
564쪽 | 값 28,000원

어린이 자기행동숙달의 역사와 발달 II
L.S. 비고츠키 지음 | 비고츠키 연구회 옮김
552쪽 | 값 28,000원

어린이의 상상과 창조
L.S. 비고츠키 지음 | 비고츠키 연구회 옮김
280쪽 | 값 15,000원

비고츠키와 인지 발달의 비밀
A.R. 루리야 지음 | 배희철 옮김 | 280쪽 | 값 15,000원

수업과 수업 사이
비고츠키 연구회 지음 | 196쪽 | 값 12,000원

비고츠키의 발달교육이란 무엇인가?
비고츠키교육학실천연구모임 지음 | 412쪽 | 값 21,000원

비고츠키 철학으로 본 핀란드 교육과정
배희철 지음 | 456쪽 | 값 23,000원

성장과 분화
L.S. 비고츠키 지음 | 비고츠키 연구회 옮김
308쪽 | 값 15,000원

연령과 위기
L.S. 비고츠키 지음 | 비고츠키 연구회 옮김
336쪽 | 값 17,000원

의식과 숙달
L.S 비고츠키 | 비고츠키 연구회 옮김
348쪽 | 값 17,000원

분열과 사랑
L.S. 비고츠키 지음 | 비고츠키 연구회 옮김
260쪽 | 값 16,000원

성애와 갈등
L.S. 비고츠키 지음 | 비고츠키 연구회 옮김
268쪽 | 값 17,000원

흥미와 개념
L.S. 비고츠키 지음 | 비고츠키 연구회 옮김
408쪽 | 값 21,000원

관계의 교육학, 비고츠키
진보교육연구소 비고츠키교육학실천연구모임 지음
300쪽 | 값 15,000원

비고츠키 생각과 말 쉽게 읽기
진보교육연구소 비고츠키교육학실천연구모임 지음
316쪽 | 값 15,000원

교사와 부모를 위한 비고츠키 교육학
카르포프 지음 | 실천교사번역팀 옮김
308쪽 | 값 15,000원

혁신교육, 철학을 만나다
브렌트 데이비스·데니스 수마라 지음
현인철·서용선 옮김 | 304쪽 | 값 15,000원

혁신교육 존 듀이에게 묻다
서용선 지음 | 292쪽 | 값 14,000원

다시 읽는 조선 교육사
이만규 지음 | 750쪽 | 값 33,000원

대한민국 교육혁명
교육혁명공동행동 연구위원회 지음
224쪽 | 값 12,000원

경쟁을 넘어 발달 교육으로
현광일 지음 | 288쪽 | 값 14,000원

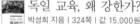
독일 교육, 왜 강한가?
박성희 지음 | 324쪽 | 값 15,000원

핀란드 교육의 기적
한넬레 니에미 외 엮음 | 장수명 외 옮김
456쪽 | 값 23,000원

한국 교육의 현실과 전망
심성보 지음 | 724쪽 | 값 35,000원

4·16, 질문이 있는 교실 마주이야기 통합수업으로 혁신교육과정을 재구성하다!

통하는 공부
김태호·김형우·이경석·심우근·허진만 지음
324쪽 | 값 15,000원

내일 수업 어떻게 하지?
아이함께 지음 | 300쪽 | 값 15,000원
2015 세종도서 교양부문

인간 회복의 교육
성래운 지음 | 260쪽 | 값 13,000원

교과서 너머 교육과정 마주하기
이윤미 외 지음 | 368쪽 | 값 17,000원

수업 고수들
수업·교육과정·평가를 말하다
박현숙 외 지음 | 368쪽 | 값 17,000원

도덕 수업, 책으로 묻고 윤리로 답하다
울산도덕교사모임 지음 | 320쪽 | 값 15,000원

체육 교사, 수업을 말하다
전용진 지음 | 304쪽 | 값 15,000원

교실을 위한 프레이리
아이러 쇼어 엮음 | 사람대사람 옮김
412쪽 | 값 18,000원

마을교육공동체란 무엇인가?
서용선 외 지음 | 360쪽 | 값 17,000원

교사, 학교를 바꾸다
정진화 지음 | 372쪽 | 값 17,000원

함께 배움
학생 주도 배움 중심 수업 이렇게 한다
니시카와 준 지음 | 백경석 옮김 | 280쪽 | 값 15,000원

공교육은 왜?
홍섭근 지음 | 352쪽 | 값 16,000원

자기혁신과 공동의 성장을 위한
교사들의 필리버스터
윤양수·원종희·장군·조경삼 지음 | 280쪽 | 값 14,000원

함께 배움 이렇게 시작한다
니시카와 준 지음 | 백경석 옮김 | 196쪽 | 값 12,000원

함께 배움 교사의 말하기
니시카와 준 지음 | 백경석 옮김 | 188쪽 | 값 12,000원

교육과정 통합, 어떻게 할 것인가?
성열관 외 지음 | 192쪽 | 값 13,000원

학교 혁신의 길, 아이들에게 묻다
남궁상운 외 지음 | 272쪽 | 값 15,000원

미래교육의 열쇠, 창의적 문화교육
심광현·노명우·강정석 지음 | 368쪽 | 값 16,000원

주제통합수업,
아이들을 수업의 주인공으로!
이윤미 외 지음 | 392쪽 | 값 17,000원

수업과 교육의 지평을 확장하는 수업 비평
윤양수 지음 | 316쪽 | 값 15,000원
2014 문화체육관광부 우수교양도서

교사, 선생이 되다
김태은 외 지음 | 260쪽 | 값 13,000원

교사의 전문성, 어떻게 만들어지나
국제교원노조연맹 보고서 | 김석규 옮김
392쪽 | 값 17,000원

수업의 정치
윤양수·원종희·장군 지음 | 280쪽 | 값 14,000원

학교협동조합,
현장체험학습과 마을교육공동체를 잇다
주수원 외 지음 | 296쪽 | 값 15,000원

거꾸로 교실,
잠자는 아이들을 깨우는 수업의 비밀
이민경 지음 | 280쪽 | 값 14,000원

교사는 무엇으로 사는가
정은균 지음 | 292쪽 | 값 15,000원

마음의 힘을 기르는 감성수업
조선미 외 지음 | 300쪽 | 값 15,000원

작은 학교 아이들
지경준 엮음 | 376쪽 | 값 17,000원

아이들의 배움은 어떻게 깊어지는가
이시이 준지 지음 | 방지현·이창희 옮김
200쪽 | 값 11,000원

대한민국 입시혁명
참교육연구소 입시연구팀 지음 | 220쪽 | 값 12,000원

교사를 세우는 교육과정
박승열 지음 | 312쪽 | 값 15,000원

전국 17명 교육감들과 나눈 교육 대담
최창의 대담·기록 | 272쪽 | 값 15,000원

들뢰즈와 가타리를 통해 유아교육 읽기
리세롯 마리엣 올슨 지음 | 이연선 외 옮김
328쪽 | 값 17,000원

학교 민주주의의 불한당들
정은균 지음 | 276쪽 | 값 14,000원

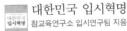

프레이리의 사상과 실천
사람대사람 지음 | 352쪽 | 값 18,000원
2018 세종도서 학술부문

혁신학교, 한국 교육의 미래를 열다
송순재 외 지음 | 608쪽 | 값 30,000원

페다고지를 위하여
프레네의 『페다고지 불변요소』 읽기
박찬영 지음 | 296쪽 | 값 15,000원

노자와 탈현대 문명
홍승표 지음 | 284쪽 | 값 15,000원

선생님, 민주시민교육이 뭐예요?
염경미 지음 | 244쪽 | 값 15,000원

어쩌다 혁신학교
유우석 외 지음 | 380쪽 | 값 17,000원

미래, 교육을 묻다
정광필 지음 | 232쪽 | 값 15,000원

대학, 협동조합으로 교육하라
박주희 외 지음 | 252쪽 | 값 15,000원

입시, 어떻게 바꿀 것인가?
노기원 지음 | 306쪽 | 값 15,000원

촛불시대, 혁신교육을 말하다
이용관 지음 | 240쪽 | 값 15,000원

라운드 스터디
이시이 데루마사 외 엮음 | 224쪽 | 값 15,000원

미래교육을 디자인하는 학교교육과정
박승열 외 지음 | 348쪽 | 값 18,000원

흥미진진한 아일랜드 전환학년 이야기
제리 제퍼스 지음 | 최상덕·김호원 옮김 | 508쪽 | 값 27,000원
2019 대한민국학술원우수학술도서

폭력 교실에 맞서는 용기
따돌림사회연구모임 학급운영팀 지음
272쪽 | 값 15,000원

그래도 혁신학교
박은혜 외 지음 | 248쪽 | 값 15,000원

학교는 어떤 공동체인가?
성열관 외 지음 | 228쪽 | 값 15,000원

교사 전쟁
다나 골드스타인 지음 | 유성상 외 옮김
468쪽 | 값 23,000원

시민, 학교에 가다
최형규 지음 | 260쪽 | 값 15,000원

교육과정, 수업, 평가의 일체화
리사 카터 지음 | 박승열 외 옮김 | 196쪽 | 값 13,000원

학교를 개선하는 교장
지속가능한 학교 혁신을 위한 실천 전략
마이클 폴란 지음 | 서동연·정효준 옮김 | 216쪽 | 값 13,000원

공자뎐, 논어는 이것이다
유문상 지음 | 392쪽 | 값 18,000원

교사와 부모를 위한
발달교육이란 무엇인가?
현광일 지음 | 380쪽 | 값 18,000원

교사, 이오덕에게 길을 묻다
이무완 지음 | 328쪽 | 값 15,000원

낙오자 없는 스웨덴 교육
레이프 스트란드베리 지음 | 변광수 옮김
208쪽 | 값 13,000원

끝나지 않은 마지막 수업
장석웅 지음 | 328쪽 | 값 20,000원

경기꿈의학교
진흥섭 외 지음 | 360쪽 | 값 17,000원

학교를 말한다
이성우 지음 | 292쪽 | 값 15,000원

행복도시 세종,
혁신교육으로 디자인하다
곽순일 외 지음 | 392쪽 | 값 18,000원

나는 거꾸로 교실 거꾸로 교사
류광모·임정훈 지음 | 212쪽 | 값 13,000원

교실 속으로 간 이해중심 교육과정
온정덕 외 지음 | 224쪽 | 값 13,000원

교실, 평화를 말하다
따돌림사회연구모임 초등우정팀 지음
268쪽 | 값 15,000원

학교자율운영 2.0
김용 지음 | 240쪽 | 값 15,000원

학교자치를 부탁해
유우석 외 지음 | 252쪽 | 값 15,000원

국제이해교육 페다고지
강순원 외 지음 | 256쪽 | 값 15,000원

선생님, 페미니즘이 뭐예요?
염경미 지음 | 280쪽 | 값 15,000원

평화의 교육과정 섬김의 리더십
이준원·이형빈 지음 | 292쪽 | 값 16,000원

학교를 살리는 회복적 생활교육
김민자·이순영·정선영 지음 | 256쪽 | 값 15,000원

 교사를 위한 교육학 강의
이형빈 지음 | 336쪽 | 값 17,000원

 새로운학교 학생을 날게 하다
새로운학교네트워크 총서 02 | 408쪽 | 값 20,000원

 세월호가 묻고 교육이 답하다
경기도교육연구원 지음 | 214쪽 | 값 13,000원

 미래교육, 어떻게 만들어갈 것인가?
송기상·김성천 지음 | 300쪽 | 값 16,000원
2019 세종도서 교양부문

 교육에 대한 오해
우문영 지음 | 224쪽 | 값 15,000원

 혁신교육지구 현장을 가다
이용운 외 4인 지음 | 344쪽 | 값 18,000원

 배움의 독립선언, 평생학습
정민승 지음 | 240쪽 | 값 15,000원

 교육혁신의 시대
배움의 공간을 상상하다
함영기 외 지음 | 264쪽 | 값 17,000원

 서울의 마을교육
이용윤 외 지음 | 352쪽 | 값 18,000원

 평화와 인성을 키우는 자기우정
따돌림사회연구모임 우정팀 지음 | 240쪽 | 값 15,000원

  수포자의 시대
김성수·이형빈 지음 | 252쪽 | 값 15,000원

 혁신학교와 실천적 교육과정
신은희 지음 | 236쪽 | 값 15,000원

 삶의 시간을 잇는 문화예술교육
고영직 지음 | 292쪽 | 값 16,000원

 혐오, 교실에 들어오다
이혜정 외 지음 | 232쪽 | 값 15,000원

  혁신교육지구와 마을교육공동체는
어떻게 만들어지는가?
김태정 지음 | 376쪽 | 값 18,000원

 선생님, 특성화고 자기소개서
어떻게 써요?
이지영 지음 | 322쪽 | 값 17,000원

 학생과 교사, 수업을 묻다
전용진 지음 | 344쪽 | 값 18,000원

 혁신학교의 꽃, 교육과정 다시 그리기
안재일 지음 | 344쪽 | 값 18,000원

 학습격차 해소를 위한 새로운 도전
보편적 학습설계 수업
조윤정 외 지음 | 225쪽 | 값 15,000원

물질과의 새로운 만남
베로니카 파치니-케처바우 지음 | 240쪽 | 값 15,000원

미래교육을 열어가는 배움중심 원격수업
이윤서 외 지음 | 332쪽 | 값 17,000원

● **살림터 참교육 문예 시리즈** 영혼이 있는 삶을 가르치는 온 선생님을 만나다!

 꽃보다 귀한 우리 아이는
조재도 지음 | 244쪽 | 값 12,000원

 성깔 있는 나무들
최은숙 지음 | 244쪽 | 값 12,000원

 아이들에게 세상을 배웠네
명혜정 지음 | 240쪽 | 값 12,000원

 밥상에서 세상으로
김흥숙 지음 | 280쪽 | 값 13,000원

 우물쭈물하다 끝난 교사 이야기
유기창 지음 | 380쪽 | 값 17,000원

 오천년을 사는 여지
염경미 지음 | 272쪽 | 값 16,000원

 선생님이 먼저 때렸는데요
강병철 지음 | 248쪽 | 값 12,000원

 서울 여자, 시골 선생님 되다
조경선 지음 | 252쪽 | 값 12,000원

 행복한 창의 교육
최창의 지음 | 328쪽 | 값 15,000원

 북유럽 교육 기행
정애경 외 14인 지음 | 288쪽 | 값 14,000원

 시험 시간에 웃은 건 처음이에요
조규선 지음 | 252쪽 | 값 15,000원

 다정한 교실에서 20,000시간
강정희 지음 | 296쪽 | 값 16,000원

교과서 밖에서 만나는 역사 교실 상식이 통하는 살아 있는 역사를 만나다

전봉준과 동학농민혁명
조광환 지음 | 336쪽 | 값 15,000원

남도의 기억을 걷다
노성태 지음 | 344쪽 | 값 14,000원

응답하라 한국사 1·2
김은석 지음 | 356쪽·368쪽 | 각권 값 15,000원

즐거운 국사수업 32강
김남선 지음 | 280쪽 | 값 11,000원

즐거운 세계사 수업
김은석 지음 | 328쪽 | 값 13,000원

강화도의 기억을 걷다
최보길 지음 | 276쪽 | 값 14,000원

광주의 기억을 걷다
노성태 지음 | 348쪽 | 값 15,000원

선생님도 궁금해하는 한국사의 비밀 20가지
김은석 지음 | 312쪽 | 값 15,000원

걸림돌
키르스텐 세룹-빌펠트 지음 | 문봉애 옮김
248쪽 | 값 13,000원

역사수업을 부탁해
열 사람의 한 걸음 지음 | 388쪽 | 값 18,000원

진실과 거짓, 인물 한국사
하성환 지음 | 400쪽 | 값 18,000원

우리 역사에서 사라진 근현대 인물 한국사
하성환 지음 | 296쪽 | 값 18,000원

꼬물꼬물 거꾸로 역사수업
역모자들 지음 | 436쪽 | 값 23,000원

즐거운 동아시아사 수업
김은석 지음 | 240쪽 | 값 15,000원

노성태, 역사의 길을 걷다
노성태 지음 | 324쪽 | 값 17,000원

교과서 밖에서 배우는 역사 공부
정은교 지음 | 292쪽 | 값 14,000원

팔만대장경도 모르면 빨래판이다
전병철 지음 | 360쪽 | 값 16,000원

빨래판도 잘 보면 팔만대장경이다
전병철 지음 | 360쪽 | 값 16,000원

영화는 역사다
강성률 지음 | 288쪽 | 값 13,000원

친일 영화의 해부학
강성률 지음 | 264쪽 | 값 15,000원

한국 고대사의 비밀
김은석 지음 | 304쪽 | 값 13,000원

조선족 근현대 교육사
정미량 지음 | 320쪽 | 값 15,000원

다시 읽는 조선근대 교육의 사상과 운동
윤건차 지음 | 이명실·심성보 옮김 | 516쪽 | 값 25,000원

음악과 함께 떠나는 세계의 혁명 이야기
조광환 지음 | 292쪽 | 값 15,000원

논쟁으로 보는 일본 근대 교육의 역사
이명실 지음 | 324쪽 | 값 17,000원

다시, 독립의 기억을 걷다
노성태 지음 | 320쪽 | 값 16,000원

한국사 리뷰
김은석 지음 | 244쪽 | 값 15,000원

경남의 기억을 걷다
류형진 외 지음 | 564쪽 | 값 28,000원

어제와 오늘이 만나는 교실 학생과 교사의 역사수업 에세이
정진경 외 지음 | 328쪽 | 값 17,000원

● 더불어 사는 정의로운 세상을 여는 인문사회과학 사람의 존엄과 평등의 가치를 배운다

밥상혁명
강양구·강이현 지음 | 298쪽 | 값 13,800원

도덕 교과서 무엇이 문제인가?
김대용 지음 | 272쪽 | 값 14,000원

자율주의와 진보교육
조엘 스프링 지음 | 심성보 옮김 | 320쪽 | 값 15,000원

민주화 이후의 공동체 교육
심성보 지음 | 392쪽 | 값 15,000원
2009 문화체육관광부 우수학술도서

갈등을 넘어 협력 사회로
이창언·오수길·유문종·신윤관 지음
280쪽 | 값 15,000원

동양사상과 마음교육
정재걸 외 지음 | 356쪽 | 값 16,000원
2015 세종도서 학술부문

교과서 밖에서 배우는 철학 공부
정은교 지음 | 280쪽 | 값 14,000원

교과서 밖에서 배우는 사회 공부
정은교 지음 | 304쪽 | 값 15,000원

교과서 밖에서 배우는 윤리 공부
정은교 지음 | 292쪽 | 값 15,000원

한글 혁명
김슬옹 지음 | 388쪽 | 값 18,000원

우리 안의 미래교육
정재걸 지음 | 484쪽 | 값 25,000원

왜 그는 한국으로 돌아왔는가?
황선준 지음 | 364쪽 | 값 17,000원
2019 세종도서 교양부문

공간, 문화, 정치의 생태학
현광일 지음 | 232쪽 | 값 15,000원

인공지능 시대의 사회학적 상상력
홍승표 지음 | 260쪽 | 값 15,000원

동양사상과 인간 그리고 사회
이현지 지음 | 418쪽 | 값 21,000원

장자와 탈현대
정재걸 외 지음 | 424쪽 | 값 21,000원

놀자선생의 놀이인문학
진용근 지음 | 380쪽 | 값 185,000원

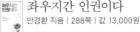
좌우지간 인권이다
안경환 지음 | 288쪽 | 값 13,000원

민주시민교육
심성보 지음 | 544쪽 | 값 25,000원

민주시민을 위한 도덕교육
심성보 지음 | 500쪽 | 값 25,000원
2015 세종도서 학술부문

교과서 밖에서 배우는 인문학 공부
정은교 지음 | 280쪽 | 값 13,000원

오래된 미래교육
정재걸 지음 | 392쪽 | 값 18,000원

대한민국 의료혁명
전국보건의료산업노동조합 엮음 | 548쪽 | 값 25,000원

교과서 밖에서 배우는 고전 공부
정은교 지음 | 288쪽 | 값 14,000원

전체 안의 전체 사고 속의 사고
김우창의 인문학을 읽다
현광일 지음 | 320쪽 | 값 15,000원

카스트로, 종교를 말하다
피델 카스트로·프레이 베토 대담 | 조세종 옮김
420쪽 | 값 21,000원

일제강점기 한국철학
이태우 지음 | 448쪽 | 값 25,000원

한국 교육 제4의 길을 찾다
이길상 지음 | 400쪽 | 값 21,000원
2019 세종도서 학술부문

마을교육공동체 생태적 의미와 실천
김용련 지음 | 256쪽 | 값 15,000원

교육과정에서 왜 지식이 중요한가
심성보 지음 | 440쪽 | 값 23,000원

식물에게서 교육을 배우다
이차영 지음 | 260쪽 | 값 15,000원

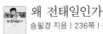
왜 전태일인가
송필경 지음 | 236쪽 | 값 17,000원

한국 세계시민교육이 나아갈 길을 묻다
유네스코태평양 국제이해교육원 지음 | 260쪽 | 값 18,000원

평화샘 프로젝트 매뉴얼 시리즈 학교폭력에 대한 근본적인 예방과 대책을 찾는다

학교폭력 어떻게 만들어지는가
문재현 외 지음 | 300쪽 | 값 14,000원

아이들을 살리는 동네
문재현·신동명·김수동 지음 | 204쪽 | 값 10,000원

학교폭력, 멈춰!
문재현 외 지음 | 348쪽 | 값 15,000원

평화! 행복한 학교의 시작
문재현 외 지음 | 252쪽 | 값 12,000원

왕따, 이렇게 해결할 수 있다
문재현 외 지음 | 236쪽 | 값 12,000원

마을에 배움의 길이 있다
문재현 지음 | 208쪽 | 값 10,000원

젊은 부모를 위한 백만 년의 육아 슬기
문재현 지음 | 248쪽 | 값 13,000원

별자리, 인류의 이야기 주머니
문재현·문한뫼 지음 | 444쪽 | 값 20,000원

우리는 마을에 산다
유양우·신동명·김수동·문재현 지음
312쪽 | 값 15,000원

동생아, 우리 뭐 하고 놀까?
문재현 외 지음 | 280쪽 | 값 15,000원

누가, 학교폭력 해결을 가로막는가?
문재현 외 지음 | 312쪽 | 값 15,000원

**코로나 19가 앞당긴 미래,
마을에서 찾는 배움길**
문재현 외 지음 | 308쪽 | 값 16,000원

남북이 하나 되는 두물머리 평화교육 분단 극복을 위한 치열한 배움과 실천을 만나다

10년 후 통일
정동영·지승호 지음 | 328쪽 | 값 15,000원

선생님, 통일이 뭐예요?
정경호 지음 | 252쪽 | 값 13,000원

분단시대의 통일교육
성래운 지음 | 428쪽 | 값 18,000원

김창환 교수의 DMZ 지리 이야기
김창환 지음 | 264쪽 | 값 15,000원

한반도 평화교육 어떻게 할 것인가
이기범 외 지음 | 252쪽 | 값 15,000원

포괄적 평화교육
베티 리어든 지음 | 강순원 옮김 | 252쪽 | 값 17,000원

창의적인 협력 수업을 지향하는 삶이 있는 국어 교실 우리말 글을 배우며 세상을 배운다

**중학교 국어 수업
어떻게 할 것인가?**
김미경 지음 | 340쪽 | 값 15,000원

토론의 숲에서 나를 만나다
명혜정 엮음 | 312쪽 | 값 15,000원

토닥토닥 토론해요
명혜정·이명선·조선미 엮음 | 288쪽 | 값 15,000원

인문학의 숲을 거니는 토론 수업
순천국어교사모임 엮음 | 308쪽 | 값 15,000원

어린이와 시
오인태 지음 | 192쪽 | 값 12,000원

수업, 슬로리딩과 함께
박경숙 외 지음 | 268쪽 | 값 15,000원

언어던
정은균 지음 | 268쪽 | 값 15,000원
2019 세종도서 교양부문

민촌 이기영 평전
이성렬 지음 | 508쪽 | 값 20,000원

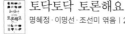
감각의 갱신, 화장하는 인민
남북문학예술연구회 | 380쪽 | 값 19,000원